グローバル・ベーシック・インカム構想の射程

批判開発学／SDGsとの対話

岡野内 正 著

法律文化社

はじめに

　あなたは異星人で，数十年後の地球にやってきたとしよう。やや古い宇宙旅行のガイドブックの指示どおりに，思いがけずお世話になった地球人にお金を渡そうとする。

「お金はいくら……？」
「お金はいらないよ。間に合ってるからね。この星じゃみんなそうだよ。人類の祖先たちが遺してくれた元手を使って世界中で殖やしているからね。そうやって殖やしたものから毎月お金が入ってくることになってる。」
「ほう⁉」
「大した金額が入るわけじゃないから，お金が欲しい人は働いてるよ。旅行とか，コレクションとか，うんとお金がいるからね。でも食べていくには十分だから，みんな好きなことやってる。」
「好きなこと？」
「いくら時間があっても足らないほど没頭して，道を究めたい人たちがいるでしょ？ダンス，演劇，音楽，アート，スポーツ，学問研究など。でも，そういうのじゃなくって，仕事が好き，っていう人もいるね。政治，行政，法曹，経営，ものつくり，保健医療・保育・教育・介護，メディア，運輸交通のお仕事とかね。商売が大好き，純粋なお金儲け，投資が好きっていう人も。」
「仕事だったらその分お金がもらえるわけね？」
「みんながやりたがらない仕事ほど報酬は高いよ。やりたがる仕事は，ほとんど無償ボランティア。でも，人類の祖先たちの元手からお金が入るから，質素に暮らして，好きなことは続けられる。」
「ふーん，祖先たちからの元手ね⁉」
「人類の祖先たちは，ずいぶん昔は国どうしで武器を取って争い，少し前までは会社どうしで争い，とうとう世界中の富，というより世界中の富を創り出す原材料や設備や技術のほとんどがほんの数百社のものになった。その数百社の大株主は数十社で，さらにその数十社の大株主は数百名だった。ビリオネアと呼ばれ，一人で少なくとも10億米ドル（約1,000億円）以上の金融資産を持つ大株主たちは，資産運用会社にそれを預けて，少なくとも毎年その1割の1億米ドル（100億円）以上のお金を受け取っていた。元はと言えば，そんな元手は，人類の祖先たちが人類の子孫みんなに残してく

れたはずのものだったのだけど，今はビリオネアたちのもの。時の流れだから，しかたないさ。……そう思われていた時代もあったんだ。」

「じゃあ，今は違うの？」

「時の流れだからね。ビリオネアたちは，ほとんど全世界の財産を相続するのに，どうして私たちは人類の祖先たちのものだった財産を相続できないの？　そんな世論が高まって，ビリオネアたちも，多勢に無勢，ついに抵抗できなくなった。まあ，元をたどれば地球資源はみんなのものだったからね。人類の祖先たちがそれぞれ働いて作ったものや編みだした技術が戦争のどさくさで奪われ，転々と売買されて，最後にビリオネアの手に入ったっていうのも間違いないし。……そしてとうとう，新しい国際法ができた。地球規模で動く大企業の株式の過半数は，人類遺産ホールディングスという新しい会社が所有すること，っていう条約がね。」

「人類遺産ホールディングス？」

「人類遺産持株会社とも言ってね。株を持つことで，その会社の経営をチェックしながら配当金を受け取る会社なんだ。過半数株を持つということは，一株一票の株主総会で過半数の票を取れるってこと。取締役会の人事も含めて，その会社を完全にコントロールできるってことだから，責任重大だよ。世界中の多国籍企業を親会社として完全支配する大株主だからね。末端の孫会社，ひ孫会社からみたら，本当に祖先みたいなもんだね。」

「じゃあその人類遺産ホールディングスの株主は誰？」

「地球上の人類全員だよ。人類遺産だからね。おぎゃあと生まれたとたんに，一人一株を相続して，売ったり買ったり，あげたりもらったりもできなくて，死んだらおしまい。株主総会の投票権は判断力のある成人になってから一人一票だよ。」

「地球人って，成人だけでも数十億人くらいはいなかったかしら？」

「そのとおり。毎年の株主総会は，オンラインの大イベントだ。自分たちの後の世代にも，このすてきな地球と祖先からの財産を元手に残して，子孫たちにも祖先からのお金が入って，好きなことのできる生活をさせてあげたいからね。多国籍企業をコントロールする基準，配当金収入のベーシック・インカムとしての配分のしかた，とにかくちゃんとした政策を持ってる取締役を選ぶために，みんなずいぶん勉強するよ。いろいろ失敗もあったけど，みんなずいぶん賢くなってきたね。」

　近未来の仮想物語はこのくらいにしよう。この話は，この本のタイトルにある「グローバル・ベーシック・インカム構想」をイメージしていただくために，筆者が創作したものだ。

　大学生だったときのこと。筆者は，ああおもしろかった，と言って死にたいと思った。そのためには世界から飢餓と貧困と戦争をなくしたいと決意した。

学問研究の世界に取り組んだ。すでに40年が過ぎた。本書はその成果，学生たちにそのうち出すよと約束してきた「元気の出る本」の第一弾である。

　グローバル・ベーシック・インカム構想の詳細は本書では描かれていない。しかし，グローバル・ベーシック・インカム構想の要点と大まかなスケッチだけでも，あるとないとではずいぶん違う。本書では，そのことを力説したつもりだ。

　21世紀に入ってすでに20年が過ぎた。国連総会が各国首脳の満場一致で，飢餓と貧困を撲滅し，人類の平和と地球を守る，そのために世界の仕組みをすっかり変えてしまうと宣言して5年たった。新型コロナウィルス感染症が猛威を振るい始めてほぼ1年になる。

　21世紀の人類をバラ色に描いてきた主流派開発学を批判し，20世紀の後半以降の人類の歩みが地球生態系を壊し，飢餓と貧困と戦争で人類の半分を苦しめる道だと警鐘を鳴らし続け，異端と見られてきた批判開発学は，いまや主流派になった。21世紀は，テロと内戦，飢餓と貧困，気象災害と新しい感染症，あらゆる苦難の犠牲者の血に染まっている。そんな現実を前に，2015年，とうとう国連と各国首脳は20世紀の主流派開発学に背を向け，地球人と地球防衛のための宣戦布告というべき『アジェンダ2030』を採択し，総力戦体制として持続可能な開発目標（SDGs）推進体制を築き上げた。だが，新しい主流派となった批判開発学には，未来へのビジョンがあるだろうか？　本書はこの問いを投げかける。

　グローバル・ベーシック・インカム構想のスケッチが描けるようになったいま，筆者はようやくその問いを掲げて，最後まで批判開発学の先達たちと向かい合うことができたと思う。読者諸氏が，本書を読まれて，思わぬ間違い，足らざるところを厳しく指摘し，筆者のしかばねを乗り越え，人類の未来を描く仕事に参加していただければうれしい。筆者は，読者諸氏のことばを吟味し，さらに命の続く限り，この方向で，第二弾，第三弾と，「元気の出る本」を出し続けていくつもりでいる。

目　次

第1章

批判開発学とグローバル・ベーシック・インカム構想

1　批判開発学とは何か？
──人が造り地球と人を壊す仕組みの中の私を問うこと

人が造り，地球と人を壊す仕組み

批判開発学（Critical Development Studies）とは何か？　この問いには，次のように答えよう。人が造り，地球と人を壊す仕組みの中の私を問うことだと。もう少し，説明しよう。

第一に，人が造り，地球と人を壊す仕組みについて。これは，地球規模で社会生活を営む人類が造り上げてきた政治経済の仕組みについての現状認識だ。創立70周年になる2015年の国連総会で満場一致で採択された総会決議の現状認識でもある。しばしば『アジェンダ 2030』と呼ばれる，持続可能な開発目標（Sustainable Development Goals: SDGs）を定めたその決議の表題は，ひらたく訳せば次のようになる。『私たちの世界をすっかり変える──私たちが育ち続けるために2030年までになすべきこと』。詳細は，本書第 8 章を見ていただきたいが，人類全体の社会生活の仕組みをすっかり変えてしまわないことには，人間も，地球生態系も，壊れてしまう，なんとかしよう，というのがこの決議の趣旨だ。今までのやり方では，もう通用しない。長続きしない。経済の仕組み，政治の仕組み，社会生活の在り方，すべてをすっかり，革命的に，変革しなければならない。今まで人間が地球規模で作り上げてきた人類社会の仕組みには，間違ったものがある。その間違いは深刻で，すっかり組み換えられなければ，現在の世代ばかりか，将来の世代の人類の生存を脅かすことになる。こ

れまでの人類の歴史そのものが，恐るべき過ちを含むものであり，もはや放置できないものとされたのである。

　各国首脳の集まる国連総会が，このような批判的な世界観を一致して表明したことは，それ自体，注目すべき世界史的転換であった。21世紀に入るにあたって，その15年前に国連総会が「ミレニアム開発目標（MDGs）」を決めたときには，まだそうではなかった。開発（development）は，開発途上国（developing countrties）だけの問題であり，すでに開発された先進国（developed countries）は，援助するだけでよかった。すでに開発された先進国の経験が，開発途上にある遅れた国に伝えられれば，すべてはうまくいく，という発想が残っていた。渡り鳥が列をなして飛ぶように，各国も順番に発展していく，という雁行的発展のイメージが共有され，開発問題の専門家たちの間で，まじめに論じられた。先進国の経済成長による貧困削減の経験から，途上国の経済成長による貧困削減の可能性が研究され，多くの論文や本が書かれた。貧困も環境問題も，先進国にとっては問題ではなく，先進国の経験が共有されることで，人類の歴史はバラ色に輝くという肯定的な世界観がまだ支配的だった。[1]

　9.11テロ事件に始まる先進国を含む世界的なテロ事件の頻発と「テロに対する戦争」の開始。その延長上でのアフガニスタン，イラクへのアメリカなどの攻撃，占領。2007年に始まる世界金融危機。2011年の「アラブの春」から，ニューヨークのウォール街を始めとする先進国での公共広場の占拠運動。その後のシリア，イエメン，リビアなどでの内戦と第二次大戦以来最大の難民の発生。それと並行して，毎年のように未曾有の被害を出す異常気象による風水害，旱魃，寒波，熱波などの自然災害，海水面上昇による土地喪失。世界人口の90％を健康維持のために必要なWHO基準以下の危険な環境に置く，PM2.5など家庭・工場・交通機関の排気ガスからの大気汚染の深刻化。そして，動物と人間に共通の新しい感染症の流行。……21世紀に入ってからのこれらの事件を踏まえて，2015年の国連総会で世界観の転換が起こった。それは，地球防衛戦争の宣戦布告と言ってもよいものだった。それから5年経ち，全人類はいま，新型コロナウィルス感染症の世界的な大流行の中にいる。それは最近になってますます頻繁に発生するようになった動物と人間に共通の感染症の最も新しいものだ。その原因は，野生動物生息圏の減少，動物の大量密集飼育，人

間の大量密集居住，要するに市場向け商品生産額の増大が指標となる経済成長を追及する開発だとされている（第9章参照）。

　学問研究の世界で，このような世界観の転換を準備したのは，近代化論的なそれまでの主流派に対する批判派であった。批判派の論客たちは，貧困，環境破壊，紛争などの否定的な現象に注目して，20世紀後半以降の人類社会の仕組みが人と地球を壊す仕組みだと喝破し，人類社会の仕組みの根本的な組み換えを議論して世界規模で多くの読者を獲得した。

　本書で取り上げるのは，それら批判派の代表的な論客たちだ。[2]当初は少数派だった批判派の現状認識は，いまや世界の政治家や社会運動家や国際機関の専門家たちの間では多数を占め，主流派となった。しかし，現状認識では一致しても，人類社会の仕組みをどのように根本的に組み換えるかについて，意見の一致は見られない。これまでのやり方ではだめだということが繰り返し確認されるばかりだ。少数派として無視されがちだった批判派の中心的な研究課題は，この仕組みを解明し，組み換えの方向を探ることだった。いまや，批判派の業績を比較検討することは緊急課題となっている。

仕組みの中の私

　第二に，仕組みの中の私について。これは，人が造った仕組みの中の役割を演じる私と，本音の「私」との分裂と言い換えた方がいいかもしれない。ここで人が造った仕組とは，社会システムや制度と言い換えてもいい。「私」とは，筆者のことだけではなく，読者のみなさん一人一人のことをも指す。以下，『コミュニケーション的行為の理論』（Habermas 1981＝1985-1987）でのユルゲン・ハーバーマスによるみごとな整理に基づいて，この点を説明しよう。[3]

　一人一人の人間が，何か取り立てて仕組みというほどのものを造ることなく，いっしょに暮らしていくとすれば，他人との何らかの関係は，常に話し合いによって決まる。その場その場で話し合いの合意に基づいて，新しい仕組みが造られ，仕組みに応じた役割が割り振られて，終われば消えていく。たまたまいっしょになった子どもたちが常にその場で新しいルールを作っては，集団で遊びを楽しむようなものだ。この場合，集団として共通に守るべきルールに基づく，遊び集団を構成する仕組みとそれに応じた役割分担は，完全に人々の

想いの伝え合い，すなわちコミュニケーションに基づくことが，はっきりわかる。それと同じように，社会生活の仕組みと役割分担も，人々の合意によるルールを決め，それを維持していくための，想いの伝え合い＝コミュニケーションに基づいている。

ところが実際には人々は，これまでの人が造った仕組みの中に生まれ，仕組みの中で育つ。したがって役割分担も初めから決まっているように見える。家族，私有財産，国家は，人が人として育ち，生活し，当面の争いを避けるために人が造った仕組みの主なものだ。それらがさらに組み合わせられて，地球生態系から生活物資を得る経済の仕組み，争いを避ける政治の仕組み，そして仕組みを支える人々の想いの伝え合いによって，人間社会の仕組みができあがっている。一人一人の人間はすべてこの人間社会の仕組みの中でがんじがらめになり，一度できあがった仕組みは簡単には変わらないように見える。しかし，どんな仕組みも人が造ったものだ。人々の間での想いの伝え合いに基づいて，古い仕組みがうまく働かなくなったのであれば，取って代わる新しい仕組みが造られる。家族，私有財産，国家の仕組みも，その中での個々の人間の役割分担も，歴史的に見るとまさに諸行無常と言いたくなるほど，何度も大きな変動を繰り返し，現在も変わりつつある。

社会学の中での現象学的社会学，象徴的相互作用論，エスノメソドロジー，あるいはエスノグラフィーに足場を置く人類学などは，人々の想いの伝え合いに注目して，社会の仕組みの形成と展開が，人々の想いとその伝え合いに基づくことを解明しようとしてきた。いわゆる行為論的社会科学である。

これに対し，社会学の中の社会システム論，さらにもっぱら私有財産制度に基づいて独自な展開を遂げた資本主義システムの運動に焦点を当てる経済学，その際にとりわけ個々の企業に焦点を合わせる経営学，国家システムの独自な展開に焦点を当てる政治学，国家間で形成する国家間システムに注目する国際政治学や国際関係論などが，一人一人の人間の行動を規制する制度あるいはシステムに注目して，社会の仕組みの形成と展開を説明しようとしてきた。いわゆるシステム論的社会科学である。

20世紀後半以降の世界では，私有財産の仕組みによって人々が受けとる経済的な階級役割，身体的特徴に基づく家族の仕組みによるジェンダー役割，そし

て歴史的記憶を組み込んだ国家の仕組みによるネイション（国民，民族）の一員としての役割（システムの論理）が，人類の構成員一人一人の人間にとって大きな意味を持つことになった。それらは人が造った仕組みの中での役割にすぎないことを忘れ，そのような役割を人々が過剰に演じることも目に付くようになってきた。それは，20世紀後半以降の人類社会の仕組みが，想いの伝え合いが行われ人格形成の場となる閉鎖的親密圏（プライベイトな場）や開放的公共圏（パブリックな場），さらに心身の健康を支える地球生態系での人間の生息圏（自然と向き合う場）を，独特のしかたで歪めてしまい，もはや仕組みの組み換えはありえない（行為論的な社会形成の展望消失）と思わせてしまったからではないだろうか。

　本書で取り上げる論客たちは，このような人類全体が直面する問題に取り組んできた。ただし，それぞれの人が学問的訓練を受けてきた学問分野の違いによって，議論のしかたが大きく違う。大きく異なるものを共通に扱う際の基準として，筆者はユルゲン・ハーバーマスによる社会理論研究の成果を用いた。それが最も広範な学問分野を視野に入れ，細分化された研究成果を，分野を超えて活用すべく共通言語を用いて整理しようとする試みだからである。

　本書では，取り上げる論客たちの議論について，人々が想いの伝え合いによって仕組みを作り変えていく底力に注目しながらも，仕組みが人々の想いの伝え合いを歪めることによって生き延びていくことにも注目することになる。自然と向き合う人間どうしの想いの伝え合いに基づく命の営み＝生活世界が，人が造った仕組み＝システムによって植民地化されていく事態への注目である。しかし同時に，開かれた場で縦横無尽に想いの伝え合いが行われる公共圏を通じる生活世界の抵抗にも焦点を合わせる。

　ただし，ハーバーマスがほとんど沈黙している論点が，本書では一つの基準となる。全人類を対象とした個人向け無条件の月極め生涯保障の現金移転と定義されるグローバル・ベーシック・インカムの理念である。しかも筆者はその財源を，全人類が全世界の多国籍企業株式の51％を人類遺産として共同所有する大規模な相続回復によって設立される人類遺産持株会社によって調達し，全人類個々人が譲渡不可の議決権付きの一株を所有する対等平等な一株主として管理する仕組みを構想している。それは，地球規模に拡大した私有財産制度に

基づいてグローバルな市場を活用して急成長を遂げてきた多国籍企業の資本を，さらに活用すべくシステムを組み換え，生活世界を活性化するもくろみにほかならない。この視点は，本書で取り上げる論客たちの議論を整理する際に貫かれる。

　以上，本書で言う批判開発学は，一方では，人が造った仕組みの中でさまざまな役割を演じることができると同時に，役割を離れて本音での想いの伝え合いができる一人一人の人間の力＝生活世界の潜在力＝命の営みの底力，他方では，人が造った仕組みであることを忘れさせ，仕組みの中の役割を演じることに人々を駆り立てる仕組みの力，この両者に目配りし，仕組みと役割を組み換える見通しを得ようとするものである点を指摘した。

私を問うこと

　第三に，私を問うこと，について。これは，研究者自身の生き方を明らかにして，人々に示そうとすることである。研究者自身の生き方については，次の三つのことが区別されねばならない。第一に，自分自身の立ち位置，すなわち社会の仕組みの中での役割によって決まってくる利害関係や，それとの関連で自分自身の認識を制約することになる関心や，さらに成育環境の文化の中で身につけてきた価値観に制約されて，研究によって見えてくることには，自分自身に独自な限界がある。それをできるだけ明確にしようとすることである。第二に，研究を行い，発表することは，人々に何らかの影響を与えることになるが，それについてできるだけ，明確な見通しを持つことである。第三に，人々に与えるその影響の倫理的な意味，よりよい生き方をするために拠り所とすべきと考える正義の原理との関係を明らかにすることである。[4)]

　本書で取り上げる論客たちは，いずれも，この点で自覚的であろうとしている。生き方に関する三つの論点に即して言えば，第一に，それまでの研究への批判から出発しているため，それまでの研究者の立ち位置の限界を超えるものとして，自分自身の立ち位置を示し，なおありうべき反批判を防ぐためにその限界も同時に明示しておくという手法が採られている。第二に，専門家のみならず，現場で働く人々，さらに一般の人々に対して，これまでのやり方の問題点を指摘し，個々の政策の転換のみならず，仕組みの組み換えを問題提起する

6

ことで，人々をこれまでの仕組みの転換のための集合的な行動，すなわち社会運動に駆り立てようとする意図を明確に示している。第三に，研究そのものが，これまでの人類社会の仕組みを前提に行われてきた主流派的な研究に対する倫理的な批判によって始まっている。そして，地球上のすべての人間を尊重するヒューマニズムと，地球生態系と人類との調和を求めるエコロジー主義として特徴づけることができる，エコロジカル・ヒューマニズムの倫理が，研究の基本的な動機として一貫して明示されている。

「誰も取り残さず」人類と地球を守るという『アジェンダ 2030』とSDGsの倫理は，本書で取り上げる論客たちの立場とみごとに一致する。それは偶然ではなく，2015年の国連総会の決議は，本書の論客たちの研究が世論を動かし，NGOや政治家たちの議論を通じて実現していったものと考えていい（たとえばCimadamore et al. eds. 2016を参照）。

本書は，『アジェンダ 2030』とSDGsの倫理，さらに本書で取り上げる論客たちのエコロジカル・ヒューマニズムの倫理思想に共感しつつも，そこに見過ごせない曖昧さを見て，批判的に整理検討する立場をとる。その基準となるのが，グローバル・ベーシック・インカムの理念と筆者の構想，そしてその核心であるグローバルな正義の理念である。

2　グローバル・ベーシック・インカム構想とは何か？
―― ベーシック・インカム要求を活かすためのグローバルな階級支配システム転換の見通し

ベーシック・インカムと正義の理念

ベーシック・インカムの理念は，古代ギリシャのアテネ都市国家の直接民主主義を支えるための「市民所得」にまでさかのぼる（Standing 2017＝2018）[5]。しばしば起源として言及されるトーマス・モアの『ユートピア』に登場する市民への所得保障の理念はこの系譜に立つ。日本の律令国家の公地公民はアジア独自のベーシック・インカムの起源だという説もある（山森 2009: 186-187）。しかし，これらの所得保障は，奴隷制による身分差別を前提とし，奴隷を排除している。実は，国家による所得保障と定義される一般的なベーシック・インカムは，ネイションの外部の人間を排除する点でナショナリズムの価値観に立つ。ゆえに，ヒューマニズムの価値観から見れば，奴隷身分を排除する古代的ベー

シック・インカム構想と同じ限界がある。

　古代的ベーシック・インカムの根拠は，『ニコマコス倫理学』で展開された
アリストテレスの正義論で言えば，応報的正義（いただきものにはお返しをするべ
し）および配分的正義（働きに応じて得たものを分けるべし）に基づくものであっ
た。すなわち，国家市民あるいは公民としての古代国家の植民地獲得戦争への
参加義務と引き換えの給付であり，植民地経営を含む国家経営による利得の分
配であった。[6]

　18世紀末のイギリスでのトーマス・ペイン，トーマス・スペンスによるベー
シック・インカムの提唱は，アリストテレスの正義論でいう匡正（矯正）的正
義（取られたものを取り返す）を根拠とする点で画期的であった。すべての人間
が遺産として相続すべき世襲の共有財産であったはずの土地が，産業革命とそ
れに先立つトーマス・モアの時代から，排他的な私的土地所有権を主張する新
興地主階級の「土地囲い込み運動」によって奪われたことへの補償として，ベー
シック・インカムを受け取る権利を提起したのである。この匡正的正義に基づ
くベーシック・インカムの権利論は，その後，「共有財産の略奪（plunder of
commons）」への補償としてベーシック・インカムを再定位しようとする試みを
見せる最近のガイ・スタンディングの著作（Standing 2019）などの若干の例外を
除いて，ほとんど忘れ去られてしまっている。そして，古代的な応報的正義お
よび配分的正義に基づくベーシック・インカムの権利論が中心となっている。
パレースを始めする正義論的哲学のベーシック・インカム研究者から最近の
UNDPや世界銀行のエコノミストに至るまでの政策論的なベーシック・イン
カム論もそうである。

　トーマス・ペインもトーマス・スペンスも，当時の啓蒙思想家らしく，当時
の植民地での奴隷制については，曖昧な態度をとっていた。それは，国民国家
の枠組み内での政策として議論した19世紀半ば以後のベーシック・インカムの
議論でも同じであった。経済的には完全に国民国家の枠組みに組み込まれてい
る独立前の植民地地域や独立後の植民地地域の人々を「市民権のない人々」と
して排除することが前提となっていた。

　トーマス・ペインやトーマス・スペンスのような，土地を持たない労働者階
級の存在そのものが，土地収奪という不正義の結果だとする18世紀末の匡正的

正義論は，近代的土地所有制度に対する改革思想として19世紀に受け継がれた。そして19世紀半ばのマルクスらは，土地収奪に加えて資本による剰余価値の搾取の議論を付け加えるとともに，国民国家の枠組みを超えるグローバルな植民地化を土地収奪と併せて資本による本源的（原始的）蓄積と命名した。そして，欧米諸国の資本家が所有する資本の所有権自体が，グローバルな歴史的不正義に基づくものだと断罪した。グローバルな規模で土地や資産を奪われて貧民＝プロレタリアとなった人々に対して，資本の所有権を返還すべしという，匡正的正義論を展開したのである。「収奪者が収奪される」という『資本論』の展望がそれである（岡野内 2017）。

　国際労働者協会（第一インターナショナル）という国際組織の創設者でもあったマルクスらは，グローバルな不正義の是正として，労働者階級による資本のグローバルな接収を展望していた。しかし，その接収した資本の管理運営のしかたについては，曖昧なままであった。

　しかし19世紀後半以降の労働運動は，国民国家の枠組みにむしろ囚われることになり，マルクスらのグローバルな匡正的正義は，国民国家の独立を目指す植民地解放運動に吸収されていった。ベーシック・インカムもそのような国民国家の枠組みで議論された。第一次世界大戦に参戦したロシア帝国の内乱から誕生したソ連は，ロシア帝国の地主と資本家の資産を接収して労働者代表が握る国家によって管理する枠組みを維持するだけで精一杯であった。ロシア帝国の地主と資本家の所有権を擁護して介入してきた日本を含む欧米列強諸国の干渉戦争はかろうじて撃退した。しかし，グローバルな本源的蓄積によって誕生したグローバルな資本の接収を目指すほどの余裕はなかった。

　革命後ソ連の1918年憲法，1936年憲法はむしろ「働かざる者食うべからず」という労働義務を掲げ，それは1977年の憲法改正まで続いた。グローバルな資本の接収によって労働者階級の廃絶を掲げたマルクスの展望とは反対に，社会主義のソ連は，国家＝党エリートが握るロシア帝国の支配層から接収したわずかな資本のもとで労働を強制される点で，多くの資本主義国よりも不自由な，農奴制の復活として議論されるほどの「労働者階級の国」となっていった[7]。

　20世紀半ばの植民地地域の人々の国民国家としての独立とともに，かつてマルクスが提起した植民地支配を含む資本の本源的蓄積に対する資本所有者から

の補償としてグローバルな資本の接収を求めるグローバルな匡正的正義の噴出は，南北問題を命名したイギリスの銀行家や封じ込め政策で有名なケナンのようなアメリカの政治エリートたちの深刻な懸念となった[8]。

　しかし，人類の多数を占める植民地地域の人々が，16世紀以来の暴力的な奴隷貿易や植民地支配によって略奪された共有財産が姿を変えたロイズ銀行を含む先進国企業の資本の接収を求める動きは起こらなかった。16世紀イギリスで始まった資本主義先進国での土地囲い込み運動で土地を奪われて賃金労働に依存する労働者階級になった先進諸国の人々が，植民地地域の人々に呼応して，「万国の労働者，農民による」先進国企業資本の接収を求める動きも起こらなかった。匡正的正義を求める人々の想いは国民国家の枠組みの中に押し込まれた。国民国家の仕組みの中で国民を代表するものとされた国家エリートが，匡正的正義にかかわる歴史的不正義問題を交渉するものとされた。国民国家の枠組みの中で，人々はグローバルに展開した本源的蓄積にかかわる匡正的正義の問題とは直接にかかわることはできず，国民国家の枠組み内での国家予算の配分をめぐる配分的正義と応報的正義の問題に関心を集中させていった。

　国民国家の連合体である国連の枠組みは，新興国家エリートを取り込む国家間エリートの交渉の場とされ，ここに第二次大戦後の国際開発援助の枠組みが作られた。東西対立の中で，ソ連中心の援助とアメリカ中心の援助が並立した。しかし，国家中心のソ連式社会主義にせよ，ニューディール以来のアメリカ式混合経済の資本主義にせよ，20世紀半ばの人類社会では，国民国家の発展モデルは富国強兵であり，国家エリートが実質的な雇用者となり，国民が賃金労働者階級となって労働義務を果たす経済の仕組みによって，重化学工業化を柱とする経済成長が進められた。

　1960年代のアメリカでの制御の自動化を展望するオートメーション的技術革新を伴う経済成長の中で，ベーシック・インカムの理念は，再び注目された。しかし，アメリカでのベーシック・インカム導入への全国的な盛り上がりも，1960年代末までには，勤労意欲減退論や黒人や女性への差別感情の前に挫折した（本田 2016）。カナダのアルバータ州政府で1935年から政権を取っていた社会信用党は，当初はダグラスの「社会信用論」に基づいて，連邦政府に対して州政府が独自な信用貨幣を発行してベーシック・インカムを実現する権限を求

め，1940年代以降はダグラス理論を離れてほぼ同様な主張を続けていたが，1971年にはついに保守党に敗退した（Macpherson 1953＝1990）。いずれも，国民国家の枠組み内のものであり，人々の国民経済への貢献を根拠とする応報的正義あるいは分配的正義に基づくベーシック・インカム要求運動であった。

このように，国民国家の枠組みの中で，応報的正義や分配的正義のみを根拠とする運動には，限界があった。なぜだろうか。

19世紀のイギリスで最初に姿を現した自由で平等な権利を持つ商品所有者＝市民＝ブルジョアが構成する近代の市民社会（ブルジョア社会）は，土地を所有して地代を得る地主階級，労働力を所有して賃金を得る労働者階級，そして資本を所有して利潤を得る資本家階級という三つの主要な階級によって成り立っていた。「ブルジョア社会の解剖学」として『資本論』を著したマルクスの分析によれば，この仕組みの中で最も有利なのは，資本家階級であり，所得を得るための最も豊かで持続的な財源となるのは，土地でも労働力でもなく，資本であった。そして最も不利で，所得の財源として乏しく，持続性がないのは，労働力を持つ労働者階級であった。

トーマス・ペインやトーマス・スペンスは，このような労働者階級の境遇に同情するばかりでなく，労働者階級の不利な境遇を不当な土地囲い込み運動という歴史的不正義の結果として捉え，正義回復の手段として，奪われた共有地の返還（スペンス）あるい国家による補償金支払（ペイン）を構想した。スペンスは，地主階級から返還された（奪い返した）共有地を入札によって資本家階級に貸し出し，貸し出した土地の地代収入を共同所有者で配分する仕組みを考えた。ペインは，資本家と地主への相続税によって国家基金を創設し，資本家階級と地主階級から得た資金から，成人に達した労働者階級が小資本家となれるだけの資本金を配分する仕組みを考えた[9]。

そして『資本論』のマルクスは，植民地支配や奴隷貿易やイギリスの囲い込み運動までも含むグローバルな資本の本源的蓄積における不正義への補償として，全世界の労働者階級が全世界の資本家階級の資本を接収し，接収した資本から得られる利潤を全世界の労働者階級が分け合う仕組みを考えた。

これに対し，20世紀以降のベーシック・インカム運動は，近代市民社会の三大階級成立の際の歴史的不正義を問題にせず，それを一方では国民国家内の，

他方では国民国家間の貧富の格差問題と捉えて，それに取り組んできた。したがって，ベーシック・インカムのための財源確保問題は，階級間の歴史的不正義への匡正的正義の適用による是正ではなく，一方では国家による国内の階級間での配分的正義の適用問題として，他方では国家による国家関係における配分的正義の適用問題として取り組まれることになった。

　その結果，労働者階級が貢献することを前提に（応報的正義），資本家階級に余剰があるなら分配せよ（配分的正義）という論理の運動となった。余裕があれば社会貢献の意欲を持つ善良な弱者は保護するという，慈善の論理に包摂されたのである。しかしながら，個々の資本家は，技術革新によって余剰を得たとしても，さらなる技術革新に乗り遅れないように備えを固めるためには，次の技術革新に向けた研究開発投資が必要になる。したがって，厳しい競争条件のものとでは，技術革新による利得は，再投資，蓄積することによって備えるしかない。社会貢献の意欲が見せかけかもしれない弱者にまで余剰を分配する心の余裕はなくなる。そこから，社会貢献なしに所得を得ようとする見せかけだけの弱者＝怠け者＝タダ乗り＝フリーライダーをどう防ぐかが，ベーシック・インカム論の大きな問題とされるようになった（Parijs 1995＝2009）。

　怠け者＝フリーライダー問題は，匡正的正義に基づくベーシック・インカム構想では問題にならない。ある人が怠け者であろうが頑張り屋であろうが，暴力によって自分の財産を奪われた人が，財産の返還を求めるのは無条件に正しいとするのが匡正的正義である。返還された財産をどう使うかは，その人が自己決定すべき問題であって，正義を行うことを停止する理由にはならない。[10]

　以上のような国民国家の枠組みに制約されたベーシック・インカム論の限界を，第二次大戦後の世界人権宣言や国際人権規約に具現されるような普遍的人権思想によって突破し，とりあえず全人類を対象とするものに転換したのが，グローバル・ベーシック・インカムという理念の系譜である。もっともそれは，明示的に匡正的正義に基礎づけられたベーシック・インカム論に立たず，歴史的不正義の是正を求める運動に繋がってはいない。しかし，本書で取り上げる論客たちの議論を整理する基準としては，役に立つ。国民国家の枠組みを超えるグローバルな資本の支配に取り組もうとする点では同じだからだ。

グローバルなベーシック・インカムの理念

　グローバル・ベーシック・インカムという理念が初めて提唱されたのは，1970年代のオランダであった。ピーター・コイストラによる「国連所得」がそれである。1980年代になって，カナダの政治経済学者マイロン・フランクマンにより「惑星規模のベーシック・インカム」が，1990年代にはコイストラの系譜を継ぐオランダで「グローバル・ベーシック・インカム」が提唱された。21世紀に入って，筆者の「地球人手当」も登場し，その後徐々に増えている。なお，21世紀になってからの議論は，ミレニアム開発目標 (MDGs) の達成を視野に入れていた (Frankman 2004, Heeskens 2005b = 2016)。

　ただし，これらの理念の提示は，政策のための理念の提案の形をとっており，必ずしも理念そのものの社会理論的な意味，人類史的に見た社会進化との関連での歴史的意義を明らかにしようとするものではなかった。この点について詳述するためには別の著作が必要になるが，以下，おおまかな見通しだけを述べておこう。

　上述の系譜を持つグローバル・ベーシック・インカムの理念は，次の8つの概念から構成されている。

① 現金支払 (cash payment)：現物でも使途限定の商品交換券 (バウチャー) でもない。
② 勤労義務なしの無条件 (unconditional)：勤労意欲調査もなし。
③ 資産調査なしの全員向け (universal)：その他の対象選定 (ターゲティング) もなし。
④ 個人向け (to individuals)：世帯や家族向けではない。
⑤ 定期的 (periodic)：毎月，毎週など。一回きりではない。
⑥ 生涯継続 (life-long)：一定期間だけではない。
⑦ 生存可能水準 (enough-to-survive level)：身体的，社会的，文化的生存を含む。
⑧ 地球規模 (global)：市町村，州，国だけでなく，全人類向け。

　これまでの主なベーシック・インカム論によるベーシック・インカムの定義との関連で解説すれば，次のようになる。

最も緩やかなベーシック・インカムの定義は，①，②，③によって定義する
世界銀行エコノミストたちの最近のガイドブック（Gentilini et al. eds. 2020）であ
る。そこでは，第一に現物給付と現金給付の違い，第二に子どもを就学させる
ことを条件に現金給付をし，就学率向上に大きな成果をあげつつあるような
「条件付き現金給付」との違い，第三にどの社会層をターゲットとするかの妥
当性が論争的で，ターゲット設定にかかるコストが大きすぎるなどの問題が指
摘されている「ターゲティングを伴う給付」との違いによって区別されている。

　①，②，③，④，⑤によってベーシック・インカムを定義するのは，ベーシッ
ク・インカムの国際学会と言うべきベーシック・インカム地球ネットワーク
（Basic Income Earth Network: BIEN）の2016年総会決議である（Basic Income Earth
Network 2016）。④が加えられたのは，世界人権宣言などに示される個人主義的
な人間平等観に立って，女性差別や子どもの権利侵害を防ぐためだと考えてい
いだろう。⑤は，18世紀末のトーマス・ペインにまでさかのぼる歴史を持つ成
人に達した時に多額の現金を渡すベーシック・キャピタルの理念との区別を示
すとともに，受け取る個々人に予測可能性を提供することで，より大きな経済
力を与えようとするものだ。

　さて，⑥生涯継続は，⑤定期的をさらに強力にするものであり，生得的な権
利としての性格を強めるものだ。これについてはBIENの2016年総会決議は触
れていない。しかしこれは，権利としてのベーシック・インカムをある種の所
有権として考察する際に，きわめて重要になってくる。したがってグローバ
ル・ベーシック・インカム論者は，これを含める場合が多い。

　⑦生存可能水準については，この基準を充たす場合は「完全なベーシック・
インカム（full basic income）」，充たさない場合は「部分的ベーシック・インカム
（partial basic income）」と呼ばれ，政策要求としてどちらを掲げるべきかについ
て，さまざまな論争が行われてきた。BIENの2016年総会決議はそのことにも
触れ，この基準の定義が「きわめて論争的であり，それを公式に定義すること
は断念した」として，定義に含めない理由を明確にしている。それは，学術団
体としては妥当な決定であろう。しかし筆者は，ベーシック・インカムの理念
の理論的考察にとって，⑦の概念は，貧困の概念や労働力の商品化の不可避性
との関連できわめて重要だと考える。グローバル・ベーシック・インカム論で

も，一挙にこの基準を充たすことにこだわるのではなく，たとえばグローバルな絶対的貧困基準を充たすことから徐々に始めるなどのさまざまな議論がある。

⑧は，抽象的なものとして構成されたベーシック・インカムの理念を，より具体的に全人類を対象とするものとして，グローバル・ベーシック・インカムの理念を構成するものだ。①〜⑦をすべて含むものではない形で，⑧を加えてグローバル・ベーシック・インカムの理念を構成することもできる。しかし，すべてを含む場合を考察することで，社会理論的な意味をより明確にできる。なお，この基準を加えることは，ナショナルな範囲でベーシック・インカムを考察する場合に大きな論点となってきた，外国人や移民の受給資格をどうするかという問題を回避できる利点がある。また，ベーシック・インカムを正当化する根拠としての正義論に対しても，いわゆるグローバル正義論が適用される余地が開けてくる。

たとえば，オランダのヘースケンスは，大気や海洋の共同所有権を設定し，その使用権に基づく使用料を徴収することでグローバル・ベーシック・インカムの財源を徴収する案を出している (Heeskens 2005a)。

逆にグローバル正義論の研究者からは，たとえばポッゲのように，ベーシック・インカムではないが，地球の共同所有権に基づいて原油の販売から一定額を徴収し，世界の貧困層に配分する案を出している (Pogge 2008 = 2010)。

グローバルなベーシック・インカムのある人類社会のビジョン

では，グローバル・ベーシック・インカムのある人類社会の仕組みを考えてみよう。

第一に，それは③全員向け④個人向けで平等⑦生存保障という点では，社会主義的なものに見えるだろう。しかし農場や工場などの生産手段の所有権やそこで必要になる労働については何も語っていないので曖昧だ。社会主義とは，生産手段の社会化（社会を代表する国家による国有化）と勤労の義務（ソ連時代の憲法が定めた「働かざる者食うべからず」の原則）を原則とする社会の仕組みだとすれば，ベーシック・インカム社会は社会主義ではない。

第二に，①現金支払②勤労義務なしの無条件⑤月極めなど定期的⑥生涯継続という条件を充たすのは，遺産相続した金融資産や土地からの利子や配当ある

いは地代で暮らす金利（レント）生活者，あるいは一定年数の過去の勤労による賃金からの積み立てを前提する年金生活者であり，資本賃労働関係からなる資本主義を前提とするものだ。しかし条件②，③，④，⑦を適用すれば，すべての人がレント生活者あるいは年金生活者になってしまう。それは，賃労働をせずには生存できない賃金労働者階級の消滅を意味する。しかし家賃や株式配当収入だけで食べていけるのに就職しているサラリーマンもいる。だから，階級としての賃金労働者階級がなくなっても，賃金労働者がなくなるとはただちに言えない。ゆえに，ベーシック・インカム社会は，資本主義だが，賃金労働者階級なき資本主義，すべての被雇用者が資本家階級だけの資本主義ということになる。歴史上かつてない，ずいぶん奇妙な資本主義である。

では，この八つの条件を充たす最も現実的なグローバルなベーシック・インカムがある社会のビジョンは何か。筆者は次のように考える。今日のグローバル資本主義の延長上で，全人類の構成員が，生存可能水準のレント収入を持つレント生活者すなわち小投資家あるいは小資本家あるいはプチ・ブルジョアと呼ばれる小資産所有者としての属性を持つようになれないだろうか。かつて筆者は，人類全体が地球の共同所有権を中世の封建領主のように底地権として回復し，それを根拠に一定額の地代を徴収することを構想した（岡野内 2010a）。しかし，その具体的なイメージを描くことは困難だった。しかし，本書で取り上げる論客たちの研究にしたがって多国籍企業集団による支配の研究を進めるうちに次のようなイメージを描くことができた（岡野内 2016b）。

全人類が一人一株を相続する譲渡不可の株主となる人類遺産持株会社とでもいうべき巨大な持株会社があって，二か国以上で事業を営むすべての多国籍企業の過半数株を安定株主として所有するものとする。

その巨大な人類遺産持株会社は，多国籍企業株からの配当収益を自社の利益として計上し，そこから経費を差し引いた純益を，人類遺産持株会社の配当として，株主である全人類個人に配分することができる。

全人類個人は，オンラインの株主総会を通じて，人類遺産持株会社の経営に株主として関与できる。人類遺産持株会社は，過半数株を所有する地球上の全多国籍企業それぞれの株主総会を通じて，株主として発言し，役員人事権を行使して，全世界の多国籍企業の経営をコントロールすることができる。もちろ

ん経営への介入の基準は，SDGsの中で推奨されているESG投資（生態系，人権，組織ガヴァナンスに配慮した投資）の基準や，その他の国連の基準として定められたものを使うことができる。

　問題は，その実現可能性，そして持続可能性である。筆者は，このビジョンの実現には，19世紀末から20世紀半ばまでの植民地独立運動のような，全人類社会規模の巨大な社会運動のうねりが必要だと考えている。それは，第二の脱植民地化運動といってもいいだろう。政治的独立に続く，経済的独立を求める運動は20世紀後半に挫折したが，その課題を救い上げるのが，グローバル・ベーシック・インカムの理念を実現する人類遺産持株会社の仕組みを作り上げる運動だと考える（Okanouchi 2018；岡野内 2014b; 2016a; 2016c; 2016d; 2017; 2019）。

　本書の課題は，その第二の脱植民地化の展望を得るために，このようなビジョンからなるグローバル・ベーシック・インカム構想に照らして，20世紀後半の旧植民地地域を中心とする人類史の悲劇と取り組んできた先達たちの理論的苦闘と，それを引き継ぐ2015年以降の国連SDGs推進体制下の動向を整理検討することに限定される。

ローカル，ナショナル，リージョナルな多層的ベーシック・インカム

　以上のように，21世紀の人類社会のスーパーパワーとなっている多国籍企業集団を全人類が参加する直接民主主義によって制御する見通しが立つならば，同時にグローバルなベーシック・インカムを土台として，その上に積み上げていく多層的なベーシック・インカムとして，ローカル，ナショナル，リージョナルなベーシック・インカムを構想することができる。それは，主として財源問題したがって税制改革をめぐって展開されている日本を含む世界各地でのベーシック・インカム論争解決への大きな筋道をつけることにもなるだろう。

　すでに1990年代から全世界の貿易取引額の60倍を超える規模の金融取引を支配する多国籍企業集団が，グローバル化の進む世界経済で税を負担できるだけの経済力すなわち担税力の最大の担い手となっている。いわゆるタックス・ヘイブンを駆使するグローバル経営戦略を用いて，多国籍企業集団は相互に激しい競争を行いながら成長している。グローバル化の進展の中で，ローカルあるいはナショナルな，あるいはリージョナルな規模だけで経営戦略を展開する企

業は，多国籍企業集団との競争によって，ますます担税力を失っていく。つまり，成長するこの多国籍企業集団に課税できないことで，ローカル（地方自治体），ナショナル（国民国家），リージョナル（EUのような国民国家連合）な各レベルでの公的な政府財政は，税収増加の見通しを得ることができなくなっていく。その結果，現在の財政規模をはるかに上回る規模でのベーシック・インカムを構想する場合，その財源を調達するための増税への政治的合意を得ることが困難に見えてくる。

しかし，資本の最初の蓄積にかかわる土地収奪や植民地支配や奴隷貿易などの暴力について，グローバル企業集団の資産に関して匡正的正義を実現する展望がグローバルな規模で開けるならば，ローカル，ナショナル，リージョナルなレベルでは，それぞれの規模での担税力に応じるささやかな規模で，配分的正義による所得再分配を行う政治的合意を得ることもより容易になるだろう。[11]

3　本書の構成

本書のねらい

本書のねらいは，グローバル・ベーシック・インカム構想と批判開発学との対話，すなわち，以上のような意味での批判開発学の主な理論家あるいは理論潮流を取り上げて，上述のようなグローバル・ベーシック・インカムの理念と構想に照らして，その射程を検討することである。それは2015年までの主流派開発学への批判をさらに批判するという意味で，開発学批判の批判のもくろみである。それは，グローバル・ベーシック・インカム構想の実現を望む筆者自身に対する自己批判の試みでもある。

なぜなら，20世紀後半の人類史の現実を切り開いてきた近代化論的な主流派開発学に対して，それが地球と人を壊す仕組みとなっているという現実を突き付けて切り結んできたのは，批判開発学の諸潮流である。ゆえに，グローバル・ベーシック・インカム構想を実現させるためには，2015年以後の開発学の転換という人類史の現実を切り開いてきた批判開発学の諸潮流と切り結ぶことが不可欠の作業となるからである。なお本書の最後の2章は，批判開発学の成果を取り入れた2015年以降の国連SDGs推進体制の動向に充てられる。

ベーシック・インカムの理念でさえ，多くの人々にとっては，なじみがない
ばかりか，多くの疑問に囲まれて，深く考える機会を持てないでいる。まして
や，グローバル・ベーシック・インカムともなると，国際的なベーシック・イ
ンカム研究学会 (BIEN) の参加者の間でさえ，半信半疑なのが現状である。だ
が，筆者は，ベーシック・インカム研究やベーシック・インカム運動が直面し
ている大きな壁，すなわち財源確保の見通しと勤労意欲に関する人間不信とを
現実的に突破する道は，むしろグローバル・ベーシック・インカム構想実現の
方向にあると考えている。

　読者諸氏が，本書を読むことで，グローバル・ベーシック・インカム構想実
現について真剣に考えるきっかけとしていただければ幸いである。

本書の構成

　第2章では，アメリカのハーバード大学ビジネス・スクールで経営戦略論や
組織論などを教えていたデイヴィッド・コーテンの開発戦略論を検討する。彼
は，政府でも企業でもなく，民衆の非政府組織 (NGO) が中心的な担い手となっ
て，自営業者とともに市民社会を形成する「内発的発展」の政策論を体系化す
るとともに，その内発的発展を始動させる環境づくり戦略として，会社の禁
止・解体を提起し，「心ある市場」に基づく「連帯経済」への道を示した。それ
は国際開発のみならず日本の地域開発においても批判的潮流の柱となっている
内発的発展論，さらに連帯経済論を包摂するとともにその難点を超える方向を
示している。そのような彼の理論は，もはや経営学の枠組みを大きく超えてい
るが，基本的な発想にはそれが色濃く残っていると思う。巨大多国籍企業が経
済や政治や社会全体の仕組みをリードし，支配するグローバル化が進む人類史
の現実と，それがもたらす惨憺たる現実への批判は，企業経営者の戦略的行動
を知悉した経営学者ならではの鋭さを持つ。ベーシック・インカムの理念にも
共感を示してはいるが，それが社会の仕組み全体を変えることを要請すること
には気がついていない。またグローバル・ベーシック・インカムの理念にも一
切触れていない。それはミクロな企業経営に焦点を当てる経営学的な研究視角
の限界と言えるように思える。

　第3章は，やはりアメリカのハーバード大学で経済学を教えていたジェフ

リー・サックスの開発論を検討する。彼は，1980年代から1990年代にかけて，ラテンアメリカやロシア，東欧で新自由主義政策を推進しており，批判開発学どころか，当時の主流派経済学の中心にいた。「臨床経済学」の看板を掲げて彼が開発学の現場に足を踏み入れたのは，20世紀末であった。彼は基本的に主流派経済学の発想に基づいて，先進国政府からの多額の援助資金の注入を意味するビッグ・プッシュ論を掲げて世紀末の国連が中心となったミレニアム開発目標（MDGs）を超過達成する「貧困の終焉」に取り組んだ。だが，MDGs達成期限の2015年が近づくにつれて，「貧困の終焉」はおろか，MDGsさえ達成できないことが明らかになり，彼の研究関心は，主流派経済学理論が教えるビッグ・プッシュ政策を実現できない政治や社会の仕組み，とりわけアメリカのそれへの厳しい批判に向けられていく。筆者は，そのような彼の研究が経済学と主流派開発学から離脱する過程を，批判開発学への転回と捉えた。ただし彼は，ベーシック・インカムは，人々の労働へのインセンティブを削ぐとして反対し，北欧社会民主主義型の勤労義務を伴う福祉国家を推奨し，その方向を目指す文化革命を訴えて，そのための言論活動の実践にのめり込んでいるように見える。

　第4章は，ドイツのベルリン工科大学で社会学を教えていたヴォルフガンク・ザックスのEUが主導する脱開発論的な世界秩序論を検討する。彼の社会学研究は次のようなものだった。彼は，ドイツ近代史における人々の「自動車への愛」と言うべき個人の生活態度，あるいは近代的テクノロジーを具現する自動車への愛着のエトスが，初期の工業化からナチズム，さらに第二次大戦後の重化学工業化を支えてきたことを跡付けた。そして，ついには1970年代以降のドイツ社会のポスト工業化への移行の中で，自動車への愛を超えるエコロジー的生活への愛の出現を見出し，そのような生活態度あるいはエトスの変化に支えられて，これまでの工業化を進めてきた主流派開発論に基づく地球と人を壊す仕組みを変えていく社会運動の展開を展望したのである。ドイツは，1980年代以降になってベーシック・インカム運動が盛んになった国であり，彼の議論もベーシック・インカムを視野に入れドイツでの実現を支持するものとなっている。ただし，グローバル・ベーシック・インカムの理念については，沈黙している。その点は，ドイツ社会の社会学的分析に基づく彼の議論が，

EUへの着目から世界秩序論にまで拡張されたときに現れる社会学的な研究視角の限界となっているように，筆者には見える。

　第5章は，フランスのパリ大学で政治学の博士号を取得した著述家であるとともに社会運動家として名高いスーザン・ジョージのグローバル企業権力論を分析する。1970年代半ば，『なぜ世界の半分が飢えるのか（原題は，なぜ世界の半分が死ぬのか）』という問題提起に対して，彼女は，経済の仕組みの中で地球規模の食料供給を左右するようになった多国籍企業集団の役割に焦点を当て，人道的配慮よりも企業の利潤追求を優先させる多国籍企業集団への権力集中が原因だと答えた。以後，彼女の研究は，世界銀行の役割，いわゆる途上国の累積債務問題などの背後にある多国籍銀行・企業集団への権力集中に焦点を合わせていく。自由平等な契約関係を基礎とするグローバルな資本主義市場経済の仕組みに隠されたグローバル企業権力の分析は，経済学や経営学によっては見落とされがちな，優れて政治学的な経済問題へのアプローチであった。2007年の世界金融危機以後は，自らの啓蒙的なアプローチを反省し，残虐非道なグローバルな階級戦の現実を舌鋒鋭く告発し，グローバル企業権力を体現する支配階級への対抗戦略の構築を呼びかけるようになる。とはいえ彼女自身は，ベーシック・インカムにもグローバル・ベーシック・インカムの理念にも沈黙し，戦略的展望を提示してはいない。

　第6章は，イタリアのパドヴァ大学で哲学（国家学）を教えていたアントニオ・ネグリ（多くの著作はアメリカのデューク大学で哲学（文学理論）を教えるマイケル・ハートとの共著）の世界秩序論を検討する。スピノザ研究によって個の尊厳が人間存在にとって持つ根源的意義を確認した彼は，一方ではマルクス研究によって経済の仕組み，他方ではマキャヴェリに始まる近代国家論研究によって政治の仕組みについて，やはり個の尊厳が社会の仕組みを組み換え，組み立てる原動力となっていることを確認する。そこから，アメリカという「帝国」のもとで国民国家を超える権力を集中する多国籍企業集団と，地球規模での個の尊厳との矛盾が，21世紀初頭の人類社会の方向を決定すると考えた。グローバル企業は，国家を超えて経済活動を行う担い手を開発するが，そんな人々の団結が，国家による分断を超えて人類社会の経済を動かす仕組みを準備し，国家中心の世界秩序を変えることになるとした。グローバル企業が生み出す「マル

チチュード」と呼ばれる多様な個の尊厳を求める人々の動きが，社会の仕組み
の全面的な組み換えという意味での革命につながる革命の発展（開発）として
整理され，細分化した学問分野の代表的著作を広く網羅して批判的検討を加え
つつ，展開された。この視点から，ベーシック・インカムを求める運動は，個
の尊厳を保障し，個性を開花させる仕組みを求める動きとして重要な位置を与
えられる。しかしネグリらは，「帝国」の彼方の人類社会の具体的仕組みにつ
いても，グローバル・ベーシック・インカムの理念についても沈黙している。
それは哲学研究の限界を示すものと言えよう。

　第7章は，アメリカ，カナダ，オランダ，イギリスの大学で，国際政治経済
学や社会学，歴史学などのさまざまの分野で教える研究者たちからなる「グ
ローバル資本主義学派」による世界秩序論を紹介し，検討する。この学派の共
通の現状認識は，21世紀の人類社会はすでに，地球規模に展開し相互に死活的
な競争を展開しつつも，共通の利益で結ばれた巨大多国籍企業からなるグロー
バル企業集団の指揮下で必要物資を手分けして生産し，交換し，消費する関
係，すなわちグローバルな企業内分業と企業間の社会的分業を基礎とするとい
う意味での，グローバル資本主義の関係が主なものとなったと見る。ここか
ら，各国ごとの資本主義経済が国家間関係を通じて相互に関係し，人類社会全
体の動きが造られるとする，国民国家と国民経済が構成する国際社会としての
人類社会のイメージを拒否する。そして，国家や国民の枠組みを超えたトラン
スナショナルな資本家階級が国民国家群を操って，人類社会を支配していると
いう仮説を検証すべく，勢力的に実証研究を展開している。グローバル企業集
団が操る国民国家群の姿を暴くことが，人類社会の危機を超える道を誤らない
ために不可欠だとする。その仮説が正しければ，各国ごとにベーシック・イン
カムを実現する展望はほとんどなく，グローバル・ベーシック・インカム構想
のほうが，現実的だということになる。もっとも，この学派は，ベーシック・
インカムにもグローバル・ベーシック・インカムにも沈黙している。

　第8章では，開発学における主流派転換の契機となったSDGsを定めた2015
年の国連決議『アジェンダ 2030』の思想は，地球人意識を呼び覚ます総力戦体
制の構築をねらう非暴力の地球防衛戦争の宣戦布告だとする観点から分析し，
その意義と限界を検討する。

第9章は，SDGs決定から5年たって達成がほとんど絶望的になりつつある実態に加えて，2020年の新型コロナウィルス感染症（COVID-19）の世界的拡散（コロナ・パンデミック）によって国連が「人類の危機」と呼んだ事態に直面し，国連が中心となって作ってきた国際秩序が根本的に役に立たないものとみなされる正統化の危機に陥りつつあることを確認する。この事態に直面し，UNDPや世界銀行のエコノミストたちは，ベーシック・インカムやさらには，グローバル・ベーシック・インカムの実現に向けた検討を開始した。しかし，地球防衛ではなく宇宙開発にシフトすることで地球と人類の犠牲においてグローバル企業集団の利益を確保しようとするグローバル・エリート層の動向も現れている。道は決して平坦ではないが，グローバル・ベーシック・インカム構想の実現に向けて，人類社会は胎動を始めたかに見える。

川で溺れる赤ん坊の比喩

　緊急援助あるいは災害救援は，川で溺れかけている赤ん坊を救うようなものだ。しかし，上流で赤ん坊を川に投げ込んでいる人がいるのに，下流で赤ん坊を救うことばかりやっていていいのだろうか。1970年代のアフリカ，アジア，ラテンアメリカの飢餓や貧困への救援キャンペーンの盛り上がりを過ぎた1980年代に入ってなお深刻な貧困や人権問題と取り組む開発NGO活動家たちは，このように問いかけた。この問いを真正面に受けとめたのは，第2章のコーテンであった。ここで「赤ん坊」とは，少なくとも半数は子どもたちからなる飢餓と貧困ゆえにあらゆる人権から排除されている地球上の数億の人々のことだ。以下，この比喩を用いて，本書で取り上げた論者たちの取り組みの方向を描いておこう。

　第2章のコーテンは，上流の人に赤ん坊を投げ込ませているのは，下流に本拠を置く会社であるとし，会社を禁止・解体するしかないと訴えた。

　第3章のサックスは，会社はそのままにして川に網を張り，赤ん坊を救い上げる万全の体制を作ってしまえばいいと答え，会社と国家が安全網を設置するよう，奔走し続けている。

　第4章のザックスは，川を愛するようになった人々が国を動かし，赤ん坊を川に投げ込むことを止める取り決めを上流にまで広めることを考えた。

第5章のジョージは，下流に本拠地を置く会社は，上流の悪徳支配者と手を組んで土地や資源をコミュニティから取り上げ，困窮した人々に赤ん坊を川に投げ込ませていると告発し，人々が団結して国家を動かし，そんな会社を規制しようと訴える。

　第6章のネグリらは，上流にまで手を広げるそんな会社のやり口は，むしろ上流と下流の人々を結びつける可能性を創り出しており，人々が会社を自分たちのものにすれば，赤ん坊を健やかに育てることができると指摘する。

　第7章のグローバル資本主義学派の人々は，下流に本拠地を置き，上流にまで手を広げる会社は，さらに下流や上流の諸国家を操る仕組みを築いて赤ん坊を流し続けていると告発し，会社と諸国家を動かすグローバル資本主義の仕組みを変えるしかないとする。

　そして第8章は，2015年の国連総会の決議である。それは，2030年までに川に投げ込まれる赤ん坊を一切なくすために，国連機関，各国政府，会社，そしてすべての人々がいっしょになって取り組むとした。

　第9章は，それから5年後の動きである。これまでのやり方では，2030年までに川に投げ込まれて溺れる赤ん坊はなくせないことが明らかになった。会社は，掛け声だけは大きいが，これまでのやり方を全面的に改める動きを見せない。国家もそれを強制はしない。むしろ会社の中には，赤ん坊だけでなく人類の大多数を人の住めない地球に打ち捨てて，宇宙ビジネスに活路を見出そうとする動きさえある。

　筆者のグローバル・ベーシック・インカム構想は，これらの諸説に学んで，上流の人々に赤ん坊を投げ込ませる原因として，会社を標的にするが，なくすことも，国家だけで規制することも目指さない。むしろ，すべての人々が会社の資産の少なくとも半分以上を共同で相続し，会社の持主，オーナーになってしまうことを目指す。上流も下流も赤ん坊までも含めたすべての人々が会社の株主となって会社の利益からの配当を手にするようにする。すべての成人は株主として会社経営を監督し，次の世代の株主となる赤ん坊を含む未成年の子どもたちを育むために活用できる仕組みにしてしまうのだ。

　以上，各章のもとになった論文はすでに雑誌に発表したものであるが，かなり手を加えた。初出一覧は，本書末尾を参照されたい。

第**2**章

内発的発展・連帯経済戦略始動のために
会社法人の禁止・解体を！
▶デイヴィッド・コーテンの経営学

1　問題提起
──SDGsを先取りする主流派開発戦略の徹底批判と全面的対案

　ハーバード大学で経営学を教えていたがアメリカ政府開発援助機関などでの実務経験の後，NGO活動家となったデイヴィッド・コーテンの主要著作5冊は，すべて邦訳されている。政府とNGOの開発現場を知悉し，多国籍企業の組織論や経営戦略論を踏まえて，世界の開発支援の現場から主流派開発論を根底から批判し，エコロジカル・ヒューマニズムに基づいて出された彼の対案は，MDGsからSDGsに至る世界のNGOの議論を主導する一つの柱となった。

　後述するように，彼は開発問題を，階級，ジェンダー，エスニシティあるいはネイションにかかわる差別すなわち権力の不平等がもたらす公共圏と生態系にかかわる人類共通の生活破壊問題として捉えた。この点では，開発問題を低所得国に限定したMDGsを突き抜けて，SDGsの発想を先取りしていた。とはいえSDGsは多国籍企業を，持続可能な開発のパートナーとして位置づけたが，コーテンは多国籍企業こそが持続不可能をもたらす原因だとした。そして多国籍企業を生み出す有限責任の株式会社制度の禁止・廃絶を主張した。

　同時に彼は20世紀後半の主流派開発学に基づく開発戦略を，それが立脚するエリート主義的な価値観や，地球生態系の制約を無視する世界観にさかのぼって批判した。そして，地球上すべての人の命と暮らしを守るヒューマニズムの価値観と，地球生態系の制約を受け入れるエコロジカルな世界観に基づく体系的かつ全面的な対案を対置した。もっとも，NGO活動家となって「誰も読まな

いアカデミックな著作を離れた」(https://davidkorten.org/about-the-forum/author-bio/：2020年11月17日閲覧) 後の彼の著作は，すべて関連分野の先行研究を網羅的に踏まえた学術的著作の形式を採っていない。それにもかかわらず筆者は，彼の対案が，批判開発学の体系化として次の三つの観点から理論的に注目すべきものと考える。

第一に，1975年の国連経済特別総会以来「内発的発展 (endogenous development)」として世界各地で議論されてきた，各地域の自然環境や歴史的条件に根ざした地元の自営業者が中心となる開発戦略を定式化し，外発的発展への動きに対抗してそのような戦略を始動させる条件を模索し，ついには有限責任の会社法人の禁止・解体を掲げたことだ。これは新自由主義政策が促進するグローバル化の中で混迷する内発的発展論の系譜の中で注目すべきものだ。さらに協同組合運動ともに19世紀にさかのぼる歴史を持ち，20世紀末以来新自由主義への対抗運動の中でさまざまな模索が行われている「連帯経済 (solodarity economy)」あるいは「社会的連帯経済 (l'économie sociale et solidaire)」戦略の定式化としても注目すべきものだ[4]。

第二に，そのような経済開発戦略を基礎として，先述のような差別に基づく生活破壊にかかわる広い意味での人権問題を一挙に解決する「自由，平等，所有」に基づく市民社会を形成する社会開発戦略として掲げたことだ。なおこの場合の「市民社会」は，重商主義に基づく植民地獲得戦争や経済への国家介入を不要にする仕組みとして，アダム・スミスが描いた市場社会を実現するものとしてイメージされている。つまり，19世紀半ばに登場した有限責任会社法人の制度をもとに巨大企業が経済的権力を背景に政治的権力を持つようになって以来，人類社会規模では不徹底なまま中断された独立小生産者を主体とする市民革命を再開するものとしてイメージされている。これはスミス，ヘーゲル，マルクス，ウェーバー，パーソンズ，ハーバーマスなどの社会理論の系譜を本流としてさまざまな学問分野で議論されている市民社会論の系譜で注目すべきものだ[5]。

第三に，その対案は，経営学の戦略論と組織論を踏まえた実践的なものであることだ。それは，日本でも第二次世界大戦前からの蓄積を持つ批判経営学の系譜に照らして，開発経営の批判理論として注目すべきものだ[6]。

以下，第2節ではローカルな人々が主人公となる内発的発展の定式化とその実現のための戦略の模索，第3節では会社禁止・解体を支える連帯経済戦略としての彼の独自な市場理論の特徴を見る。そして第4節では，彼の議論の意義と限界とともに，対案実現への模索の中でベーシック・インカムがその焦点となっていることを指摘したい。

2　内発的発展の定式化

1990年段階の主流派批判と対案の構図

　まず表2-1によって，コーテンの主流派批判と対案の徹底性を確認しよう。経済成長第一戦略として特徴づけられる主流派開発戦略は，戦略策定の前提となる事実認識，策定の土台となる価値観，そして戦略を形成する政策の方向性の観点から，その特徴が列挙され，彼が示す民衆中心の対案が対置されている。

　第一に，前提となる事実認識の違いを見よう。物理的資源と環境による廃棄物吸収の有限性に関する①②は，無限とする主流派に対して，有限とする対案が真っ向から対立している。SDGsでは，このような主流派の事実認識は完全に否定された。主流派の③から⑥までは，市場の分配能力の諸側面に関するものであり，それが公正なものだとする⑦で総括される。これには，対案の項目⑤が富裕層優先の分配だとしてやはり真っ向から対立する。そして国家レベルでの権力行使の仕組みに関する対案の③④，さらにローカルなコミュニティの状態と能力に関する対案の⑥⑦⑧が示され，市場だけでなく，国家が現在の権力者の利益を優先し政治と経済を支配し，ローカルなコミュニティを尊重も重視もしていないとする事実認識が示されている。主流派戦略の事実認識に国家やローカルなコミュニティが登場しないのは，世界市場向け生産への投資が貧困や失業問題を解決してきたとして市場万能を想定する主流派の③〜⑥の認識によって，国家やローカルなコミュニティへの関心が失われていることを示す。これは経済成長第一主義的な開発論では一般的であった。しかしその後の破綻国家の増加や内戦，難民，テロリズムの深刻化を視野に入れ，このような関心の欠如そのものを克服の対象として紛争解決や平和の実現を含む包括的な

表 2-1　経済成長第一の主流派戦略に対する1990年段階のコーテンの対案

	経済成長第一の主流派戦略	民衆中心の対案
前提となる認識	①物理的資源は無限 ②環境による廃棄物吸収は無限 ③資本投資不足→経済成長不足→貧困，という因果関係 ④国際市場では自由競争 ⑤対外借入での輸出向け生産投資は有利 ⑥一次産業の生産性上昇による労働力余剰は二次産業へ吸収される ⑦市場は経済的便益を公正に分配	①物理的資源は有限 ②環境による廃棄物吸収は有限 ③現政府は権力者の利益を優先 ④政治と経済の権力が結合 ⑤市場は富裕層優先で分配 ⑥公正・持続可能・寛容な地域共同体建設が基盤とされていない ⑦資源は地域共同体の多様なニーズに割り当てられていない ⑧地元の人々が支配すれば責任ある天然資源管理は可能
価値観	①先進国，富裕層の欲求充足は善 ②天然資源の価値の過小評価 ③あらゆる経済活動の拡大は善 ④経済のために労働者が存在 ⑤生産財支配権の会社集中は善	①全人類の生活保障のために地球資源を利用すべき ②将来世代の生活も保障すべき ③万人が生産に貢献する権利 ④生産財支配権集中は悪 ⑤国民主権 ⑥地域経済は多様かつ自給自足が善 ⑦万人に自己決定権 ⑧地球市民としての権利と責任
政策の方向性	①比較優位産業への特化 ②輸出向け天然資源採掘・採取促進 ③外国からの株式・貸付け投資促進 ④投資規制の緩和・撤廃 ⑤外資による国内経済刺激 ⑥大規模生産への投資集中で「規模の経済」の追求 ⑦農村労働力の都市移動の奨励 ⑧労働コスト抑制で競争力維持 ⑨政治的発展の抑制により政府主導で効率的開発政策推進	①家庭，地域レベルの経済多様化 ②地産地消の資源配分と地域経済自立 ③地域の余剰産物による資源保全と貿易の両立 ④地域社会と生産者による資源，生産手段の所有と支配。農地改革推進 ⑤自発的な民衆組織の結成と意思決定への直接参加 ⑥地方自治の徹底 ⑦行政の透明性確保 ⑧循環型経済にインセンティブ ⑨家庭や地域経済のための投資 ⑩中小企業，省資源・労働集約型，地場産業，国内市場の効率，地域経済連関を奨励する投資 ⑪小規模有機農業優遇 ⑫情報集約型技術優先 ⑬外部資金導入を避ける ⑭能力開発・教育投資を優先 ⑮地域共同体への共同責任，自然との調和

［出所］　Korten (1990): 42-43, 68-70 = (1995): 55-57, 82-86 によって作成。

目標を定めたのがSDGsであった。

　第二に，価値観の違いを見よう。主流派の価値観は，「最大多数の最大幸福」を経済成長の追求と同一視したうえで，それを善とする20世紀後半の多くの近

代化論的開発学が依拠してきた功利主義的倫理として描かれている。対案は，「将来世代」まで含めた「全人類の生活保障」と「万人の自己決定」の権利を保障し，「多様性」を尊重し，他者を自分の手段として用いるなとするカント的な普遍的義務論の倫理として対置されている。すなわち，途上国や貧困層を取り残して「先進国と富裕層」の欲求充足のために地球の天然資源を用いることを善とする主流派（①②）に対して，「全人類」と「将来の世代」のために地球資源を用いるのが善とする対案の価値観が示される（①②）。さらに無差別に経済活動の拡大を善なる目的として，労働者をその手段におとしめてしまう主流派（③④）に対し，「生産に貢献する権利」を実現する手段として経済活動を捉えて，地域ごとに多様で，自給自足的な経済を善とする価値観が対置される（③⑥）。特に生産財の集中については，それを善とする主流派（⑤）に対して，対案は悪として強調している（④）。これはとりわけ農地などの生産財が少数者のもとに集中する一方で，多数者が生産財を喪失することによって貧困層が形成されるとするコーテンの事実認識からくるものであり，彼の価値観を示すものとして注目される。SDGsは「誰も取り残さない」貧困の撲滅を掲げることで，「取り残し」による排除を許容する功利主義を否定し，普遍的人権の実現を掲げた点で，コーテンの側に立つ。

　なおコーテンの対案は，個人の権利を土台に，個人→地域（ローカル）→ネイション→世界という空間的広がりによって集団的権利を再編成する考え方を示す。すべての個人の自己決定権（⑦），地域経済の多様性と自給自足（⑥），国民主権（⑤），世界市民としての権利と責任（⑧）がそれである[7]。しかし主流派の価値観としてはそれに対応するものが挙げられておらず，あえて言えば先進国と富裕層の欲求充足が善（①）とされているだけである。これは，経済成長第一の価値観では，空間的正義につながるような人間存在にかかわる空間の契機が捨象されてしまうことを示している[8]。なお，世代間正義のような人間存在にかかわる時間の契機も捨象されてしまうことは，対案では世代間正義に関する項目があるが（②），主流派にはそれに対応されるものがないことで示されている。

　第三に，政策の方向性を見よう。主流派については，世界規模での投資と貿易の拡大→経済成長→人類の富裕化という因果関係が事実だとする認識を前提

に，それが善いことであるとする価値観に立って，世界的な貿易促進（①②），投資促進（③④⑤⑥），そのための労働力供給と労働コスト抑制（⑦⑧），そしてこの方向の政策を効率的に実行できる開発独裁的国家（⑨）が挙げられている。これに対するコーテンの対案は，権力者と富裕層が一体化する国家主導の投資と貿易の拡大→ローカルなコミュニティの破壊→公正でない貧富の格差・持続不可能性・寛容の喪失による紛争増加という因果関係が事実だとする認識が前提となる。そして生産財を分散させてあらゆる個人の経済活動の多様性を尊重できるようなローカルなコミュニティからなる人類社会の建設を善とする価値観に立って，政策の方向性が挙げられる。すなわち，生産財分散によって自然と調和する個人の経済活動の多様化を可能にするローカルなコミュニティへの資源配分と貿易促進（①②③④），その方向での投資促進（⑧⑨⑩⑪⑫⑬⑭），その方向の政策を実行できるような自発的な民衆組織を基礎とする参加民主主義に基づく政治の仕組みの形成（⑤⑥⑦⑮）である。

内発的発展戦略の定式化

　コーテンは表2-1で政策の方向性として列挙された彼の対案①～⑮を，段階を追って内発的発展を定式化する政策のパッケージとして，より詳細に示している。表2-2がそれである。先述のようにコーテンの対案はSDGsの事実認識および価値観と一致する。SDGsはあくまでも目標設定であって，目標に至る道筋である政策まで示すものではないが，表2-2はこれまでの人類史上の経験に基づいてSDGs達成の道筋を示すものとして，今日でも参照に値するものだ。以下，その特色を指摘しよう。

　第一に，これを内発的発展の経済的な段階区分として見るならば，その基本的な発想が注目される。生産者である人間が土地や道具や原料などの生産手段と結びつく仕組み（すなわちマルクス的な意味での階級構造）の組み換えが，「戦略全体の中核である生産財改革」と表現され，社会の仕組みを組み立てる根本的な土台として捉えられている。そして，「生産財改革を実現する政治的・制度的準備」として第1段階が設定され，「生産財改革による農村インフラ整備」として第2段階が，さらに「農村必需品市場」の形成を基礎として，「農業依存からの脱却」，「技術的基盤の確立」，「外貨獲得と物理的資源保全」として第3～

表2-2　公正第一の持続可能な開発＝内発的発展戦略の諸段階

段　階	政　策
第1段階＝変革への下準備 【本質】第2段階の生産財改革への政治的・制度的準備	①初等教育の徹底。識字，計算能力と環境管理・市民意識 ②言論・結社の自由保障。民衆組織，NGOの奨励 ③司法の近代化・専門化で法の支配の実現 ④軍縮，文民統制の強化 ⑤女性を抑圧する経済的・政治的・社会的制約の撤廃 ⑥地方行政の財源，権限の強化 ⑦公正第一の成長戦略についてキャンペーン実施 ⑧人口抑制，予防保健事業の強化

――【移行】政治的支持基盤と人々の基礎能力完成――――――――――――――――

第2段階＝生産財改革と農村インフラ整備 【本質】戦略全体の中核である生産材改革を前提に農村インフラ整備	①生産財，特に農地の抜本的再配分。NGO，民衆組織，地方行政の指導的役割のもとで ②協同組合，従業員所有企業の結成促進 ③遠隔地の運輸コスト削減のためインフラ整備 ④農村地域での電話その他の通信手段の整備 ⑤地方での紛争解決，調停メカニズムの確立

――【移行】新たな生産財所有者の生産性向上の必要――――――――――――――――

第3段階＝農業集約化・多様化 【本質】農村地域必需品市場の形成	①自己消費作物を基礎に換金作物生産で集約化，多様化 ②有機・循環型技術の採用で投入材の極小化 ③零細農家，零細事業への信用供与拡充 ④農民管理の協同組合での農産加工・販売体制の強化 ⑤市場カルテル，運輸業独占などの排除 ⑥国内農業保護政策。特に補助金付き輸入食料から保護 ⑦零細地方生産者に不利な課税・価格政策の撤廃

――【移行】農村での工業製品需要の形成――――――――――――――――

第4段階＝農村地域の工業化 【本質】農業依存からの脱却	①農村市場向け中小規模農村工業の振興 ②中小企業の新規参入や活性化へ規制緩和，自由競争 ③大規模産業優遇策の撤廃 ④外国産品からの国内市場保護政策

――【移行】農村工業生産力を超える国内需要の形成――――――――――――――――

第5段階＝都市地域の工業化 【本質】技術的基盤の確立	①農村地域のニーズにあわせた都市工業の振興（輸入代替ではない）

――【移行】国内需要充足，生産効率の国際水準達成――――――――――――――――

第6段階＝輸出の促進 【本質】外貨獲得と物理的資源保全	①余剰生産能力での海外向け生産の奨励。再生不能資源の価値を高くする価格設定で

［出所］　Korten (1990): 78-80＝(1995): 94-99によって作成。

6段階が設定されている。つまり，政策パッケージは，実質的には，生産財改革への政治的・制度的準備→政治的支持基盤に支えられた生産財改革（土地改革）およびインフラ形成の経済政策→生産財改革以後の経済政策，すなわち，政治→政治経済→経済の三段階を通って，政策の力点が政治から経済に移っていくものとして展望され，出発点は政治改革すなわち民衆による政治＝国家権力の獲得であることが強調されている。[10]

　第二に，これをイギリス，アメリカ，フランスなどで17世紀以降の市民革命と民主主義的統治，人権思想の発展をモデルとする政治的な意味での市民社会の内発的発展の段階区分として見るならば，やはり生産財改革を核とする大きな三段階論として見ることができる。すなわち，自由な個人としての経済活動によってローカルな規模での自立を求める民衆組織やNGOと分権的な地方行政組織形成→民衆組織・NGO・地方行政組織の指導のもとでの生産財改革→国内独占企業の発生および外国商品からの零細国内産業の保護と国内での自由市場発展の確保，という経路である。ここでは，民主政治の基礎としての民衆組織と分権的な地方行政組織，さらにその土台として，生産財として土地や作業場を所有する広範な自営農民や小規模自営業者からなる市民が位置づけられている。政治改革の担い手となる市民が経済的な主体として形成されることが展望されているのである。[11]

　第三に，内発的発展過程を実践的に経営管理していく際の段階的プロセスの見通しとして見れば，政治および経済のシステムの転換の原動力として，人々の日常生活の中での想いの伝え合いを通じての人格や思想の形成と共通の規範の形成，言い換えれば生活世界における人々のコミュニケーション的権力の形成が位置づけられていることだ。[12]たとえば第1段階についてみれば，予防保健や人口抑制（家族計画の管理はコーテンの専門分野であった）による人々（特に女性）の身体能力の確保から，成人教育や初等教育による識字や計算，環境教育，市民教育などによる人々の外界に対する制御能力やコミュニケーションのための基礎的知識の確保，民衆組織やNGOが自由に活動できる言論・結社の自由保障による公共圏の確保，公共圏に足場を置く法の支配による紛争解決を展望できる近代的法システムの確保，そして「女性を抑圧する経済的・政治的・社会的制約の撤廃」[13]が挙げられている。

内発的発展のための変革の課題

　以上のような特色を持つ，コーテンの内発的発展戦略の見通しは，さらにこの第一段階での行動計画として，より詳細で体系的な変革のための課題としてまとめられている。**表2-3**では，それをその後のコーテンの見解の変化とともにまとめたものだ。1990年代を通じての彼の見通しの変化は注目すべきものだが，ここでは，1990年段階の特徴だけを指摘しておこう。

　第一に，全体の構成が，システムよりは生活世界の修復，立て直しに力点を置いていることだ。すなわち，六つの項目のうち，政治および経済システム転換の課題は，「政治と経済の民主化」，「貿易と投資の変革」として最後に置かれ，最初の四つの項目は，平和構築，エコロジー，精神的発達（発達は英語ではdevelopmentであり開発，発展と同じ），家族関係の組み換えについて，生活世界の目線で，一人一人の日常生活での行為を喚起するような表現で提起されている。たとえば平和構築は「和解と非軍事化の推進」，エコロジーは「過剰消費と過少消費のアンバランスの是正」と表現されている。これは，民衆組織とNGOの発展に大きな期待をかけて，人々をそのような組織活動に誘うことで変革が可能だと考えていた，この時期のコーテンの活動を反映するものであろう。

　第二に，この段階ではまだ会社法人の禁止・解体という後年の中心的な主張が姿を現していないことだ。このことは，この時期のコーテンが多国籍企業集団として発展を遂げた会社法人の存在を，人類社会にとって致命的に敵対的なものだとは考えていなかったことを示す。彼は，民衆組織やNGOの発展が，多国籍企業集団の権力を圧倒し，容易に多国籍企業集団を規制しうるものと考えていたと思われる。「精神的な発達」の項目の最初に「権力者に責任感を持たせる」が挙げられていることは，そう解するほかない。生態系や人権に関して無責任な行動をする経済システムや政治システムの権力者の行動を変える鍵は，システムの転換ではなく，価値観の転換，すなわち権力者および権力者に対峙する人々の精神的発達の問題として捉えられていた。[14]

表2-3　コーテンによる変革課題設定とその変化（1990, 1995, 1999年）

Korten (1990) 社会変革の行動計画	Korten (1995) エコロジー革命	Korten (1999) 生命ある人間の権利を取り戻すための課題
1　和解と非軍事化の推進 ①地球規模の非軍事化 ②軍事資源を民生に ③南への軍事援助を民主的小規模文民統制付きの軍隊に限定 2　過剰消費と過少消費のアンバランスの是正 ①過剰消費の削減 　(1)環境技術への経済的インセンティブ導入 　(2)生活様式や生活の質についての考え方の変革 ②過少消費者の環境技術導入の支援 ③人口増加抑制 ④資源・環境保全行動推進 　(1)持続可能農業へ転換 　(2)人の移動→電子通信 　(3)自動車→公共輸送 　(4)再生資源利用優遇措置導入 　(5)短期収益最大化・資源略奪型開発を促進しがちな企業乗っ取り禁止 　(6)環境や人権に考慮した経済計算体系の導入 3　精神的な発達 ①権力者に責任感を持たせる ②生命を重視する女性的意識と文化に移行 ③女性を指導者の地位に 4　家庭内の平等の確保と子供養育への役割の強化 5　政治と経済の民主化 ①政治的民主化の促進 (1)普遍的人権の国境を超えた保障原則の確認 (2)非民主的独裁国家への政府援助を禁止し，NGO援助のみに	1　政治を取り戻す ①会社の政治活動禁止 ②選挙活動改革 　(1)テレビ選挙広告禁止 　(2)選挙費用の上限設定 　(3)公共の補助金と個人の非課税小額献金のみに選挙費用財源を限定 ③文化を取り戻す 　(1)メディアの独占禁止 　(2)広告費の経費扱い課税控除廃止。広告禁止へ 　(3)会社の学校経営や校内広告の禁止 2　経済を取り戻す ①0.5%の金融取引税 ②短期的キャピタルゲインへの累進付加税 ③要求払い預金への100%の預金準備義務 ④デリバティブの規制 ⑤地域に根ざした銀行の優遇措置 ⑥独占禁止法厳格適用 ⑦従業員・地域社会による会社の買い取り権 ⑧課税対象のシフト。社会や環境に負荷を与える活動，輸入品に課税 ⑨各年の利益還元。法人税廃止，株主配当金に課税 ⑩会社優遇措置の廃止。地域企業は例外 ⑪知的財産権を発明コストと利益回収の最低限に制限 ⑫万人に無条件の一定所得保障。公共予算による国民健康保険制度。実力本位の公的大学奨学金制度。途上国では農地改革など天然資源への平等なアクセス権保障	1　政治民主主義の復活 ①選挙活動改革 　(1)政治献金の制限 　(2)政治資金の公費支給 　(3)無料の政見放送 ②会社の政治活動禁止 2　会社法人の廃止 ①当面，公共の利益の範囲内，管轄区域内に活動を限定 ②最終的に，営利追求の会社を禁止 3　国際企業と国際資金フロー規制の国際協定 ①金融投機の禁止 ②巨大国際企業の分割 ③WTO，世界銀行，IMFなどの段階的廃止 4　企業優遇の廃止 ①公的直接補助金と税制優遇措置の廃止 ②天然資源利用と汚染物質排出に環境税 ③企業への公共便益税あるいはコスト補償税の賦課 ④企業補助金給付国からの輸入に補償関税 5　貨幣を交換媒体に限定 ①銀行からの投機資金提供の禁止 ②投資収益以上の税率のキャピタルゲイン課税 ③地域通貨の奨励 ④要求払い預金準備率を100%にし，政府の通貨創造能力回復 ⑤金融資産保有税導入 ⑥コミュニティー・バンキングの復活 ⑦金融資産担保の禁止 ⑧国際資本移動の禁止

②経済力の公平な分配＝生産財の支配への民衆参加（農地改革，水域改革，協同組合づくり，従業員持株制度，小規模ビジネス支援，労働組合の権利保障など）

6　貿易と投資の変革
①国内投資・交易優先措置
②関税と補助金の見直し（環境と貧困層を配慮）
③天然資源保護と情報資源の共有（天然資源価格の低落防止，特許権の制限）
④環境コストの転嫁禁止と国際基準の設定（有害廃棄物輸出の禁止，消費者保護の国際基準導入）
⑤持続不可能な対外投資の阻止（持続可能投資の優遇）
⑥貿易収支のバランス

⑬累進所得税および消費税。最低所得レベル，基本的必需品の非課税
⑭雇用の平等な配分

3　グローバルなシステムの地域化
①低所得国対外債務の軽減
②国際金融取引税
③国際貿易と投資の規制。国際協定による独占企業の解体・規制
④環境資源の監視機構。有害廃棄物の投棄・取引の監視
⑤ブレトン・ウッズ体制の解体
　(1)世界銀行閉鎖
　(2)IMF解体。国連国際金融機関の創設（その任務；①低所得国の清算プロセスの管理　②国際金融市場の規制　③為替収支バランス維持のために各国が政策協議する場の提供　④ユーロダラーの規制　⑤外国為替取引に0.5％の課税）
　(3)WTO解体。国連国際貿易投資管理機関創設
　　（任務；多国籍企業および国際貿易規制の協定作りと，各国政府の政策調整の場を提供）

6　経済民主主義の推進
①利害関係者による所有制度の推進
　(1)労働者や地域社会に優先買収権 (2)売却株主への税制優遇措置 (3)年金基金を労働者所有制に転換 (4)銀行融資への優遇措置 (5)一定額以上の個人金融資産税から買収資金の提供 (6)既存の従業員持株制度改革
②独占禁止法の改変，厳格化

〈具体的行動案〉
1　個人・家族レベル
生活の簡素化，地域内での購買，生命を肯定する職業の選択，代替情報の入手，地域銀行での貯蓄，社会的責任投資，自動車依存の軽減，改革団体への資金援助
2　地域レベル
指標策定プロジェクト参加，健全市場要覧の作成，地域通貨支持，都市拡大制限，地域自立支援，政治参加
3　国家レベル
政治的権利活用，参加
4　国際レベル
国際市民組織への参加，国際機関改革推進，地方政府外交の推進

[出所]　Korten (1990): 163-179 ＝ (1995): 207-223; Korten (1995): 307-324 ＝ (1997): 388-409; Korten (1999): 188-200, 266-275 ＝ (2000): 285-303, 405-419によって作成。

3　連帯経済の市場理論

1995年の転換——グローバルな会社システムの発見

　「救援と開発に携わる大規模なNGOが……民衆中心の発展に向けた変革をリードするようになる」という「1990年当時の期待」について，1995年に出されたKorten (1990) の日本語版序文でコーテンは，「今日，私は懐疑的である」(Korten 1990＝1995: 8) と書いた。すでに1992年の夏には，コーテンは，「アメリ

カの『成功』が世界にどれだけ大きな問題をもたらしているかを悟り」，活動の足場を東南アジアから「諸外国に押し付けてきたのと同じ政策のせいで，いわば国内に第三世界が作られている」アメリカに移して，「問題の出所であるアメリカで行動を起こ」し始めていた (Korten 1995: 8 = 1997: 12-13)。

こうして，『グローバル経済という怪物』（以下『グローバル経済……』と略記）では，「もはや人間にはコントロールできないまでに肥大したグローバルな経済システムが問題」(Korten 1995: 13 = 1997: 19) とされ，「グローバル経済は，公益に責任を負うべき政府を弱体化させ，目先の金銭的利益にとらわれた一握りの会社や金融機関に権力を与えてしまった。そのため，ごく少数のエリート層が経済力と政治力を独占するようになった」(Korten 1995: 12 = 1997: 17) とされた。グローバルな権力独占の解体が中心的な課題となったのである。表2-3によって，このような変革の課題設定の変化が確認できる。

すなわち1995年には，「植民地化された私たちの政治と経済を取り戻し，民衆の権利を回復するために，体制を変革する方法」(Korten 1995: 308 = 1997: 388) として，「巨大会社の力と自由を制限し，民主主義を再生し，民衆と地域社会の権利と自由を回復すること」（同上）を「最終目的」とする特徴的な「エコロジー革命 (the Ecological Revolution)」が提起された[15]。

そこでは，1990年の場合に見られた「南と北」あるいは「過少消費と過剰消費」とを区別する表現は完全に消え，全世界共通の敵としての巨大会社の支配に対抗して，エコロジカルで自立的な地域社会の再開発が対置されている。また選挙改革や文化問題が詳細に取り上げられており，公共圏の問題[16]が重視されている。表2-3によって，その特徴を指摘しておこう。

第一に，全体の呼称が「エコロジー革命」とされており，地球環境問題と取り組んで人類社会と地球生態系の調和を目指すエコロジカル・ヒューマニズムの立場が前面に出されている。政治や経済を「取り戻す」という表現，さらにグローバル・システムを「地域化」するという表現は，ローカルな場に根付く人々の生活世界が，グローバル・システムに対抗してエコロジカルな調和を回復するという発想を示している。したがって，エコロジーあるいは環境問題に関する大項目は立てられず，わずかに「グローバル・システムの地域化」の④に「環境資源の監視機構，有害廃棄物の投棄・取引の監視」が挙げられている

だけである。エコロジー問題が全人類の共通の関心事となってグローバルな変革が進行するというSDGsと共通する見通しが示されている。エコロジー革命は，個人が形成する家計を中心として，生態系のバランスに基づいて地域や国の境界を再編成し，ソ連解体に続くアメリカ合衆国解体を含む，世界秩序の全面的再編として提起されている[17]。

第二に，そのエコロジー革命の課題は，「政治を取り戻す」，「経済を取り戻す」，「グローバルなシステムの地域化」という三つの大項目にまとめられており，筆頭に置かれた政治改革が先導すべきものであるとされていることだ。しかもその政治改革の筆頭には「会社の政治活動禁止」が挙げられている。取り戻すことが課題となるのは，それがかつて奪われたからだとすれば，人々から政治を奪ったのは，会社であり，会社の政治活動であると名指しされているわけである。それに続く「選挙活動改革」の項目は明らかにアメリカの選挙を念頭に置いたものだが，「テレビ選挙広告禁止」，「選挙費用の上限設定」など，すべて会社の選挙資金提供にかかわるものだ。さらに「文化を取り戻す」という項目にも，筆頭に「メディアの独占禁止」が挙げられ，続けて「広告費の経費扱い課税控除廃止，広告禁止」，「会社の学校経営や校内広告禁止」となっており，すべて公共圏における会社の影響力の排除が主張されている[18]。ただし，この段階では，会社の禁止・解体までは挙げられていない。それは1999年の著作で初めて登場する。ここではあくまで公共圏からの排除だけが掲げられている。

第三に，「経済を取り戻す」課題として挙げられた14項目には，やはりアメリカを念頭において，大企業への優遇措置を廃止して課税を強化し，特に金融部門への規制を強化するとともに，ローカル企業については振興政策を取り，さらに経済活動の主体としての人々の力を強化する趣旨でベーシック・インカム導入が挙げられていることだ。なお，ベーシック・インカムと同じ項目で「公共予算による国民健康保険制度」や「実力本位の公的大学奨学金制度」とともに，「途上国では農地改革など天然資源への平等なアクセス権保障」が挙げられていることから，ここで「万人に無条件の一定所得保障」として挙げられたベーシック・インカム要求は，会社に依存しないで生活できるような人々の経済的自立を，会社からの税収によって保障する高所得国の政策としてイメー

ジされていることがわかる。

第四に、「グローバルなシステムの地域化」の課題として、第二次世界大戦後の国際経済の仕組みの全面的な組み換えを要求している。すなわち、①低所得国債務の軽減、②国際金融取引税導入、③国際貿易と投資の規制と独占禁止、④環境資源の使用および有害廃棄物投棄の監視システム導入、⑤ブレトン・ウッズ体制の解体として、世界銀行は閉鎖し、IMFの代わりに「国連国際金融機関」、WTOの代わりに「国連貿易投資管理機関」の創設（いずれも国際金融市場の規制を共通の目的として各国が協議する場を提供するものとして構想されている）が要求されている。したがって、国連が中心となって、現在の低所得国の不利にならないような各国間の貿易と投資の関係を創り出すために、多国籍企業の活動、とりわけ肥大化した金融取引を規制することが掲げられている。しかしここでも多国籍企業の分割解体までは挙げられていない。

1999年の転換──生活世界に根ざす「心ある市場」の発見

コーテンによる変革課題の設定、すなわち革命論は、1995年から1999年の間の市場認識の深化に伴って、もう一度転換する。まず表2-3によって1999年の課題設定の変化の特徴を確認しておこう。

第一に、内容的にはエコロジー革命と同じだがより具体的に「生命ある人間の権利を取り戻す」と表現された課題は、制度改革に関して「どこを変えるべきか」を示す六項目からなる課題提起すなわち政治および経済システムの転換の部分と、個人・地域・国家・国際からなる四つのレベルで一人一人が「何をなすべきか」を示す具体的行動案すなわち生活世界での行為の提起の部分とに分割されていることだ。これはハーバーマス的な用語を用いれば、システム論的な転換と行為論的な転換とを明確に区別しつつ、しかも同時に提起する点で興味深い。以前についていえば、このような明確な区別はなく、1990年はどちらかと言えば行為論的、1995年はシステム論的な提起であったが、両者が混在していた。

第二に、システム転換の部分に関して言えば、会社法人の禁止・解体が革命の柱として明確に提起されたことだ。そこで挙げられた六項目は、会社法人の禁止・解体という戦略的な課題のための戦術として列挙されている。すなわち、

①選挙活動改革と②会社の政治活動禁止からなる「政治民主主義の復活」とされる項目１は，そのための政治権力獲得であり，①当面は公共の利益の範囲内に活動を限定，②最終的に営利追及会社の禁止からなる「法的な会社人格化廃止」とされる項目２は，立法権を用いた法的措置である。さらに，①金融投機の禁止，②巨大国際企業の分割，③WTO，世界銀行，IMFなどの段階的廃止からなる「国際企業と国際資金フロー規制の国際協定」とされる項目３は，条約など国際法的措置によってグローバルな環境を整備することであり，①補助金と税制優遇措置の廃止，②環境税導入，③企業による公共サービス使用への課税，④企業補助金給付国からの輸入への関税からなる「企業優遇の廃止」とされる項目４は企業解体への国内立法での促進措置である。項目５は「貨幣を交換媒体に限定」として八つの小項目が掲げられているが，内容的にはローカルな商品取引に根ざした金融業の振興（③地域通貨の奨励，⑥コミュニティ・バンキングの復活）と，投機的な国際金融業に対する禁止措置（①銀行からの投機資金提供の禁止，②投資収益以上の税率でキャピタルゲイン課税，④要求払い預金準備率を100％にして政府の通貨創造能力回復，⑤金融資産保有税導入，⑦金融資産担保の禁止，⑧国際資本移動の禁止）である。

　第三に，会社法人の禁止・解体とともに「利害関係者による所有制（Stakeholder Ownership）」への移行が明確に掲げられたことだ。利害関係者とは「労働者，経営者，サプライヤー，顧客，企業の諸設備のある地域社会の構成員などを指す」とされ，実例として「農業協同組合，信用組合，消費者生活協同組合，労働者所有企業」が挙げられている（Korten 1999: 171 = 2000: 259）[19]。最後の項目６は「経済民主主義の推進」とされているが，①利害関係者による所有制度の推進（さらに六点にわたってそのための具体的な措置が挙げられている），②独占禁止法の厳格化との二点が挙げられているのみであり，内容的には有限責任の株式会社法人の禁止に取って代わるものとして利害関係者が所有するローカルな企業への転換を進めるものとなっている。

　第四に，システム転換の課題から，1995年に登場したベーシック・インカム要求が消えたことだ。これについてコーテンの言及はない。会社の禁止・解体とともに提起されたローカルな経済の自立を目指す利害関係者の所有制を実現し，コミュニティ・バンキングの復活などによって起業支援することで，ベー

シック・インカムは必ずしも必要ではなくなると判断された可能性がある。あるいは、コーテンがしばしば引用する、邦訳もある『聖杯と剣』の著者として著名であり、アメリカのフェミニズム運動からパートナーシップ経済への移行を主張するアイスラーに見られるような誤解を踏襲するものかもしれない。アイスラーはベーシック・インカムをミルトン・フリードマンの「負の所得税」と同一視して「有意義な仕事を提供せずに単にお金のばらまきをするもの」として非難し、政府がローカルでエコロジカルなケアの経済の振興に資金を提供すべきと主張している。[20] いずれにせよ、このことは、コーテンがベーシック・インカムの実現が、賃金奴隷とも呼ばれる賃金労働者階級を賃金労働への依存から解放し、階級として消滅させる点で、賃金労働に基づく資本主義の経済システムを転換する意義を持つと捉えていないことを示す。

　第五に、「具体的行動案」として提起されたが、ローカルな経済と社会の自律を展望する内発的発展を追及する社会運動の担い手となる活動家の日常生活のイメージを鮮明に描いていることだ。すなわち、「個人・家族レベル」として、エコロジカルな職業選択と生活、地域内での購買、地域銀行への貯蓄が推奨され、さらに社会的責任投資も付け加えられている。「地域レベル」では、地域通貨の支持、都市拡大の制限、地域自立支援の方向での政治参加とともに、指標策定プロジェクト、健全市場要覧の作成など地域市場のエコロジカルな整備活動への参加が呼びかけられている。そして「国家レベル」では政治参加、「国際レベル」では、国際機構改革の方向での国際市民組織への参加とともに、地方政府外交の推進が掲げられている。[21] コーテンが、グローバル企業集団の権力を視野に入れた運動を構想し、ベーシック・インカムなしでも、このような日常生活を送る活動家が一般化し、ローカルな経済と社会を動かせると考えた理由は、彼の独自な市場認識の転換にあったと思われる。[22]

「心ある市場 (Mindful Market)」論

　このような課題設定の変化は、「市場という暴君」が、会社や金融機関を道具として用いて地球と人類を破滅に導くとする市場性悪説から、会社や金融機関を道具として悪をなす暴君は「資本主義」であり、市場は被害者だとする市場性善説への転換があった。

1995年の『グローバル経済……』では，会社は「市場という暴君」の道具であり，癌のように地球を蝕むという表現がある。[23]

　かつて人びとに恩恵をもたらした会社や金融機関が，今や市場という暴君（a market tyranny）の道具となってガン細胞（a cancer）のように地球を覆い，ますます多くの地域を搾取し，生活を破壊し，故郷を奪い，民主制度を骨抜きにし，飽くなき金の追求に走っている。　　　　　　　　　　　　　　　　　　　（Korten 1995: 12 = 1997: 18 一部改訳）

「ガン細胞」という比喩は，1995年には「単なる比喩」とされていたが，1999年の『ポスト大企業……』に至って，「病理診断そのもの」とされる。

　本書ではその議論をさらに進めて，問題は市場という暴君ではなく，資本主義そのものにあると考える。健全な市場経済（healthy market economy）にとっての資本主義とは，健康体にとってのガン細胞のようなものだ。ガン細胞が発生するのは，遺伝子の損傷によって，細胞が体全体の一部としての役割を忘れてしまった時である。もちろん，体全体が健全に機能するのが細胞の存続の必須条件だが，ガン細胞は体全体への影響などお構いなしに勝手に成長を始め，自分にとっても栄養の供給源であるはずの体を最終的に破壊してしまう。私は体内のガン細胞の発達過程を学ぶにつれ，資本主義をガン細胞と呼ぶことは比喩というよりは，市場経済の病理診断そのものだと言ったほうが正しいような気がしてきた。病気の原因は，市民や政府による適切な監督不足にある。病気を取り除くことによって，民主制（democracies）と市場経済（market economies）の健康を回復すること，それが未来への希望をつなぐ糸である。　　　　　　　　　　　　　　　　　　　（Korten 1999: 15 = 2000: 24-25 一部改訳）

すなわち市場経済はもともと健康だったが「市民や政府による適切な監督不足」によってガン細胞が発生し，病気＝資本主義にとりつかれたというわけである。そこで「健康を取り戻すには，欠陥細胞を取り除くか殺してしまう根治療法が必要」であり，「資本主義というガンを治療して，民主制，市場，人権，自由を取り戻すには，有限責任しか持たない営利民間企業の制度を事実上排除する必要がある」（Korten 1999: 15 = 2000: 25）とされ，先述のような会社の禁止・解体が明確に提起されたのである。

　表2-4を見よう。それは，『ポスト大企業……』第2章における資本主義と「アダム・スミスや彼の考えを踏襲した後継者たちが説いた市場理論」に基づくとされる「健全な市場経済（Healthy Markets）」（Korten 1999: 40 = 2000: 63）との

表2-4　コーテンによる資本主義＝心なき市場と，健全な市場経済＝心ある市場の対比，そして対応する「心ある市場の十原則」

	資本主義＝心なき市場	健全な市場経済＝心ある市場	心ある市場の十原則
起動力	お金	命	①命を秤にせよ
目的による定義	お金を持つ人がお金を増やすためにお金を使う	みんなの暮らしのためにあらゆる資源を用いる	④公平のために闘え ⑦さまざまに，自立せよ
企業規模	巨大企業	中小企業	③企業は人間的規模で利害関係者が所有せよ
費　用	公衆に向けて外部化する	使う者が負担して内部化する	②意思決定者に費用を負担させよ
企業の所有者	不在所有者	利害関係者	③企業は人間的規模で利害関係者が所有せよ
投下される資本	足場も境界もない	ネイションの境界内に根付く	⑧境界に留意せよ
投資目的	私的な財政的利益の極大化	有益な生産物を増やす	⑦さまざまに，自立せよ
利潤の役割	極大化されるべき一目標	生産的な投資への誘因	⑦さまざまに，自立せよ
効率性の尺度	投下資本からの収益	生きた資本から得られるもの	①命を秤にせよ
調整メカニズム	巨大企業集団が中心となる計画	自己組織的市場とネットワーク	⑦さまざまに，自立せよ
協　力	競争参加者が競争の規律を逃れるために	共通善増大のために人々やコミュニティの間で	⑥知識と技術を共有せよ ⑦さまざまに，自立せよ
競　争	不適者の排除	効率と技術革新	⑤情報を完全に開示せよ ⑦さまざまに，自立せよ
政府役割	財産利益を守る	人間利益の向上	⑨政府の役割を尊重せよ
貿　易	自由	公正・均衡	⑦さまざまに，自立せよ
政治の方向	エリート主義・お金支配の民主制	大衆参加・人間支配の民主制	④公平のために闘え ⑩倫理的文化を維持せよ

［出所］　Korten (1999): 41, 155 ＝ (2000): 67, 234によって作成。

対照表に，同書第8章で「市場理論と古来の生命の智恵」を組み合わせたとされる「心ある市場（Mindful Market：邦訳本では「健全な市場」と訳されている）の十原則」(Korten 1999: 155 ＝ 2000: 234) を対応させてまとめたものだ。これによって，会社法人の禁止によって資本主義が終わると考えたコーテンの思考の特質が明らかになる。以下，心なき市場として描かれた資本主義と，心ある市場として描かれた健全な市場経済との対比に着目して分析しよう。

　第一に，コーテンの「健全な市場経済」の担い手は，「利害関係者による所有

制推進措置」として**表2-3**にあるように，禁止・解体されるべき現行の会社企業の株式について「労働者や地域社会に優先買収権」が与えらえれ，「年金基金を労働者所有制に転換」し，「既存の従業員持ち株制度を改革」するなどの政策が打ち出されていることから，経営に参加しない単なる被雇用者や，そのような賃金労働者からなる労働組合の存在は想定されず，すべての現行労働者が，中小企業の規模に解体された自分の働く企業の共同所有者となって，経営に参加することが求められていると考えていいだろう。階級の仕組みとして見れば，万人が小規模の資本の所有者すなわち小資本家＝プチ・ブルジョアとなる社会である。

　第二に，「心ある市場」が健全に育つためには，政府による経済活動への規制と介入が，資本主義の場合以上に要請されている。すなわち，資本主義は「財産保護」のみが基本的な政府の役割とされるのに対して，健全な市場のためには，それに加えて「人間の利益 (human interest)」を向上させるためのさまざまな政策的な規制と介入が必要とされている。すなわち，ローカルな中小企業の規模での利害関係者による所有制を促進・安定させるための会社法人の禁止・解体政策，さらにコストの外部化を禁止してそれぞれの地域で環境を守らせるようにするための独占禁止法の厳格化や国際資本移動の禁止，巨大国際企業の禁止，環境税や公共便益税，企業補助金給付国からの輸入品関税などの，さまざまな課税政策などである。そしてそのような介入には，貨幣中心の価値観に立ちエリート支配と貨幣中心の民主制をとる政府ではなく，「生命 (life) 中心の価値観」を共有し，「倫理的文化の維持 (Maintain an ethical culture)」を原則とする「大衆参加 (Populist) と人間中心の民主制 (democracy of persons)」による政府，いわばエコロジカルな市民政府のコントロールが前提されている。

　第三に，健全な「心ある市場」は，小規模で地域ごとに自立できるような自律的な市場経済としてイメージされている。とはいえ小規模企業が大規模設備を用いることは，そのコストを内部化したうえでコスト削減につながる限りでは「規模の経済」として推奨されている。小規模の企業組織が「規模の経済」を含めて，「効率と革新」を追及する規律がもたらされる点で，自由競争が奨励されている。巨大な組織は，「人間的な規模 (human-scale)」でないとして，経営学における組織論を紹介しつつ，コミュニケーションの困難性の面から否定

されている (Korten 1999: 174-176＝2000: 264-267)。資本主義は，カルテルを結ぶ巨大企業による中央集権的な計画経済を実施し，自由競争に基づく規律を排除するとして否定される。かつてのソ連のような国家中心の社会主義も同様の理由で否定される。

　第四に，市場は，生産にかかわる独自なコミュニケーションを行う公共の場として厳密に規定されている。小規模で自律的な中小企業は，相互に「情報を完全に開示 (full disclosure)」することによって「知識・技術を共有」する。そのうえで，各企業は境界内ではまったく自由に，コスト負担を他者に転嫁することなしに「生産的投資」を行い，政府の規制を遵守しつつ「多様性と自立性 (diversity and self-reliance)」を追求して商品を生産し，販売し，同種商品の販売にあたって他企業と競争して，企業の「利潤を追求」する。その際，利潤を得られない商品の生産からは，撤退し，生産手段と労働力とを別の商品生産に振り向ける。各企業は公開の場としての市場で生産物を評価されることで，それぞれの企業の特質に合った商品生産に特化していく。企業の「効率と革新」の度合いは，このような競争の中で事後的に確認される。「心ある市場」は，このような形で，利害関係者所有制企業を通じて経済活動を展開する人々の間での経済活動に関する意思疎通＝コミュニケーションの場としてイメージされている。健全な，すなわち心ある市場とは，ハーバーマスの用語を用いれば，コミュニケーション的行為としても把握された生産物の交換であって，戦略的あるいは目的合理的行為としてのみ把握された商品交換ではない。資本主義は，戦略的あるいは目的合理的行為のみからなる心なき市場を通じて展開される物象化のシステムとして，コミュニケーション的行為によって生産物交換が行われる公共圏としての心ある市場とはっきり区別され，対立させられている。[24)]

　以上の分析から，「心ある市場」を核とする彼の市場経済の理想像を，市民社会が主導する中小企業中心の地域市場社会主義と呼ぶことができよう。このような市場経済の把握に照らせば，資本主義の把握の特質が明らかになる。つまり資本主義は，独占的，寄生的，腐朽的なものとして，レーニンの帝国主義論を思わせるような，不公正なものとして捉えられている。だがレーニンにあるような，生産の集積・集中による生産力上昇と労働者の結集・陶冶に関する資本主義のポジティブな側面への評価はない。地球環境問題が全面に出され，

もっぱらガン細胞として捉えられている。それにもかかわらず，もとの健康な市場経済は癌細胞の背後で脈々として生きている。「市民や政府による適切な監督不足」によってガン細胞が発生して病気になっているだけなのである。そこで，「欠陥細胞を取り除くか殺してしまう根治療法」として，「有限責任しか持たない営利民間企業の制度を事実上排除」することで，「資本主義というガンを治療して，民主主義，市場，人権，自由を取り戻す」(Korten 1999: 15 = 2000: 25)ことが可能とされるのである。[25]

　以上，心ある市場理論の核心は，ローカルなものを基礎とする想いの伝え合いによってグローバルにつながる人々のきずな，すなわち，公共圏で形成されるローカルを基礎にグローバルな広がりを持つコミュニケーション共同体の形成とそれが持つコミュニケーション的権力ということになろう。[26]

4　対案実現への模索──ベーシック・インカム

　その後のコーテンの議論は，9・11に対応して帝国論へ (Korten 2007 = 2009)，さらにオバマ当選運動に向けてアメリカ再生計画へ (Korten 2009 = 2009) と拡張された。だが，理論的内容として新しいものはない。オバマ政権にその再生計画を実施させることに失敗したコーテンは，ウォール街占拠運動を熱烈に支持した (Gelder et al. eds. 2011 = 2012)。だが，それもアメリカ全体の大きな改革にはつながらなかった。

　しかしコーテンによる主流派開発学批判とエコロジー革命の提起は，地球と人類社会の成員の「誰一人取り残さない」持続可能な開発のために「世界をすっかり変える」ことを約束したSDGsを決定した2015年の国連決議によって半ば取り入れられた。とはいえ，会社法人を禁止して内発的発展を始動させる連帯経済戦略の部分は取り入れられてはいない。むしろ会社は国連によってSDGs達成の重要なパートナーとして位置づけられている。

　したがってコーテンの課題は，会社が支配する公共圏の中から，その歪みを乗り越える力を持つコミュニケーション共同体をどう創るかである。筆者は，その鍵は，ベーシック・インカムにあると考える。なぜならベーシック・インカムは，公共圏での議論に参加しうるだけの経済的な余裕を「誰一人取り残さ

ず」提供するからである。コーテンは，1995年にはベーシック・インカムを変
革課題として挙げてはいたが，それは公共圏活性化のための戦略的位置づけを
与えられたものではなかった。はっきりと否定されたわけではないが，1999年
の著作以後，グローバルなベーシック・インカムの議論を含めてベーシック・
インカムへの言及はない。

　コロナ・パンデミックは，そんな彼のベーシック・インカムへの考え方を変
えつつあるかもしれない。彼は，コロナウィルスが人類に対して，現在のシス
テムの失敗を改めて知らせ，眠りから覚めてシステム転換に立ち上がることを
呼びかけているとした。そしてシステムの失敗としては，富裕層のみに手厚い
ものとなった保健医療制度，気候変動や大気や水の汚染を通じて脅威となる環
境問題を引き起こしてきた経済システム，出口の見えない戦争のために連邦予
算の半分を占めるまでになった巨額の軍事費を使う安全保障システム，富裕層
のみに有利となった金融システム，自己利益のみを最大化する人格を形成する
ようになった教育システムなどを挙げている（Korten 2020）。

　そして，彼が代表となっている *YES!Magazine* 2020年4月8日付は，暗殺さ
れた市民権運動の活動家であったキング牧師のベーシック・インカム（保証所
得）要求を取り上げ，コロナウィルスを機会に，アメリカでのベーシック・イ
ンカム導入を求める論文を転載している（Douglas 2020）。

　コーテンによって1990年以降展開されたNGO批判，会社批判，そして市民
政府によって規制される市場経済の再評価は，20世紀後半の主流派開発学に基
づく世界的な政策潮流を覆し，SDGs時代を切り開いた批判開発学の成果で
あった。そのSDGs達成が危機に陥った今日，コーテンの提起する内発的発
展・連帯経済戦略は，改めてベーシック・インカムの戦略的意義の再評価を迫
られているのではあるまいか。

第3章

地球と人間を守る大規模開発援助を主導するアメリカを！

▶ジェフリー・サックスの経済学

1 問題提起──援助の「ビッグ・プッシュ」提案とその挫折

「溺れている赤ん坊を助ける」グローバルな正義の実践を目指していたそれまでの主流派開発学は，前章で見たように，「赤ん坊を川に投げ込む」多国籍企業の解体を必須の課題として設定したコーテンの批判に直面した。ほとんどの主流派開発学者は，そのあまりに革命的な課題設定に困惑して，無視した。あるいは21世紀を迎えるにあたって国連が設定したミレニアム開発目標（MDGs）に沿って，それまでの経済成長戦略を修正する「貧困削減戦略」に没頭しようとした。しかし，それは，グローバルな正義の実践としては，溺れている赤ん坊の全員を助ける力があるのに「半数だけは助ける」と宣言するようなもので，明らかに不十分であった。そこで，コーテンの設定した課題に取り組まずに迂回し，さらにグローバルな正義の実践として「溺れている赤ん坊を全員助ける」ことを意味する「貧困の終焉」を掲げて，開発経済学者として援助問題に再挑戦したのが，ジェフリー・サックスであった。[1]

ジェフリー・サックスは，ハーバード大学経済学部教授時代には，ボリビアやポーランド，ロシアなどの政府顧問として新自由主義的な経済政策導入を進め，マクロ経済的なパフォーマンスは改善したものの，多くの人々を貧困に追いやったという経歴を持つ。[2]しかし重債務国の債務帳消しを求めるジュビリー2000運動に経済顧問としてかかわり，コロンビア大学地球研究所所長となってのちは，臨床経済学の看板を掲げて世界の飢餓と貧困問題に取り組み，バン・

ギムン国連事務総長の特別顧問として，民間レベルで国連のMDGs推進運動に取り組み，その後もSDGs達成に取り組んでいる[3]。

その著作は多くの言語に翻訳され，日本でも主要著作のほとんどが翻訳されている。『貧困の終焉』(Sachs, J. 2005＝2006) は，代表作と言っていいだろう。

サックスが全力を尽くした国連MDGsは達成されず，SDGsの達成状況からみても，彼が独自に設定した2025年までに世界から貧困をなくす目標の達成は絶望的となった。このような事態に直面した彼は，どのようにして批判開発学への道を歩み始めたのだろうか。

2　政治改革の提起

世界的なベストセラーとなった『貧困の終焉』に続いて『地球全体を幸福にする経済学』(Sachs, J. 2008＝2009) を刊行したサックスは，2011年には『世界を救う処方箋――「共感の経済学」が未来を創る』(Sachs, J. 2011＝2012) という本を出した。2011年の同書の原題は，*The Price of Civilization: Reawakening American Virtue and Prosperity*であるから，直訳すれば，『文明の対価――アメリカの美徳と繁栄を再び呼び起こす』とでもなろうか。その構成は，二部構成であり，第一部は，「大崩壊」と題され，アメリカ経済の危機的状況，それを導いた政府の責任，そのような政府を選んだアメリカ社会の問題点が分析され，第二部「豊かさへの道」では，社会の再建が政治の再建を通じて政府の政策転換をもたらし，経済危機の克服につながると論証している。つまり同書は徹頭徹尾アメリカ論であり，訳書名『世界を救う処方箋』は，意訳のしすぎである。とはいえ後述のように，サックスにとっては世界一の大国アメリカを救うことが世界を救うことであり，その意味では誤訳ではない。

同書の全内容は，第1章冒頭の次の文章に要約される。

アメリカの経済危機の根底には道徳の危機がある。アメリカの政財界エリートの間で市民としての美徳が衰退している。富者と権力者が自分以外の人々や世界全体に尊敬と思いやりを示さなくなったとき，市場経済，法律，選挙といったものは十分に機能しなくなる。アメリカは世界で最も競争の激しい市場社会を作りあげてきたが，その過程で市民としての美徳を食いつぶしてしまった。社会に責任を持とうとする態度を

とりもどさなければ，意味のある持続的な経済復興を果たすことはできないだろう。
(Sachs, J. 2011＝2012: 11)

　すなわち，アメリカの政財界エリートの市民的美徳の衰退（道徳の危機）→市場
経済・法律・選挙制度の機能不全→アメリカの経済危機，という因果連関が本
書の柱である。
　つまり，アメリカの経済危機を問題にするマクロ経済学者が，経済危機の原
因は経済の仕組みそれ自体にあるのではなく，「政財界エリート」の市民的美
徳の衰退，すなわち道徳の危機にあるとして，一般市民に対して「抜本的な政
治改革」(Sachs, J. 2011＝2012: 289) への行動を呼びかけるのが本書である。市場
（経済），国家，社会の相互関係で言えば，これまでのサックスの改革論は国家
財政の援助支出をテコにして，人々の行動を変え，経済を活性化する見通しを
示す点で国家を起点とする国家→社会→市場であった。それが，まず価値観に
基づく人々の行動を変え，それが経済の活性化を促し，さらに国家を変えてい
く見通しを示す点で，社会→市場→国家に移行したわけである。
　サックスの代表作『貧困の終焉』は，何よりもアメリカを筆頭とする大国の
経済政策の転換を訴えた。それは，極度の貧困と飢餓の問題を解決するために
「先進諸国」政府がGNPの0.7％の発展途上国向けの開発援助（ODA）予算を毎
年計上し，ほぼ20年間継続すれば達成されるとして，具体的なシミュレーショ
ンの結果を数値で示した。「援助疲れ」の議論を吹き飛ばすように，住民をター
ゲットにした適切な援助事例を示し，援助の質の議論を取り込んだうえで，何
よりも量の欠如が最大の問題だとした。第二次大戦後のマーシャル・プランや
対日援助の例を挙げつつ，ケインズ主義的な財政支出が貧困撲滅と経済成長を
促進した効果を示し，新しい「ビッグ・プッシュ」政策の必要性を提起したの
である。
　続いて刊行されたサックスの『地球全体を幸福にする経済学』は，そのよう
な「ビッグ・プッシュ」開発政策が地球生態系の破壊をもたらすことなく，持
続可能でありうることを示したものだ。ビッグ・プッシュが，グリーン（ある
いはエコロジカル）・ビッグ・プッシュに軌道修正されたと言ってもいい。たと
えば，核拡散に伴う安全保障の危機と核廃棄物の危険性を理由に核エネルギー

利用の可能性が否定された（Sachs, J. 2008＝2009: 149-150）。また，20世紀の「緑の革命」が引き起こした環境問題を認め，環境と生態系に配慮した「21世紀の緑の革命」を提唱した[4]。

『貧困の終焉』末尾の「今後の課題」には，彼の「ビッグ・プッシュ」政策を実現させるための次のような「九つの段階」が挙げられていた（Sachs, J. 2005＝2006: 496-500）。

① 貧困をなくすことを約束する——2015年までに極度の貧困を半減させることを約束したミレニアム開発目標に加えて，2025年までに極度の貧困をなくす約束をする。
② 実行計画を持つ——各国首脳が取り組む約束への実行計画。
③ 貧しい人々の声を届かせる——G3やG20を通じて貧困国側がアピール。
④ 世界のリーダーとしてのアメリカの役割を回復させる——単独行動主義からの転換。
⑤ IMFと世界銀行を救う——債権国中心の運営からの転換。
⑥ 国連を強化する——強国による権限制限からの転換。
⑦ 科学をグローバルに活用する——科学の市場への従属からの脱却。
⑧ 持続可能な開発を促進する——環境保護技術への投資。
⑨ 一人一人が熱意を持ってとりくむ——個人の貢献でなりたつ社会的な貢献。

これが，貧困放置という経済の病気をなくす人類史の大転換をねらう経済学者サックスが，臨床医（サックスはSachs, J. 2005＝2006: 128以下で自分を「臨床経済学者」と自己規定している）として，彼の処方箋であるグローバルなマクロ経済政策を人類に飲ませるための治療計画であった。また，各国の国家エリートたちに患者の正しい看護をさせるための政治的行動計画であった。

①〜③までは，国連MDGsからSDGsへの動きの中で，まがりなりにも実現できた。だが④が難しい。アメリカが動かない。彼の処方箋を拒み，貧困放置病のみならず地球環境病までも併発させ，瀕死の患者をさらに悪化させている。人類史の転換を阻むのは，サックスにとってはアメリカ政府なのである。彼は次のように書いている。

この本を書かざるをえなくなった事態に，私はとても驚き，とまどっている。経済学に関わって43年になるが，そのほとんどを通じて，莫大な富，深い学識，先進技術，民主的なシステムを持つアメリカこそ，よりよい社会を築きあげる道を見つけるはず

だと思っていたからだ。経済学者になりたてのころ，私は海外の経済問題に力を入れて取り組もうと決意した。海外の経済問題のほうが深刻で，手助けが必要だと思ったからだ。しかし，いまは祖国のことが気にかかっている。近年のアメリカの経済危機は，わが国の政治と文化の根腐れが恐ろしいほど進行していることを示しているからだ。 (Sachs, J. 2011＝2012: 11-12)

アイゼンハワーの退任演説での軍産複合体への警鐘からヘレン・カルディコットによるアメリカの核軍産複合体分析 (Caldicott 2004＝2008) に至るまで，アメリカの経済構造と社会倫理の退廃との結びつきに関心を持ち，それを分析した著作に親しんできた筆者にとって，このようなサックスのアメリカ社会への無垢の信頼こそ，まさに「驚き」である。だが，この言明は前章で検討したコーテンと同じ軌跡を示しており，興味深い。

ともあれサックスは，彼の処方箋を拒んだアメリカの「政財界エリートの間での美徳の衰退」，「政治と文化の根腐れ」に気づき，アメリカの経済，政治，文化を分析し，政治改革を訴える『世界を救う処方箋』を書いた。その切れ味はどうか？

結論から言えば，彼の政治改革論は，彼自身のアメリカ国民への信頼を表明するだけで終わっている。ただし彼が信頼し希望を託すアメリカ国民は，かつては「私たちの世代」だったが，いまやマスメディアの影響を受けにくいインターネット世代である「2010年に18歳から29歳を迎えるミレニアム世代」(Sachs, J. 2011＝2012: 293) に限られてしまった。

3　階級支配の告発

とはいえ，サックスによるレーガン以降のアメリカの政策批判の要点は，それが富裕層のみを優遇するということであり，いわば階級差別を鋭く告発するものだ。サックスは確かに，アメリカの階級政治に注目し，1980年代以降の「リバタリアニズム（自由至上主義）」思想が席巻する政策潮流のもとでの富裕層による権力掌握の実態を分析している。それは，同じ時期を「新自由主義」の時代として分析し，新自由主義の本質は，グローバル化する資本家階級の一部による権力獲得だとしたハーヴェイの分析 (Harvey 2005＝2007) を思わせる。

たとえば第3章には，次のように実名を挙げた富裕層批判の記述さえある。[5]

　少数のアメリカ人は，政府が課税権限によって公平性ないし効率性までをも促進すべきであるという考えそのものに反対している。彼らの主張では，重んじるべき唯一の道徳的価値は自由であり，それは他人や政府から手出しされない個人の権利であるという。自由至上主義（リバタリアニズム）と呼ばれるその信条によれば，個人は他人の自由と財産を尊重する以外にはいっさいの社会的責任を負わない。この極端な信条を奉じてきたのは，チャールズ・コークとデヴィッド・コーク（合わせて440億ドルの純資産を持つ兄弟）のようなアメリカの一部の大富豪である。彼らは相続で得た莫大な財産を利用して，自身のリバタリアニズム的な考え方を社会に浸透させようとしてきた。　　　　　　　　　　　　　　　　　　　　　　　　（Sachs, J. 2011＝2012: 46-47）

　続く第4～6章でこのような一部富裕層の利害を代表する政策によってアメリカの経済，政治，対外政策が歪められてきたことを概観したのち，「八百長試合」と題する第7章では「アメリカ政治のコーポレートクラシー（会社支配）」が分析されている。そこでは「四大圧力団体」として，「軍産複合体」，「ウォール街と議会の複合体」，「石油大手＝運輸＝軍の複合体」，「医療産業」が指摘されている。そしてオバマ政権下での事例として，多くの政治家や官僚や実業家の実名や会社名を挙げ，①富裕層の減税措置の延長，②医療改革の「大失敗」，③エネルギー政策の行き詰まり，④金融ロビーによるウォール街救済措置獲得と企業トップのボーナス獲得，⑤グーグルなど大企業によるタックス・ヘイブンの利用による税金逃れの急増を指摘している。

　さらに「注意散漫な社会」と題する第8章では，マードックらによるメディア支配の事例とともに，企業による消費文化の拡散を通じる世論操作が分析されている。第7章末尾の次の文章は，サックスによるグローバリゼーション下のアメリカ階級政治分析として，引用しておくに値する。

　アメリカの富裕層（年収40万ドル以上で上位1パーセントに入る人びと）と大富豪（年収800万ドル以上で上位0.01パーセントに入る人びと）は，30年におよぶコーポレートクラシーの成果として生まれた。もう手口はわかった。ことの起こりはグローバリゼーションだ。グローバリゼーションは資本所得を増やし，賃金を減らした。こうした変化は富裕層への減税によってさらに進んだ。減税のおかげで，彼らの手取り収入が増え，増えた分の金を貯蓄にまわすことで，より大きな富を蓄積できるように

なった。そしてCEOは，多くの場合，自分で選ぶ味方の報酬委員会による自社株購入権に関する常識はずれな裁定を通じて，コーポレートクラシーの所有権の一部を勝手に行使し，証券取引委員会はそれを見ないようにしてきた。二大政党のいずれもが，いつでもいいなりになるのだから，これはさほど難しいことではない。

(Sachs, J. 2011 = 2012: 151)

　これは，この本が出版された2011年の9月から始まったウォール街占拠運動を先取りするかのような，アメリカ国民の99％と1％との間の階級差別への告発である。

　それにもかかわらず，サックスは，本書の末尾に次のように書く。

　　すべてのアメリカ人に，果たすべき役割がある。階級闘争は必要とされず，意図されてもいない。しかし，アンドリュー・カーネギー，ビル・ゲイツ，ウォーレン・バフェット，ジョージ・ソロスといったアメリカ屈指の実業家の例が示すように，優れた経営手腕を持つ者は重大な責任をも負っている。タックス・ヘイブンに金を隠したり，緊急に必要とされている税金を削減するためにロビー活動をしたりすることは許されない。それだけでなく，必要とされる公共のための集合的な行動を支援し，個人的な慈善活動とリーダーシップによってそのような公共のための行動を拡大するという，市民としての重大な義務が存在する。ゲイツやバフェットやソロスは，世界的な医療，貧困撲滅，良い統治（グッド・ガバナンス），政治的自由の実現のために数百億ドルを寄付してきた。先見性を持ち，独自のビジネスセンスを世界規模の問題解決と政策に変換していく人々には，こんなこともできるのだ。

(Sachs, J. 2011 = 2012: 302-3)

　つまり，サックスは，1％のグローバル企業グループの資本家層が，99％のその他の人々を支配する経済的な階級構造の分析にもかかわらず，その構造転換という処方箋を出すことなく，1％の支配階級の慈善に期待している。

　なぜか。どうやらサックスは，階級構造の転換は，必ず社会主義を目指す人々が引き起こす流血革命となり，ロシア革命や中国革命さらには中国の文化大革命のような大混乱になると思い込んでいるようだ。その点を示すのが，次の文章だ。それは，富裕層が文明の対価としての税負担を逃れていると厳しく糾弾する第11章の末尾にある。

　　私は，富の蓄積には――たとえどんなに巨額の富でも――まったく反対しない。「階

級闘争」をそそのかすつもりはない。極端な再配分によって，所得を公平にすること
は益がないと思うし，仮にそれを実行したら，社会に悲嘆があふれ，経済は混沌に陥
るだろう。私が望むのは，裕福な人びとに血を流させることではなく，彼らが進んで
国家の苦境に手をさしのべ，無理のない程度に責任を果たしてほしいということであ
る。　　　　　　　　　　　　　　　　　　　　　　　　　　　(Sachs, J. 2011 = 2012: 270)

　すなわちサックスは，1980年代以降のグローバル化の中での富裕層による支
配権掌握というアメリカの階級政治に注目しながらも，その階級構造のダイナ
ミズムによって社会変動を説明し，その説明力に基づいて希望を語ってはいな
い。富裕層の側の美徳への目覚めに期待するだけである。『貧困の終焉』で次
のように書いた彼の考えは変わってはいない。

　　反グローバル化運動は，資本主義の人間的側面について悲観的に考えすぎる。人間的
　　な資本主義とは，貿易と投資の限界を知りつつ，そのめざましい力を活用し，人びと
　　が心を通い合わせて協力することである。　　　　　　(Sachs, J. 2005 = 2006: 487)

　「人々がこころを通い合わせて協力する」ことは，部分的には可能でも，全
社会には広がりにくい。「資本主義」が立脚する階級の仕組みがそれを阻む。
好業績の実業家には，巨額の寄付を出す慈善活動が可能だが，業績の悪化した
実業家には不可能だ。すべての実業家が慈善活動をするには，慈善を社会保障
に転換する法制度が必要である。福祉国家の成立史研究は，そのような法制度
の形成には，そのような制度を真に必要とする階級すなわち労働者階級の政治
的圧力が必要であったことを示している。「人間的な資本主義」を実現するた
めには，そのような階級政治のダイナミズムを作り出すことが必要なのだ。グ
ローバル化する資本主義の下でのアメリカ社会での新しい富裕層（新しい階級）
による権力掌握のダイナミズム（新しい階級構造の形成）を鋭く分析しえたにも
かかわらず，サックスは，その富裕層からの権力奪還のシナリオを，無血革命
としてありうる階級構造の変動あるいは転換として描こうとしない。
　『世界を変える処方箋』第二部「豊かさへの道」では，労働市場改革，教育改
革，医療改革，財政改革，行政改革，さらに環境政策から安全保障政策に至る
まで，ことごとくスカンディナビアの社会民主主義政策をモデルに，アメリカ
の現状に合わせて具体化した政策が提言されている。その際，社会学的階級分

析に立脚したエスピン＝アンデルセンの研究が参照されており，巻末「読書案内」では，わざわざ「スカンディナビアの社会民主主義についての最もすぐれたアナリスト」としてエスピン＝アンデルセンの名と著作（Esping-Andersen 1990; Esping-Andersen et al. 2002）が挙げられてさえいる（Sachs, J. 2011＝2012: 302-3）。それにもかかわらず，サックスは，新しい福祉国家への転換を求める彼の政治改革への提言を，階級分析に基づいたものにすることなく，アメリカ国民（特に富裕層と若者世代）に対する美徳の目覚めと道徳心への呼びかけで終わらせている。

　これは，階級政治の存在に気づきながらも，ついに社会科学的な階級概念を駆使できないままでいる彼自身の学問的限界によるものか。あるいは，マッカーシズム以来のマルクス・アレルギーともいうべきアメリカの文化と言説状況に配慮して，「階級闘争」という言葉を避ける，実践運動家としての彼一流のレトリックなのであろうか。

4　公共圏活性化への模索

　サックスは，社会科学的分析に基づいて公共圏で理性的討論を行うことで人々の知の力を呼び覚ましていく学問的闘いよりも，公共圏で発せられる言葉が大衆を動員しうるような言葉の魔力，レトリックあるいは言説の力に魅入られているのかもしれない。

　彼は『世界を救う処方箋』で，飢餓と貧困を放置する人類の病を癒す彼の治療方針を一向に受け入れようとしない，看護人の筆頭たるべきアメリカ政府の「非行」原因を探求した。グローバル化に伴う階級構造の変化に鋭い分析のメスを加えながらも，ついに階級構造との関連での展望と治療方針を提示することなく，市民的美徳と慈善の呼びかけに終わってしまった。それに続く『世界を動かす──ケネディが求めた平和への道』（Sachs, J. 2013＝2014）は，そのような呼びかけが，時には大きな政治的力を発揮することを確認しようとしているかのようだ。

　言葉の力はあくまでも，それが語られる文脈に依存する。それはハーバーマスが依拠する「哲学における言語論的転回」を待つまでもなく，日常知のレベ

ルでも自明のことであろう。サックスもそのことに気づき，今日の文脈の中で
人々を動かす魔力を発する言葉を紡ぎだすために，歴史に分け入ってみた。歴
史的事例の中に，文脈と言葉を対応させるヒントがみつかるかもしれないから
だ。彼のケネディ論は，そんな試みの産物である。

　だが残念ながら，彼は，言葉の力を明らかにするためには，文脈を明らかに
すること，言葉が発せられる社会的，歴史的文脈を，まさしく社会科学的分析
によって明らかにする必要があるということを再確認しただけのように見え
る。その理由を述べよう。

　彼のケネディ論では，まず序章で全体の課題が設定される。すなわち同書の
課題は，米ソ冷戦下での全面核戦争という人類存続の危機状況にあって，
キューバ危機解決から部分核実験禁止条約（PTBT）締結に至る平和共存の流れ
を創り出したケネディの指導力と，地球規模の貧困と環境問題という危機状況
にあって，持続可能な開発の流れを創り出せない今日の政治状況とを対比し，
「ケネディがいかにして人類を動かし，生存と進歩に向かって前進させたのか，
その方法を学び，感嘆する」（Sachs, J. 2013 = 2014: 13）こととされる。

　第1章「平和への希求」は，ケネディが大統領に就任した1961年1月当時の
一触即発の米ソ核武装対立，その後のキューバ革命，ベルリンの壁建設の中で
のケネディの平和への希求を，就任演説とその後の言動によって確認する。続
く第2章「瀬戸際」は，キューバ危機によって米ソ首脳の間に共通の責任感が
生じたことを指摘する。第3〜7章は，部分核実験禁止条約締結に至るまでの
米・ソ間，アメリカの同盟国間の合意，そしてアメリカ国内での条約批准への
困難な道のりをケネディの説得のための言動とともに確認する。第8章「ケネ
ディによる平和のための闘いの歴史的意義」では，ケネディの部分核実験禁止
条約が，『原子力科学者会報 (Bulletin of the Atomic Scientists)』の「世界終末時
計」を基準とすれば，1953年以来人類滅亡まであと2分となっていた史上最悪
の時期からの転換点となったとする。

　最終章の第9章「足場を定めよう」では，ケネディの時代と対比させながら
今日の課題として，持続可能な開発が提起される。彼はケネディの時代が「新
しい技術的状況が生まれ，核時代の戦争のあり方を激変させた」歴史の節目に
あたり，それ以後今日まで「深刻な経済的・地政学的危機の時代」が続いてい

るとし，そのような時期は，「指導者の一つ一つの行動が善かれ悪しかれ大きな変化をもたらす激動期」にあたるとする（Sachs, J. 2013＝2014: 221）。同書の末尾で，彼は書いている。

> 冷戦と地球全滅の恐れが高まった時代，ケネディには選択を行使する機会があった。そして彼はそれを行う方法を，私たちに示してくれたのだ。……／さて，今度は私たちの番だ。私たちはいまも核の魔人（ジニー）と，人類の生存を脅かし続ける数千発の核弾頭という問題を抱えている。いまも私たちの社会のなかの，そして他の社会との信頼の欠如に苦しんでいる。めざましい新技術を開発，習得したが，今も人類の存続を守る方法を手探りで探している。自らの軍事力によって，または世界のめざましい経済生産性と自然環境への思慮のない無関心によって，自滅する危険に今もさらされている。
> (Sachs, J. 2013＝2014: 221-2)

冷戦時代と同じく，今日でも核弾頭の暴発による地球全滅の恐れはなくならず，さらに地球環境問題による地球全滅の恐れが加わる危機にあるとする鋭い時代認識は，注目に値する。だが，同書にはその点の詳細な分析はない。現在と同様の歴史的な危機の時代にあった当時の文脈を示し，ケネディの教訓に学ぼうと呼びかけるだけである。では，ケネディの教訓とは何か。最終章を見よう。

> 私たちがジョン・ケネディから学ぶべき最も重要な教訓は，私たちの胸にある恐怖ではなく，合理的な希望から，未来をつくりあげようというものだ。……／しかし彼はそこで終わらず，ものごとのあるべき姿をとらえ，「なぜこうできないのか」と問いかけることの大切さも説いた。
> (Sachs, J. 2013＝2014: 205)

サックスは『貧困の終焉』最終章で，ジェファーソン，スミス，カント，コンドルセを引きながら，「私たちの世代のなすべきこと」であり「過去200年間目標であり続けた」「壮大で大胆な目標」として，政治体制，経済体制，国際秩序，科学技術を，近代的合理主義に基づく探求の精神によって組み換えることを挙げた（Sachs, J. 2005＝2006: 475-480）。ここでケネディの教訓とされる探究の精神は，そのような「啓蒙思想」の核心にほかならない。

ケネディは，ことあるごとにくり返した。人類は運命共同体であり，私たち自身が

幸福であるためには，分かちがたい鎖で結ばれた人類全体が幸福でなければならないのだと。
(Sachs, J. 2013 = 2014: 207)

　このような人類全体の連帯の思想も，やはり近代啓蒙主義のヒューマニズムに根を持つ。それは，20世紀に入ってからの二度の世界大戦によって，植民地までも巻き込んだ総力戦といくつかのジェノサイドを経験して以後，国際連合憲章，ジェノサイド禁止条約，国際人権宣言と国際人権規約などに結実していったものだ。同時に，核兵器の性能強化とともに，人類全体の運命共同体意識が高まりを見せ，世界的な反核運動の思想と行動につながっていったことはいうまでもない。本書の中でサックスが人類存続にかかわる情勢評価の点で大いに依拠した『原子力科学者会報』は，科学者の間での人類共同体意識に立つ反核運動に理論的支柱を提供してきたものだ。ここまでのところ，サックスは，ケネディの言葉の中に，自らの合理主義思想とヒューマニズムを再確認しているだけのように見える。
　だが，サックスによるケネディの教訓リストはさらに続く。

　　ケネディはビジョンだけでは十分でないこと，平和と幸福を漠然と呼びかけるだけではほとんど何も実現できないことを知っていた。彼は，平和，人種問題，月面着陸競争などの具体的な課題について，「いま，この場所で」語った。彼は政治家として為政者として，現実的なルートを，目標に近づくための次のステップを，とことん追求した。彼が与えてくれたマネジメントの助言は，私が知る限り最高のものだ。……／明確な目標を定めることは，いろいろな意味で非常に大切だ。そうすることで，共通の目的を設け，そこに到達するための手段を特定し，国民を団結させ，行動に駆り立てることができる。実際，目標を定めることは，リーダーの最も重要な仕事だ。
(Sachs, J. 2013 = 2014: 208)

　これは，思想ではなく，政治的な手法に関するものだ。具体的で明確な目標を設定して，人々を駆り立てていくという手法は，サックスが中心的な役割を果たした国連MDGsに結実し，いまSDGsに開花している。

　　ケネディはもう一つの妨げにも目を止めた。……私たちは生まれつきドラマや競争，生存闘争を求めるようにできている。力を合わせるときでさえ，自分の属する集

団を他より強くするために協力する。ケネディ自身，私たちのこの傾向を逆手にとって利用している。彼は宇宙を究極のフロンティア，全人類にとっての冒険と呼び，アメリカ人の意欲をかき立てた。 (Sachs, J. 2013＝2014: 209)

MDGsそしてSDGsは，貧困をなくす努力で競い合うオリンピックのような状況を国連に作り出そうとしたものだが，その目論見は成功とは言い難いものだった。それを見据えているかのように，教訓のリストは次のまとめで終わっている。

　地球規模の協力は，同じ氏族や家族，部族，国家内での協力よりも難しい。問題が，「敵」か「味方」かという二項対立的な問題ではないとき，どうすれば人々の関心と労力を，地球レベルで結集することができるだろう？　ケネディは，私たちが等しく持っている人間性と，協力することの相互利益を強調し，この方向に向かって歩を進めた。私たちは彼の手本，彼の思想，そして彼の演説を頼りに，私たちの時代に地球規模の協力を実現できるよう努めようではないか。 (Sachs, J. 2013＝2014: 209-210)

ここでケネディが強調して歩むべき方向として示したとされる，「私たちが等しく持っている人間性」と「協力することの相互利益」との間の落差は大きい。
　同じ人間として，わかっちゃいるけど，会社の一員としては，おめおめと他社の利益に協力するわけにはいかない。同じ人類の一員とはいえ，自国の利益を守ることを期待される国民の一人としては，他国の利益に協力するわけにはいかない。これが社会の仕組みの中で生きて，経済や政治の仕組みの中での立場に縛られた人間行動を理解することが難しい理由だ。人は，人間としてのホンネと社会の仕組みの中でのタテマエとの間で引き裂かれている。それは文学を構成する劇的状況の基本的な要素となってきた。発達心理学的な意味で他者との意思疎通を通じて人格が発達する生活世界が，賃金労働と代議制民主主義国家に立脚する社会システムによって植民地化されているというハーバーマスの植民地化テーゼもこのような事態を指すものだ。そして社会科学的研究の多くは，このような人間の二重性を見据えながら，「私たちが等しくもっている人間性」に足場を置き，同じ人間として「協力すること」が「相互利益」とならない社会の仕組みの問題点を徹底的に明らかにしようとしてきた。そしてサックスの著述の歩みも，『貧困の終焉』での飢餓と貧困を放置するグローバル経

済の仕組みの問題点の解明から始まり，『世界を救う処方箋』で，そのような経済の仕組みを支える1％の階級的利益に導かれて99％に不利益を与える階級政治の解明にまで進んだのではなかったか。

　出発点として，「私たちが等しく持っている人間性」を尊重するヒューマニズムを確認するのは重要なことだ。だが，サックスがケネディに学んで「協力することの相互利益を強調」して人々を動かそうとするならば，第一に，協力しないことがそれぞれの利益になるような社会の仕組みの問題点を徹底的に解明し，第二に，協力することがそれぞれの利益になるような新しい社会の仕組みを示し，第三に，新しい社会の仕組みへの転換に向けて，人々を突き動かしていかねばならない。

　『貧困の終焉』に示された，地球上から飢餓と貧困をなくす実践プロジェクトは，この三つの段階をそれなりに含むものだった。これまでの開発援助の失敗に関する分析に基づき，ビッグ・プッシュによるグローバル経済の成長の中でのMDGs達成とそれに続く貧困撲滅計画がそれである。しかし，それは行き詰まった。

　『世界を救う処方箋』は，先述のように中途半端ではあったが，協力しないことが利益になる仕組みの問題点を解明する第一段階に立ち戻って，アメリカに限定して，経済だけでなく政治の仕組みに分析のメスを入れようとした。

　だがケネディ論には，ケネディが東西冷戦下の核軍拡競争に一定の歯止めをかけ，米ソ平和共存への方向を示し，国内の人種差別体制を終焉させる方向で動いたという通説以上の分析はない。ケネディが，当時の経済と政治の仕組みのどのような問題点に対して，どのような新しい仕組みを対置して人々を動かそうとしたのか，社会科学的に分析されているわけではない。彼のケネディ論は，冒頭で宣言されているように，著者自身が「ケネディがいかにして人類を動かし，生存と進歩に向かって前進させたのか，その方法を学び，感嘆する」（Sachs, J. 2013＝2014: 13）だけで終わっている。

　著者の感嘆は確かに伝わってくる。だがサックスは，大統領ではない。『貧困の終焉』がベストセラーだった当時，サックスを大統領にというサイトが立ち上がり，そのような動きもあったというが，今では下火になっている。人類滅亡の危機に直面するという意味での，ケネディ時代と今日との類似点は伝

わってくるが，サックスは権力を握ってはいない。権力者ではないものが，権力の使い方を論じてみても説得力はない。しかもケネディは，暗殺によって権力の座を追われた。ケネディ自身のプロジェクトは，彼が権力の座を追われることによって挫折したのである。だから，サックスがケネディのプロジェクトを全面的に後追いすることは，挫折をも後追いすることになる。

ケネディのプロジェクトは，あくまでも批判的に検討されねばならない。その際の立脚点は，ケネディのプロジェクトが，人類全体の経済や政治の仕組みにもたらした変化の社会科学的分析でなければならない。

以上の分析により，彼のケネディ論によっても，『世界を変える処方箋』でサックスが取り組んだアメリカの政治改革のために必要なアメリカ社会の階級構造とその変動の分析を含む社会科学的分析は達成されていないことが明らかにされたと思う。

ケネディ論以後の彼は，研究活動よりはむしろ，ケネディに学んで，アメリカの公衆に向けた言論活動の実践に足場を移したように見える。以後，『持続可能な開発の時代』(Sachs, J. 2015)，『新しいアメリカ経済を造る——美しく，公正で，持続可能な経済』(Sachs, J. 2017)，『新しい外交政策——アメリカ例外主義を越えて』(Sachs, J. 2018)，『人類史各時代のグローバル化——地理，技術，制度』(Sachs, J. 2020) といったタイトルからわかるように，開発，アメリカ経済，外交政策，さらに人類史にまで及ぶ広範なテーマで次々に本を出版しているが，社会科学的分析としての深化は見られない。これらの書物は，研究書というよりもむしろアメリカの公共圏に向けて，これまでの彼の分析に基づいてアメリカの美徳の覚醒を呼びかける啓蒙書と言っていい。

インターネット動画によるレクチャーを提供する BIG THINK というサイトで，彼は何度か短い講演をしている。2017年2月には「ベーシック・インカムあるいは社会民主主義はアメリカの不平等を正せるか？」というテーマで語っている[6]。そこでは，ベーシック・インカムは，何もしようとしない人々を生み出し，インセンティブを提供できないとして否定され，お金ではなく医療や教育を無料で提供する北欧型の社会民主主義が推奨される。そしてアメリカに北欧型の社会民主主義を根付かせるには，アメリカ社会の文化を自由至上主義のウォール街の成金文化から北欧社会のような平等と連帯を尊ぶ文化に変える必

要があると力説している。

　この講演から見る限り，サックスにとって世界の貧困を終わらせるためにアメリカの美徳をよみがえらせる課題は，彼自身による公共圏に向けた言論活動の実践によって解決されようとしている。筆者も含め多くの人々が注目する，ベーシック・インカムがコミュニティの文化を変える潜在力も，ナミビアやインドの村での支給実験が示した実際のコミュニティ文化の変化も，そして北欧諸国のベーシック・インカム論者たちが主張するグローバル化による北欧型社会民主主義の危機を乗り越える可能性も，まだ彼の視野に入ってきていないように見える。

第4章

脱開発の世界秩序再編を主導するEUを！

▶ヴォルフガンク・ザックスの社会学

1　問題提起——脱開発の世界秩序への模索

地球生態系への脱開発アプローチ

　人類全体の中での飢餓と貧困の放置をなくし，なおかつ人類全体で地球生態系を破壊することなく共存していけるように，人類史を転換していこうというのがザックスの基本的主張だ。すなわち，人類全体の公正と，地球規模のエコロジーの両立である。この主張は，先に触れたように，『地球全体を幸福にする経済学』以後のジェフリー・サックスのグリーン・ビッグ・プッシュ論と共通する。ただし，議論の系譜としては，ザックスの議論は，脱「開発」論に属し，サックスのようなマクロ経済学的「開発経済学」をも含めて，経済成長を追求する「開発」を厳しく批判してきた。その代表的文献は，ザックスが編集しイヴァン・イリイチやヴァンダナ・シヴァなどが執筆した『脱「開発」の時代——現代社会を解読するキイワード辞典』（Sachs, W. ed. 1992 = 1996）である。ザックスは，1993年に出版されたグローバル・エコロジーをめぐる政治に関する彼の編著（Sachs, W. ed., 1993, *Global Ecology: A New Arena of Political Conflict*, London: Zed Press）の中で次のように書いていた。

　　地球環境を守るには二通りの取り組みがある。一つは自然の略奪や汚染に対抗しながら開発を推進する官僚的取り組み，もう一つは錆びついた「西」の価値観を捨てて開発レースから徐々に足を抜く文化的取り組みである。両者は細かい点で両立するとし

ても，根本の思想は大きく違う。／前者の最優先課題は開発の生物物理学的限界を管理することだ。危ない崖っぷちで開発の舵取りをするわけだから，細心の注意を払い，絶えず調査・試験し，生物物理学的限界を踏み越えないようにしなければならない。一方，後者の課題は，開発に文化的政治的な歯止めをかけることである。それぞれの社会は固有の幸福の形，あるいは崖っぷちから十分に離れ，生産量を安定・縮小して満足する暮らし方を探さなければならない。……グローバル・エコロジストには前者を好むタイプが多すぎる。

(Sachs, W. 1999＝2003: 70に再録)

ザックスに言わせれば，サックスは，まさしく危なっかしいことこの上ない崖っぷちの官僚的グローバル・エコロジストということになろう。しかし，この引用部分にもあるように，根本思想は違っても，「両者は細かい部分では両立する」。なるほどザックスらの『フェアな未来へ』は，政策提言部分でサックスの主張とかなり重なる。

　ただし『フェアな未来へ』の検討に移る前に，脱開発論アプローチの「文化的取り組み」を示すザックスの議論の特色を見ておこう。

自動車への愛を超える欲望

　彼の学問的出発点となった著作は，『自動車への愛——二十世紀の願望の歴史』(Sachs, W. 1984＝1995) だが，同書は次のような問題を提起していた。

自動車を批判する著作は世上にあふれている。……だが，いかに車社会の問題点をあげつらったとしても，それを肯定する人々はこのような批判にさして心を動かされないように見える。……車にはもう未来がないことをだれしもが予感していながら，なぜ車への忠誠がこれほど牢固として抜き難いままなのだろうか。／……最大の役割を演じているのは，車に対する私たちの欲望と偏愛である。……それゆえ私は，技術の進歩を心性の歴史として考えてみたいと思う。エコロジカルな理想に向けた未来を拓くために，私たちの欲求がどのような余地を残してくれているかを見るためである。

(Sachs, W. 1984＝1995: 7)

　ここで注目すべきは，ザックスの研究目的が「エコロジカルな理想に向けた未来を拓く」こととされ，そのために，自動車のような技術進歩あるいは経済成長のシンボルというべきモノに対する「欲望と偏愛」，「心性」あるいは「欲求」，「願望」の歴史を追求する方法が宣言されていることである。それはドイ

ツに関する次のような歴史研究となった。

> この本はまず，自動車に対する私たちの欲望が目覚め始めた時代への旅に読者を誘おうとする。それは，束縛を免れているという誇りが初めて人々の胸を広げ，スピードへの愛が生まれ，快適さを求める欲求が広がり，時計と共に車が「時間を節約する機械」と見なされるに至った時代である。だが今日の目で見れば，これは何の勝利の物語でもなく，旗を振ったりファンファーレを吹き鳴らして奉祝すべき事柄でもない。むしろ自動車の歴史とは，結局のところ，ある歴史的な企てが次第に色褪せたものになってゆく教訓的な事例としても読まれ得るのである。現代では，自動車に託された願望は古びたものとなり，モータリゼーションへの倦怠感が広がり，これに対立するものも姿を現している。たとえば自転車を見直そうとする動きが広がり，ゆとりある社会を目指そうとする考えが豊かな大地の上に芽生えつつあることはその例である。
>
> (Sachs, W. 1984 = 1995: 8)

　ザックスにとって，「自動車に託された願望」は1984年の時点ですでに「古びたもの」であり，「ある歴史的な企てが次第に色褪せたものになってゆく教訓的な事例」とされたことに注目したい。もちろんそれは，ザックスのみの個人的な意見ではなく，同書第Ⅲ部でも詳しく紹介されている「モータリゼーションへの倦怠」や「自転車を見直そうとする動き」のように，（西）ドイツ社会全体の観察に基づく見解である。つまりザックスはその時点ですでに開発や経済成長に「倦怠」し，エコロジカルな未来を人々の欲求あるいは欲望の問題として提起しうる地点に立っていた。その背後には，賃金引上げのような高度成長と親和的なかつての労働運動ではないような多様な欲望に基づく社会運動，すなわち1980年代初頭に（西）ドイツを観察していたハーバーマスが「新しい社会運動」と呼んだ環境運動，フェミニズム，マイノリティの権利運動などの高まりがあった（Habermas 1981 = 1985-1987）。

2　ヨーロッパへの期待

アメリカに対抗し，フェアな未来をリードするヨーロッパ？

　そのうえで，『フェアな未来へ』を見れば，ある特徴が浮かび上がる。同書は，第1章で全地球規模の公正とエコロジーの問題を改めて提起し，第2章で

環境あるいは資源配分をめぐる不公正の実態，第3章でそれを支えるグローバルな経済と政治の仕組み，第4章で取って代わるべき資源配分モデルの基本理念（人権，公正な配分，公正な貿易，被害への補償）を提示した後に，二つの結論を示す[1]。第一に省資源型のエコロジカルな繁栄モデルへの転換の必要性（第5章），第二にそのためにグローバル市場に介入する政治的・法的枠組みの形成（第6章）である。ここまでの基本的な内容は，ザックス他編の前著『地球が生き残るための条件』（Sachs, W. et al. eds. 1996 = 1998 = 2002）とほぼ同様である。だが，「ヨーロッパの存在価値とは」と題する最終章の第7章は独自なものだ。ヴッパタール研究所所長ヘニッケはそれをこう要約している。

> 第7章では，世界政治のなかでヨーロッパが負うべき使命について議論する。その使命とは，まさに持続可能なグローバリゼーションを推し進めることだ。概して幸運だったといえる近年の歴史を振り返るならば，いまこそ旧大陸は他者，とくに南の諸国と協力し，世界の競技場（アリーナ）において合法性，協同性，公益性の代弁者として働かなくてはならない。ヨーロッパにはコスモポリタンとしての使命がある。それ以上の使命はないと心得るべきである。　　　　（Sachs, W. et al. eds. 2007 = 2013: 19）

ここにはある種の革命戦略論がある。すなわちグローバルな現行の政治・経済システムのエコロジカルで公正な転換にあたって，ヨーロッパが中心になりうるという判断である。その裏には，アメリカへの失望がある。第7章の冒頭から，アメリカへの失望と，ヨーロッパ・アイデンティティの目覚めを示す文を引こう。

> イラクに対する攻撃は，同時に倫理に対する攻撃であり，国際法に対する攻撃でもあったため，それはヨーロッパにとっては自らのアイデンティティを模索するための踏切板の役割を果たした。……ヨーロッパは米国と対峙し，未来の世界秩序——そこでは多国間協定や協力を土台にして文化と国家の間の平和的均衡が希求される——の基盤となる国際法の支持者として自認することとなったのである。ヨーロッパがコスモポリタン的使命を見出すのはまさにこの瞬間であった。
>
> （Sachs, W. et al. eds. 2007 = 2013: 296）

ここでの「イラクに対する攻撃」とは，アメリカがしかけた2003年のイラク戦争のことである。それは，ブッシュ大統領が，「自国の利害に反するならば

米国はいかなる国際的な義務も引き受けず，履行しないと厳かに宣言」した
2002年9月に強行採決された国家安全保障戦略を実行に移したものであり，
「米国という唯一のグローバルパワーが，国際法やその精神から自分たちだけ
を除外すると明言」した，「覇権主義的片務体制」だとされている（Sachs, W. et
al. eds. 2007＝2013: 297）。そしてその兆候はすでに1990年代から現れていたとし
て，ハーバーマスへのインタビュー記事（Habermas, Jürgen, 2004, "Wege aus der
Weltunordnung: Interview," *Blätter für deutsche und internationale Politik* 1: 27-45）を
参照注記して（これは本書で唯一のハーバーマスへの言及である），対人地雷禁止条
約（1997年署名）や国際刑事裁判所規定（1998年採択）への米国上院の反対，生物
多様性条約（1993年発効）や京都議定書（2005年発効）などの環境協定への批准拒
否などが列挙されている。これに対して，EUの特質が賞賛されている。

> EUは世界中を見渡しても前例のない際立った存在といえる。個々の独立した国家
> が，超国家的機関としてのEUに自らの主権の一部を自発的に譲り渡したのだ。この
> ような機構は，歴史上，かつて一度も存在しなかった。……たぶん，このような複合
> 体の事業を成功に導いたもっとも重要な基盤は，「EUは法に則ったコミュニティであ
> らねばならない」とする信念であったろう。　　（Sachs, W. et al. eds. 2007＝2013: 298）

このように，EUを，国家主権を超える法の支配を実現する仕組みとして，
世界史的に画期的なものとしたうえで，アメリカのブッシュ政権が「テロに対
する戦争」の中で打ち出した「予防的戦争」に対して，公正な法の支配によっ
て暴力を抑えるというEU形成の歴史が培ってきた「予防的公正」の精神が強
調される（Sachs, W. et al. eds. 2007＝2013: 30-2）。それは，古代ギリシャやアウグ
スティヌスによる，社会秩序には公正が不可欠という議論から引き出され，お
そらく本書独自な概念として提起されている。
　さらに生態系保全よりも経済成長を優先するアメリカに対して，EUの生態
系保全優先の精神が強調される。この点では，ヨーロッパとりわけ本書の著者
たちの住むドイツが，経済成長を欲望する近代主義的な文化をすでに超えたと
する先述の『自動車への愛』の分析があることは明らかだろう。第7章のEU
論は，そのような「精神」にもかかわらず，現実の政策は両義的で曖昧だとす
る。だが最後には，ヨーロッパの社会運動とNGOが政府を動かし，EUの政策

を変えるという期待で締めくくられる。

EUの環境政策のグローバルな先駆性は次のようなものだ。

> 持続可能な開発に関する2002年のヨハネスブルクサミットでは，EUは貧困層や生命
> 圏の権利の擁護者としてまさにパイオニア的な存在感を示した。……京都議定書も，
> EUの強い主張のもとで1997年の採択から9年目にして発効した。これは環境政策の
> 成功とともに反覇権主義の成果でもあった。温室効果ガスの人為的排出を法的に縛る
> この世界初の試みは，ヨーロッパの存在なしには決して成功しえなかった。生物多様
> 性条約（1993年発効）然り，バイオセーフティ・カルタヘナ議定書（2003年発効）然り
> である。こうしてヨーロッパは過去10数年にわたり，主に環境政策を通じて独自のグ
> ローバルプロフィールを築きあげてきた。　　（Sachs, W. et al. eds. 2007 = 2013: 302-4）

EUを蝕む力

このような対外的な先駆性にもかかわらず，EU内部では，経済成長優先を
求める力と持続可能性を求める力とがぶつかりあっており，経済成長を求める
力が優勢だとさえ言う。

> もっとも，その名声と現実との間には，依然大きなギャップが存在したままだ。／
> ……実際には，EUにおいてはさまざまな利害や権力関係が別々の方向を向いている
> のが現実である。いわゆるリスボン・プロセスは，ヨーロッパを，2010年までに世界
> で最も競争力のある経済地域に変えようとする試みだが，この経済戦略はイェーテボ
> リ・プロセス（さまざまな制度やその施策に持続可能性という基準を取り込み，多く
> の特別政策に環境問題を結合させようとするプロセス）と矛盾を引き起こしており，
> 前者が優勢である。……／まさに，このような不明瞭さがヨーロッパの環境政策にお
> ける一つの特徴をなしている。ただしこの不明瞭さは政治的なプロセスが常に変化し
> 続けていることにも起因している。そこでは産業界，環境行政，市民社会の三者が常
> に互いの影響力を測りあっている。環境政策は常に建設途上なのだ。
>
> （Sachs, W. et al. eds. 2007 = 2013: 304）

さらに，グローバルな公正を求める経済の面についても，問題があるとする。

> 経済に関していえば，EUはまだ南半球との関係について新たな考え方を提示してい
> るわけではない。市場条件においても社会的協定においてもそうである。……一般

に，EUの貿易政策には環境政策ほどの独自性は見られない。WTOの交渉過程では，EUは明らかに米国と姉妹のような関係にある。

(Sachs, W. et al. eds. 2007 = 2013: 308)

だが，このようなEU内部での経済成長優先の力，すなわちグローバリゼーションを推進する多国籍企業の権力に対して，ザックスらは，次のように「ヨーロッパの使命」を語るだけである。

　もしヨーロッパが自らの使命に忠実でありたいなら，「ワシントン・コンセンサス」からも「ワシントン安全保障アジェンダ」からも距離を保たなければならない。1980年代以来，自由貿易，規制緩和，民営化を旗印に国際的な金融・経済機関を牛耳ってきた主流派は，競争と連帯との文明レベルでの折り合いを主張するヨーロッパモデルとどうしても歩調を合わせることができない。しかし，EUには自らの自己認識のコアにあるエコソーシャルな市場経済モデルを擁護するほうがずっと似合っている。このモデルは国境なき市場という考え方との関連やその扱う範囲をめぐって今日でも依然論争が絶えないテーマだが，一方ではヨーロッパ統合という視点を軸に，徐々にではあるが政党横断的な合意が形成されつつある。このモデルをグローバル社会にも適用してみてはどうだろうか。金融市場が駆動するグローバリゼーションに加担し，これを育成する必要などヨーロッパにはないはずだ。世界がヨーロッパに期待するのは，むしろエコソーシャルなグローバリゼーションへと向かう推進力なのではないだろうか。

(Sachs, W. et al. eds. 2007 = 2013: 309-10)

ここでいう「1980年代以来，自由貿易，規制緩和，民営化を旗印に国際的な金融・経済機関を牛耳ってきた主流派」とは，ヨーロッパを拠点とする多国籍企業をも含む，世界の多国籍企業・金融機関の権力であり，先述のように，ハーヴェイの言う新自由主義改革によって権力を掌握した新しい資本家階級であり，サックスの言う「美徳を失った」新しい富裕層にほかならない。このような多国籍企業あるいはグローバル企業は，ロボット化，IT化を含む画期的な技術革新を基調として，M＆Aを繰り返し，その中で激しい企業間・資本間競争にさらされている。

　したがって，「金融市場が駆動するグローバリゼーション」は，ヨーロッパを拠点とする多国籍企業にとっては，ここで言われているような，それに加担する必要があるかないか，といった生易しい問題ではなく，死活問題として推進すべき競争条件の整備である。「競争と連帯との文明レベルでの折り合いを

主張するヨーロッパモデル」すなわち「エコソーシャルな市場経済モデル」は，EUの「自己認識のコア」という形で現れるにしても，その内実は，1980年代以後の労働運動を中心とする従来型の社会運動に加えて環境運動などの新しい社会運動など，ハーバーマスのいう「システムによる生活世界の植民地化」に対抗する生活世界の抵抗の成果とみなければなるまい。

　とすれば，ザックスらが，人類史の流れを変えるヨーロッパの使命について，このような単なる期待以上の展望を示すためには，ヨーロッパ社会を対象として，グローバル化のもとでの「システムによる生活世界の植民地化」すなわち，グローバル化した経済システムと，それに対応して新自由主義的改革を経験した行政システムと，それら二つのサブシステムへの抵抗の様相を分析する必要があるだろう。

　ザックスらの社会分析は，飢餓と貧困を放置したまま地球生態系の崩壊に突き進む人類史の現時点の問題を鋭くえぐるものではあるが，筆者の視点からは，なおある重要な視点が欠落しているように見える。

3　ベーシック・インカムへの注目

賃金労働は公正か？

　それは，多国籍企業が主導するグローバル資本主義のもとでの賃金労働の問題である。すなわち，ザックスらにとっては，グローバル資本主義が賃金労働に立脚していることは，公正の問題として取り上げられていないのである。

　とはいえ，ほぼ10年前に出版された『地球が生き残るための条件』(Sachs, W. et al. eds. 1996＝1998＝2002) では，「社会的公正 (Social Fairness)」の問題として，グローバル資本主義による賃金労働の危機の問題が提起されていた。すなわち，ドイツをはじめとする先進資本主義諸国がポスト産業化時代の地球規模の生態系保全と公平さを実現していくための具体的提案である同書の最終章 (章題は英語版ではcontexts，邦訳では「未来可能な社会は実現できるか」)「第1節社会的公正」は，次のような文章で始まる。

　　エコロジー的に持続可能な社会とは多元的社会 (pluralistic society) である。多元的

社会とは，人間の持つ豊かな可能性を包括し，多様な人々に自分自身の選択に基づいて生きる自由を認める社会である。このような自由を全員にかなえることによって，社会は社会的公正と協同意識（a sense of community）を備えることになる。その中でも，社会組織の２つの側面，労働（work）と社会保障が重要である。

(Sachs, W. et al. eds. 1996＝1998: 187＝2002: 189)

この問題設定は，きわめて多様な形で人間生活の全領域にまたがって発生する環境問題は，一元的な国家権力によっては制御不能だとする1980年代末以降に欧米で発達してきた環境政治学の基本的な問題意識と共通する（たとえばPaehlke & Torgerson eds. 1990）。そのうえで，多元的社会の形成条件が，経済システム＝仕事と，行政システム＝社会保障の両面から問われている。

まず，「仕事の未来（The Future of Work）」（邦訳は「労働は変わる」）と題する部分で，経済システムの分析が行われる。

完全雇用は過去のものになった。理由は地球規模で生じる変化の過程にみることができる。……財やサービスの生産はグローバル化され，地域や国内の企業，技術，資本，労働に依存する割合は日に日に低下している。……マイクロエレクトロニクス，コンピュータ・通信技術，さらには新しい生産概念リーンプロダクションやリエンジニアリングに基づくオートメーションが進んだ結果，合理化が加速し，多くの労働集約型部門で，さらにはサービス分野（銀行・保険会社など）でもかなりの雇用が減少した。……経済成長も伝統的な意味での完全雇用をもたらすことはない。先進国経済が成長するとしても，それはおおかたは「仕事なき成長（jobless growth）」であろう。

(Sachs, W. et al. eds. 1996＝1998: 188＝2002: 190)

グローバル資本主義のもとでの技術革新とグローバル化によって，完全雇用の時代が終焉すると明確に宣言されている。

仕事（work）こそが民主的市場経済の基礎であったのだから，いまや仕事の再評価は避けられない。いまだに有給の雇用を得ることは必要だろうが，それ以外に人生の意味の源泉（Other sources of meaning）が見出され，創造されねばならない。……仕事がすべて単純に有給の雇用であるとはいえない。だが，有給の雇用はおそらく近い将来も仕事の中心的な要素であり続けるだろう。……だから，社会的公正という観点に立てば，すべての女性も男性も，少なくともパートタイムで有給の仕事（paid part-time job）を得られるようにすることが必要だ。それはおそらく社会的公正にとって

最も重要な社会的・政治的な必要条件である。

（Sachs, W. et al. eds. 1996 = 1998: 189 = 2002: 191-192）

負の所得税に支えられた第二労働市場創出提案

　このように，完全雇用の終焉を宣言しておきながら，パートタイムの形で完全雇用を目指すのが，ザックスらの主張である。続いて，その「最も重要な前提」として「フレキシブルな労働時間と労働形態」導入の必要性が力説され，さらに「負の所得税 (negative income tax)」の導入によってサポートされた低賃金の「第二労働市場」の創出が提案されている (Sachs, W. et al. eds. 1996 = 1998: 190 = 2002: 192-193)。

　それだけではない。続いて，ボランティア活動がエコロジカルな社会建設のために必要だと高く評価され，パートタイム雇用からなる低賃金の第二労働市場での完全雇用政策も相対化される。負の所得税はそれを可能にするのである。

> 仕事と生産とは，単に会社や市場といった公式の経済領域で行われているだけではなく，家事仕事やボランティア活動といった非公式の経済領域でも行われている。そこには，有給の雇用とならんで，個人的な興味が高じて行われる，無給の仕事や生産が存在する。／未来の仕事がもっぱら有給の雇用からなるということはもはやありえない。長期にわたって環境を保護し，資源消費を大幅に減らしていくにしたがって，雇用によって支払いを受ける仕事の量はだんだん減っていく。……生活の仕方と必需品供給の手段とは，今一度変化し，近代的な手段を用いて，地元や限られた地域の市場，自律的な仕事，地域の自立などをより重視しなければならなくなるだろう。……地域の自立が拡大するにしたがって，今日のように生存の手段を工業部門で職を得ることにほとんど全面的に依存するということもなくなってくる。その結果，都市や農村の地域コミュニティの自律性がよみがえることになる。
>
> （Sachs, W. et al. eds. 1996 = 1998: 191 = 2002: 193）

　この長期的な将来展望によって，低賃金パートタイム労働のための第二労働市場の創設による完全雇用の要求は，あくまで過渡的なものにすぎないことが明らかになる。ここでは，負の所得税の導入によって，ボランティア活動，あるいは「個人的な興味が高じて行われる，無給の仕事や生産」が中心となる経済システムが展望されている。

それは，賃金労働者階級が賃金労働への依存から脱却し，無条件で生活手段の確保が保障され，経済的に自立した人間として，自由な社会活動や経済活動を行うことのできる市民あるいは自営業者，すなわち「小ブルジョア」的市民となることを意味する。階級論的に見れば，資本家階級と賃金労働者階級への階級分割が基本的に解消され，すべての人間が「小ブルジョア」的市民階級という属性を持つ単一階級社会となる。

　かつて政治学者のC・B・マクファーソンは，ホッブズ以後の近代政治思想を整理するための基準として，①伝統的身分制社会，②単一階級社会，③階級分割社会という3つの社会モデルを設定し，モデル②の小ブルジョア的市民からなる単一階級社会は，現実には存在しない理念的なものだとした。マクファーソンは言及していないが，ベーシック・インカム保障社会とは，このモデル②を実現するものにほかならない（Macpherson 1962 = 1980; 1977 = 1978, なお岡野内 2014b も参照）。

　長い人類史の流れからみて，まさしく革命的と言うべきこのような階級構造の変革は，正の所得税の徴収と合わせて，負の所得税という形で，生活維持に必要な基本的な所得給付を保障する国家が行うと想定されている。はたしてザックスらは，これが人類史の流れを変える革命的課題の提起であることを自覚しているだろうか。

　なおザックスらは，所得額確定後に申告して給付が確定する負の所得税が，所得額確定前に無条件に移転されるベーシック・インカム保証政策と同様の機能を果たすと想定しているようだ。これに続く「社会保障」の項で，さらに突っ込んだ言及がある。

　　未来の仕事を本章で示すようなものにするには，社会保障財政を再編成しなければならない。有給雇用と社会保障を少なくともその一部を分離することが重要な課題となる。これに伴い大切なことは，税制と公的給付制度の統合や基礎年金の導入，あるいはすべての人に対する基本的所得の保障（a guaranteed basic income for all）の導入さえ必要であるということである。……基本的な考え方は，現行のような寄せ集めの社会保障制度はやめ，独自なベーシック・インカム制度（a unique kind of basic income for all）にすべきということだ。その制度は，掛け金ではなく，一般税収で賄われる。受給者の受け取り額は，ほかに各種の社会保障給付をどの程度受けているか，ほかに

収入があるか，さらに受給権に関する諸規定に従って差が生じる。

(Sachs, W. et al. eds. 1996 = 1998: 193 = 2002: 195-196)

完全雇用は不可能という時代認識を踏まえ，雇用と社会保障給付の切り離しを問題提起したうえで，ここでは明確に「独自なベーシック・インカム制度」の導入が提言されている。

　なお，邦訳では省略されているが，英語版では，ベーシック・インカム導入の箇所に注が付されており，負の所得税に関するドイツ語論文（Kress 1994）と，ベーシック・インカムに関するアメリカとイギリスの代表的文献（Theobald. ed. 1967; Walter 1989）の参照が求められている。

　Theobald ed.（1967 = 1968）は，ガルブレイスの『ゆたかな社会 *(The Affluent Society)*』（初版1958年）が提起した省力化技術革新による雇用の喪失という問題提起の線上で，雇用と所得を切り離して国民全員に生活可能な所得給付を保障する政策導入の是非がアメリカで盛り上がった1960年代を代表する論文集である（社会心理学者エーリッヒ・フロムやマーシャル・マクルーハンなども寄稿した多角的な議論で，刊行の翌年に邦訳も出た）。Walter（1989）は，福祉国家の危機に対する新自由主義的な対策が進められ，失業が増加したサッチャー政権下のイギリスでベーシック・インカム導入の議論が盛り上がった時期に，社会学者によって書かれた代表的な著作の一つである。とはいえ，ザックスらの叙述は，ドイツで負の所得税やベーシック・インカム導入に関する議論が盛り上がった時期に「負の所得税が労働市場に与える影響と社会政治的な意義」に関するサーベイ論文であるKress（1994）に依拠しているようだ。

　先の引用文に続いて，同書は，Kress（1994）所収の図を引用して，負の所得税導入の場合の勤労所得と公的給付の額を説明している。そしてこの制度のメリットとして，公的給付受給者の勤労所得が増えても公的給付が全額削減されることはないために負の所得税受給者層を貧困の罠に陥らせずに就業へのインセンティブを与えられること，事務手続きの簡素化が可能であること，現行の年金制度の危機を回避できることが指摘される（Sachs, W. et al. eds. 1996 = 1998: 194 = 2002: 196-197）。そして最後に，デメリットについて次のように書いている。

負の所得税の資金調達は，おそらく最大の問題である。……必要経費は，650億〜1730億マルクだと推定される。どんな場合でも，1500億マルク以上調達するのはおそらく不可能だが，それ以下の金額であれば，エコ税制改革で賄うことができる。もう一つ重要なのは，ベーシック・インカムの受け取り条件を，とりわけ家族手当との関連でどのように定めるかという問題である。残念ながら，これに関連して，労働者の行動を予測できるだけの十分な実証的研究はない。アメリカで1970年代に行われた実験では，大規模な離職は見られなかった。

(Sachs, W et al. eds. 1996＝1998: 194＝2002: 197)

　すなわち，財源調達の困難と寄生的受給者（フリーライダー）増加の危険性とが，デメリットとして指摘されている。合わせてそのようなデメリット克服の可能性も示唆されているとはいえ，このような現行システムを前提とした議論の進め方では，ベーシック・インカム的制度の導入は，「現実的でない」という結論に容易に陥ってしまう。このような議論も，引用文での試算を含めて，Kress（1994）の整理を踏まえたものであり，同時に，そこでも紹介されている当時のドイツでの論争を反映するものだ[3]。

　負の所得税という制度は，雇用労働を拒否し，自由なボランティア労働に従事する人間像を想定すれば，ベーシック・インカムと同じ機能を果たすものと言える。しかし，提唱者ミルトン・フリードマンの議論（Friedman 1962＝2008）からも明らかなように，負の所得税は，賃金労働者階級と資本家階級があって，この両者が取引する労働市場での自由競争で起こる市場の失敗を事後的に補完する国家介入策として設計された。あらかじめ万人に給付して自由な経済活動を保障するベーシック・インカムに対して，負の所得税の場合は，まず階級帰属に従う雇用契約での「雇う者，雇われる者」の役割固定化があるという点で不自由な経済活動があって，それに続く所得確定後に給付されるのである。

ベーシック・インカムの階級的基礎

　ベーシック・インカム導入は，賃金労働者階級の存在を前提とする社会保障の政策的選択肢として議論すると，困難ばかりが大きく見える視野の狭い議論に陥る。あるいは非現実的な「思考実験」とされてしまう[4]。ベーシック・インカム保障の実現は，雇用労働に依存する賃金労働者階級を廃絶し，すべての人

間を小ブルジョア市民階級に転換することを意味する。単一階級社会を創出する階級構造の革命的変化である。この観点からは，ベーシック・インカム保障の財源を確保できる権力の樹立がこの革命の内容である。賃金労働者階級の境遇から離脱し，小ブルジョア市民階級となることを熱望する人々が革命の担い手である。

　そこで，問題は次のように立てられる。革命政権の財政は，ベーシック・インカム保障の財源獲得を課税と財政支出の最優先事項とする。では，これまでの税制を変えてどこに課税し，どの支出をカットすればよいか。革命権力の樹立と持続のために，経済的な自立と自由を相互に保障しあい，断固としてベーシック・インカム保障実現を求める市民（自由，平等，友愛を普遍的に実現しようとする革命的な小ブルジョア的市民精神の持ち主！[5]）の数をどう増やすか。社会的権力（たとえば歴史社会学のMann（1986＝2002）は，その中に経済的，政治的，イデオロギー的，軍事的な4種類のパワーを区別する）をどう組織するか。

　したがって，ベーシック・インカム実現について，財源調達の困難や寄生的受給者出現の可能性を論じることは，本末転倒である。集団で難破・漂着した無人島で全員が飢えている時に，動物も魚貝類も簡単には取れない，捕っても料理が難しい，食中毒になる可能性もある，何も捕れなかった人にどれだけ食物を渡すか，……という議論を延々とするに等しい。飢えた時にまずやるべきことは，食料のありかに見当をつけ，準備し，探し，実際に捕ることではないだろうか。

　ベーシック・インカムの財源は，今日のグローバルな資本主義経済システムがすでに作り出している。アフリカの飢餓問題に際してGeorge（1976＝1980）などによって明らかにされたように，1970年代以降の人類はすでに人類全体としては飢餓から解放され，食料増産ではなく，生活の質の向上が課題となっていた。問題は市場あるいは国家を通じる分配だった。食料は値上がりを待って巨大企業の倉庫で備蓄され，富裕国と富裕層のもとでは浪費されていた。自給するための土地もなく，賃金を得るための働き口もなく，食料を買えない人々が全世界で飢えていた。グローバル市場には商品も貨幣もあふれていて，貨幣と商品が飛び交うグローバルな取引がますます盛んだが，そこから排除された人々が飢えていた。その仕組みを隠しているのは，巨大多国籍企業にとって圧

倒的に有利なグローバルな市場システムすなわちグローバル資本主義経済システムであり，それを推進する今日の国家の行政システムだ。グローバル化のもとで賃金労働に依存せざるをえないという不毛な境遇に置かれた人々の立場に立つベーシック・インカム論は，なによりもまず，そのような経済と行政の仕組みを問題にし，経済システムの中にある財源のありかを暴き出し，行政システムの財源として公正に分配できるような仕組みの転換について議論すべきだろう。

　ザックスらは，エコロジカルな地域自立を目指すボランティア活動への評価を媒介にして，ベーシック・インカム保障の導入による賃金労働者階級廃絶への革命的変化を展望しているかに見えた。しかし，上記のようなベーシック・インカム保障のデメリットの議論を見る限り，賃金労働に依存する階級の存在自体を問題とする認識の点で曖昧だと言わざるをえない。これには，賃金労働者階級の要求を国家が組み入れて経済システムに介入する「社会国家」的な行政システムを築き上げてきたゆえに，国家（あるいは社会）中心でものごとを考えてしまいがちなドイツ特有の事情もあるかもしれない。

　だが，1980年代以降のグローバル化の中で，社会国家＝福祉国家の危機とEUへの動きが進むと同時に，グローバルな賃金労働者階級の形成とその境遇の危機（EUを巻き込んだグローバルな移民労働者問題の深刻化もその一環）が進んだことを考えれば，この曖昧さは問題である。なぜなら，グローバル化の中でのグローバルな生態系と公平性の危機が，人類史上初のグローバルな賃金労働者階級の形成がもたらす問題として捉えられず，その結果，賃金労働者階級の危機への解決策として提起されたベーシック・インカム保障という処方箋が，グローバルなレベルで提起されなくなるからである。

4　グローバル・ベーシック・インカムの断念

グローバルな公正とベーシック・インカム

　『地球が生き残る条件』の中では，社会的公正の問題としてベーシック・インカム導入を提起した最終章第1節に続く第2節では，経済的実現可能性が検討される。そこでは，ドイツの競争力確保と，経済的に孤立した場合の対応策

が議論され，さらに南北問題を検討する第3節でも，国家間の開発援助・貿易・金融政策が議論される。しかしグローバル化する資本主義によるグローバルな賃金労働者階級の形成こそが危機の原因であり，それに対処する国家の枠を超えるベーシック・インカム保障が必要だとする認識は見られない。

　そして，グローバルな公正と生態系保全をテーマとした『フェアな未来へ』では，人権と多国籍企業の規制を結びつける多くの優れた問題提起にもかかわらず，賃金労働者階級の形成は，ついに社会的公正の問題として提起されず，ベーシック・インカム導入の議論も，まったく消えている。

　もっとも，第6章「公正とエコロジーのための取り決め」の第一節「温暖化政策における平等」を論じるくだりで，「一人当たりの権利」原則と国家間の排出権取引を組み合わせるアイデアとして「スカイトラスト」構想が紹介される。それにヒントを与えたアラスカ恒久基金（Alaska Permanent Fund）も紹介されている（Sachs, W. et al. eds. 2007＝2013: 243-4）。アメリカ合衆国のアラスカ州政府が，1982年以来，州の原油採掘収益から毎年全州民一人当たりほぼ1,000ドル以上を無条件で支払ってきたアラスカ恒久基金配当は，ベーシック・インカム保障に関する議論の中では，「ベーシック・インカムのアラスカ・モデル」として，近年注目を集めている[6]。本書では，「この取り組みは，全市民が公益から経済的保証を直接的に得るという数少ない事例である」（Sachs, W. et al. eds. 2007＝2013: 244）と言及されているが，ベーシック・インカム保障とはまったく関連づけられていない。

　もっとも，ザックスらは，国家間のCO_2の排出権取引を一人一人の市民に対する現金移転と結びつける「スカイトラスト」について，次のように評価している。国家の枠組みを超えて，人類一人一人の公正な関係，平等な権利と平等な分配をどう創るかという，「従来の学問」が「ほとんど答えてこなかったし，そうした問いを発することすら少なかった」（Sachs, W. et al. eds. 2007＝2013: 243）問題への取り組みだというのである[7]。

　この種の気候トラストは，平等な分配という考え方，すなわち個々人の排出量は異なっても，「一人当たりの権利」の点ではすべての市民が大気に対して同じ権利を持つという考え方の普及に一役買うだろう。……まさに気候政策そのものが突破口となっ

て，コスモポリタン的な自覚が生まれていくかもしれない。気候トラストのような新たな制度のもとでは，すべての市民が公共財の利用に伴う費用を均等に支払う。そこから60億の人々の間に大気の共有という認識が生まれ，さらには利害と関心の共有という，より高次の認識へと辿りつくかもしれないのだ。

（Sachs, W. et al. eds. 2007 = 2013: 244-5）

このように，人類全体の共有財としての地球環境使用に関連づけて，グローバルな財政基金を通じる人類一人一人への現金移転が，全人類の連帯感の形成につながるとする発想は，卓見である。

しかし，ザックスらには，このような無条件の現金移転の給付水準が，賃金労働への依存を不必要にする水準にまで達するときに，人類史的な意義を持つ階級構造の大転換が起こるという発想はない。そのせいか，このような現金移転は，ベーシック・インカム保障と結び付けて論じられてはいない。

ちなみに，やはり階級論的な歴史的意義に関する認識はほとんどないものの，「スカイトラスト」とほぼ同様の提案でありながら，それを地球規模のベーシック・インカム保障と結合させて，グローバルな飢餓や貧困の解決策として提起したものとして，ヘースケンスの地球配当（Earth Dividend）論など（Heeskens 2005a; b）があるが，ザックスらは触れていない。

賃金労働に内在する不公正

以上，ザックスらの公正の観点から見た賃金労働の捉え方を，検討してみた。1996年には公正の観点から賃金労働が問題にされ，ベーシック・インカムの導入への含みを残しつつ負の所得税導入が提言されていたが，11年後の2007年には，グローバル化との公正を論じてグローバル資本主義に伴う賃金労働のグローバルな拡大を問題にせず，ベーシック・インカムにも負の所得税についても一切触れていない。

なぜだろうか。この問いに対する答えは，①この11年間のうちにザックスらは，賃金労働に伴う不公正の解決策としてのベーシック・インカム保障という考えを放棄した，②ザックスらは，そもそも賃金労働が不公正だとは考えない，のどちらか，あるいは両方でありうる。

①については，先述のように，ザックスらのベーシック・インカム導入論は

フリードマン的な失業対策の側面が強く，賃金労働に依存せざるをえない社会階級の存在自体を不公正としその廃絶を目指す点では，腰が引けたものであったから，大いにありうる。そして，②は，そのような賃金労働そのものの不公正の把握の甘さの帰結と考えていいだろう。

　賃金労働そのものに内在する不公正は，19世紀のマルクスの古典的な書物，『資本論』の主要なテーマの一つであった。労働力を販売する賃金労働者と購買する資本家との間の交換は，等価交換であるにもかかわらず，労働力を買った資本家は，労働力を使用して労働の生産物の全成果を手にするために，賃金部分に相当する以上の生産物（剰余生産物）を手にする。資本家は，資本（生産手段）を所有するというだけで，労働することなく，剰余生産物を手に入れる。賃金労働者は，労働することによって，生活に必要なだけの生産物を賃金として得る。一方は労働して生産物を得るが，他方は，労働せずに生産物を得る。このような交換は，フェア（公正）ではない，というのがマルクスの論理だ。アリストテレス的な意味での配分的正義（あるいは応報的正義），すなわち「働きに応じて受け取るべし」（あるいは「いただきものにはお返しを」）原則に反するといってもいい。

　しかも，資本家は，労働せずに得た生産物をさらに新しい資本として用いて，生産手段を買い，賃金労働者を雇って，さらにより多くの生産物を労働することなく得ることができる。賃金労働者のほうは，労働して得た生産物を賃金として受け取っても，賃金が一定期間の生存を保障するだけのものであるかぎり，再び賃金労働者として労働力を販売して賃金を得なければ，生活できない。資本家は，労働することなく，ますます多くの生産物を入手するが，賃金労働者は，いつまでたっても労働を続けるだけだ。このような関係を永続させるような配分のしかた，すなわち資本家階級と労働者階級の再生産が行われるような契約は，「働きに応じて受け取る」ものではなく，「働きにもかかわらず著しく不利な立場に置かれるだけのものしか受け取っていない」。つまり，アリストテレス的な意味での配分的正義を充たすものではない。マルクスは，これを，領有法則の転回と呼び，賃金労働に依存する階級の存在を放置することそれ自体が，不公正だとしたのである。

　だが，『資本論』には，そのような賃金労働者階級の形成過程そのものを不

公正として告発するもう一つの重要なテーマがあった。いわゆる本源的（原始的）蓄積がそれである。それは，生産者と生産手段との切り離しによって，賃金労働に依存する階級が創り出されるという人類史的に画期的な，しかしグローバルな規模での暴力的な歴史過程として，描き出された。イギリスの「囲い込み」のような，領主による土地取り上げと農民の暴力的な追い出しとともに，アメリカ大陸での先住民からの暴力的な土地収奪と，土地から切り離された労働力やアフリカからの奴隷を使っての鉱山・農場開発などが，資本主義的な世界市場の形成の中でのグローバルな連関として鋭く指摘されたのである。これは，「奪ったものは返すべし」とするアリストテレス的な意味での匡正的正義に基づくものだ。

　このように賃金労働者階級の形成（本源的蓄積）と賃金労働者階級の存続＝再生産（領有法則の転回）は，人類史的な意義を持つグローバルな不公正として問題にされた。賃金労働に関するこのような二重の不公正は，16世紀に始まり19世紀半ばに至るまでの世界について指摘されたものだが，それは，今日のようなグローバル資本主義のもとでのグローバルな賃金労働者階級の形成と再生産についてこそ，よりいっそう妥当する。

　FAO（国連食糧農業機関）によれば，世界不況による失業は，世界で9億人の栄養不足問題を引き起こしている（岡野内 2010b等）。だがそれを一挙に解消できるグローバルなベーシック・インカム保障の可能性は，ザックスらの視野にはない。さらに，第三世界でさらに賃金労働者階級を創り出しつつある暴力的な土地収奪とあわせて，これまでの欧米を含む世界の賃金労働者階級を創出してきた本源的蓄積の暴力と不正義を歴史的不正義として捉え，それに対する正義回復が提起されているわけでもない（歴史的不正義については，岡野内 2014b; 2009; 2008-2009; 2006を参照）。

　このように曖昧な社会認識のままで，世界の飢餓と貧困の解決と地球生態系の保全を同時に実現するフェアな世界への転換を訴え，そのパイオニアとしてEUに期待するというザックスらの議論は，たやすくヨーロッパ中心主義的と批判されてしまうだろう。たとえば，ザックスらの世界貿易に関する提言は，フェアトレードに学ぼう，という曖昧なものに留まっている。

　筆者は，ヨーロッパのエコロジー運動が，グローバル資本主義の安全保障に

取り組むアメリカの帝国的な世界支配に対抗しつつ，グローバルな公正の問題に真剣に取り組んで人類史の転換を求めたものとしてザックスらの試みを評価したい。だが，生活世界に根ざした「自動車への愛」の転換に注目し，社会システムのエコロジカルな転換を展望したザックスの社会学的な視点は，「社会国家」的なドイツとそれに近い国家連合であるEUの枠を超えるグローバルな資本主義の経済システムが生活世界に及ぼす権力の根源を捉え損なったと言わざるをえない。

第**5**章

グローバル企業権力を制御できる国家を！
▶スーザン・ジョージの政治学

1　問題提起——啓蒙から階級戦へ

ベトナム反戦運動から反飢餓・反債務運動を経て反グローバル化運動へ

　スーザン・ジョージは，1934年にアメリカで生まれ，1994年にフランスの市民権を取得した著述家であり社会運動の活動家である。[1]アメリカのスミス大学で行政学・フランス語を勉強した後，フランス人と結婚して1956年からフランスに住み，3人の子どもが学齢期に達した後にパリ大学で哲学を勉強しながらベトナム反戦運動に参加するようになり，1967年の卒業後は，反戦運動，反飢餓・債務運動，そして多国籍企業主導のグローバルに対抗する国際的な社会運動の活動家となった。[2]

　1974〜1978年にはパリ大学社会科学高等研究院で飢餓問題に関する政治学博士論文を書き，その研究成果を一般向けに書いた『世界の半分がなぜ飢えるのか——食料危機の構造』（George 1976 = 1980）は世界的なベストセラーとなった。その後も債務問題（George 1988 = 1989; 1992 = 1995），グローバル化批判（George 1994 = 1996; 1999 = 2000; 2004 = 2004; 2010 = 2011; 2012 = 2014; 2015など）に関する著作を次々に刊行し，主要著作はすべて邦訳されている。

グローバル企業権力の担い手，ダボス階級

　スーザン・ジョージの現状認識は初期の著作以来一貫している。ここでは2008年の世界金融危機直後に書かれ，出版された著作『これは誰の危機か，未

来は誰のものか』（George 2010＝2011；以下『誰の危機……』と略記）から引いてお
こう。

> クリーンで環境に優しい豊かな世界を享受し，健康な地球の上で一人一人が人として
> 尊厳を持った生活を送ることは可能だ。はるかな理想郷などではなく具体的な可能性
> として。世界がこれほど富を蓄積したことはかつてなく，必要な知識も道具立ても能
> 力ももう揃っている。障害は技術的，実際的，財政的なものではなく，政治的，知的，
> 思想的なものだ。　　　　　　　　　　　　　　　　　　　　　（George 2010＝2011: 1）

　人類全体では豊かになったのに，人々の頭が妙な考えに取りつかれることで
人類全体が自分たちを苦難に陥れる政治の仕組みにはまり込み，「世界の半分
が飢えて」争っているというわけである。それは「新自由主義グローバル化体
制」と呼ばれ，「金融が経済を支配し，その金融と経済が世界にすさまじい不
平等を押し付け……何億もの人が食糧と水という最も基本的な資源に手が届か
なくなり，地球の大部分が掘り荒らされた石切り場，がれきの山に成り果てて
……こうしたすべてが原因となって，互いの間で紛争が後を絶たなくなる」（同
上）仕組みだとされている。
　この仕組みは，多国籍企業を操る支配者集団と多国籍企業に操られる被支配
者集団とからなる階級支配の仕組みとして捉えられている。

> 支配者は健在だ。本書ではダボス階級と呼ぶ。毎年一月スイスの山中のリゾートに集
> まる人々を見ればわかる通り，彼らは権力を手中に収めて世界を股にかけ，互いにめ
> まぐるしく入れ替わる。経済力と，必ずといっていいほど莫大な個人資産を持つ。行
> 政・政治権力を持つ人間もいる。行政・政治権力はたいてい，経済力を持つ人間に有
> 利に働くように行使され，それなりに見返りを得る。確かにメンバー同士の利害の対
> 立はないわけではない――私企業のCEOはメインバンクの銀行家と必ずしも常に
> まったく同じ利害を持つわけではない――が，全体として，社会階級としては一枚岩
> である。　　　　　　　　　　　　　　　　　　　　　　　　　（George 2010＝2011: 7）

　支配階級は，世界の主要多国籍企業1000社が出資する非営利財団である「世
界経済フォーラム」の年次大会が開催されるスイスの小都市ダボスの名をとっ
て，「ダボス階級」あるいは「ダボス人（マン）」と呼ばれている。

ダボス人（もちろんダボス女性もいる）には各国独特の特質があるものの，現在では
国境を越えた種になっており，その思考法は――そういうものがあるとすれば――ど
こでもほとんど違いがない。必ず資本主義の法則に従い，経済を慢性的な過剰生産状
態にし，世界の労働力の大部分を必要としない。　　　　　　　（George 2010＝2011: 10）

　つまり支配階級としてのダボス人は，個々人の個性を超えた共通の属性を持
つ集団，すなわちより多くの利潤を求める役割を果たす人々という意味で，
『資本論』のマルクスの資本家階級規定と同じく，「資本の人格化」として捉え
られている。ただしダボス人は，「1970年代半ばにかけて」始まった「新自由主
義」と呼ばれる「グローバル資本主義の現在の局面」に台頭した資本家階級と
されている。
　このグローバル資本主義の新自由主義局面は，「金融革新……，私営化（民営
化），規制緩和，際限なき成長，自主規制する自由市場，そして自由貿易」
（George 2010＝2011: 10）を特徴とするが，すでに破綻しつつあるという。

　　新自由主義が生み出したカジノ経済は破綻し，少なくとも一般の人々からは完全に信
　　頼を失った。……新自由主義を支えていたイデオロギー的，政治的支柱は金融構造も
　　ろとも倒壊し，何千万，何億もの生活を破壊した。世界の体制エリート層は，市民に
　　莫大な犠牲を強いながら前代未聞の救済策を取ることを迫られたが，その急増の枠組
　　みで十分だという保証はまったくない。　　　　　　　　　　　（George 2010＝2011: 11）

　この事実上破産したシステムを支えるのが，ダボス階級が雇った政治家たち
だとされる。彼女は，そんな階級支配の仕組みを見破って市民が政治を動かす
ことを呼びかけている。

　　2009年4月のG20会合で，政治家連中は新世界秩序を構築したと大見得を切った。実
　　態は，……当座しのぎの対策の寄せ集めにすぎない。……／政府と広報専門家は体裁
　　を取り繕うことに長けており，現状を新しく見せようとしている。ダボス階級のため
　　に政治をやっている彼らは最も手っ取り早い方法をとる。今までそれは常に，市民に
　　金を出させて口は出させないことだった。だから第一に防御策は言いなりにならない
　　ことだ。市民が強く働きかけなければ何も変わらない。　　　　（George 2010＝2011: 12）

深刻な反省

ところが，それから二年後，2011年のウォール街を始めとする公共広場占拠運動などの社会運動の世界的な盛り上がりに陰りが見え始めた頃に書かれた著作『金持ちが確実に世界を支配する方法』(George 2012＝2014；以下『金持ちが……』と略記）の日本語版序文でスーザン・ジョージは書いている。

> 英米の金融業界が引き起こした2007〜8年の危機の後，私は，政府が姿勢を転換し，国民のために行動を起こして，金融を支配下に置くだろうと本当に考えていました。なんと甘かったことか。そんなことは起こらなかった。どうしてそうならなかったのか，本書でいくつかの理由を探り当てようとしています。　　　(George 2012＝2014: viii-ix)

これによって世界金融危機直後の彼女は，「ダボス階級」が権力を握るグローバル資本主義の改革が実現されると想定していたことがわかる。「アラブの春」の影響もあって，2011年9月から始まったウォール街占拠運動は，グローバルな広がりを見せた。日本でも原発再稼働阻止の国会包囲デモが未曽有の規模で拡大した。ATTACや世界社会フォーラムのようなグローバル市民運動の第一線に立つ彼女は，そのような大衆的な運動の爆発的高揚のエネルギーを察知していたのであろう。

それだけに，改革が実現しなかったことは，彼女に対して深刻な反省を促した。その結果，彼女が選択したのは，良識ある市民に対する一般的な啓蒙から，階級的な啓蒙への転換，すなわち階級戦 (Class War) の呼びかけであった。それは，「事実に基づくフィクション」すなわち，ダボス階級の側の階級戦勝利のための架空の報告書の形を採った。

> なぜ「事実に基づくフィクション」という形を採ったのか。端的に言えば，私の周りはどちらを向いても良識のある人たちばかりだからなのです。こうした人たちは，権力の座にある者の中には自分に都合のいい経済システムを維持するためなら何事も厭わない人間がいる，などとは夢にも思いません。……／そのような考えでいる限り，「私たち」――良識ある者――がなすべきことはただ，他の人たちに説明し，啓発することだ，となります。……啓発や説明では決して足りないのだという事実を認めようとしない。……／エリートたちはどうすれば階級戦に勝利できるかを知っている必要

がある――彼らに対抗する者もまた，それを知っている必要があるのです。

（George 2012＝2014: vii-ix）

　13年前に彼女は，『ルガノ秘密報告』（George 1999＝2000）という同じ趣旨の著作を刊行しており，『金持ちが……』はその続編の形を採っている[3]。しかしこの続編では，階級戦（Class War）を語るアメリカの大富豪ウォーレン・バフェットのことばが巻頭に掲げられている。「階級戦……を仕掛けているのはわれわれの階級，金持ち階級のほうで，勝利は目前だ」がそれである。

　以下，そこで示されたダボス階級側の階級戦の手口，被支配階級である「99%の市民」階級の側から仕掛けた階級戦であったウォール街占拠運動の総括，そして彼女の処方箋を見よう。

2　ダボス階級の手口

征服，戦争，飢饉，疫病を活用する

　まず，世界人口の増加こそがグローバル資本主義体制にとっての最大の脅威とする『ルガノ報告』での認識が再確認され，そこからグローバル資本主義の周辺部であるアジア，アフリカ，ラテンアメリカ地域でのジェノサイド＝大量虐殺が支配階級にとって必要不可欠だとするショッキングな主張が展開されていることに注目したい。それは次のような論理構成である。

　気候変動を中心とする地球環境全体の激変はすでに始まっており，それが，環境変化に対応して自由に移動できない貧困層をさらに苦境に陥れるならば，深刻な社会不安が引き起こされる。そして実体経済からかけ離れて肥大化した国際金融取引の破綻が経済危機を引き起こすならば，貧困層は反乱を起こし，体制は揺るがされる。その場合，貧困層の絶対数の増加は危険を大きくする。しかし人口増加は，世界資本主義体制中枢部の先進国ではなく，周辺部のアジア，アフリカ，ラテンアメリカ諸国で起こっている。したがって，周辺部では，「強制的か否かを問わず，いかなる手段に訴えてでも人口圧力を削減すべきというのが当時の作業部会の立場であり，それには，飢饉，疫病，戦争といった好ましからざる出来事を意識的に利用することも含まれた。この提言は前回

報告で最も物議を醸したが，以後，その本質を変更すべき理由は見当たらない」（George 2012＝2014: 155）。

　つまり人口増加の危険とは反乱の危険なのである⁴⁾。ゆえに，飢餓と貧困のみならず疫病と戦争を放置することが，世界資本主義体制にとって利益となる。利益というよりは，反乱の規模を抑えて先進国中心の世界資本主義体制を維持するために，周辺部貧民の大量殺戮による人口減少が必要不可欠なのである。だからこそ彼女は，グローバル資本主義の存続という目的から見れば，強制収容所を用いたナチスやソ連のジェノサイドが，軍事的，政治的なコスト面で誤った政策であり，効率的なのは「征服，戦争，飢饉，疫病」を野放しにして「自然の成り行きに任せる」ことだとするジェノサイド論を再論している（George 2012＝2014: 158-159）。

　ダボス階級を，大虐殺を命令したヒトラーやスターリンと同列に置くこのような叙述がダボス階級に対する最大限の倫理的，道徳的非難であることは言うまでもない。同時に，『金持ちが……』執筆後に第二次世界大戦後最多となった難民を生み出しているシリア，リビア，イエメンその他の内戦の展開，さらに高度の医療設備にアクセスできない貧民層を直撃する2020年に入ってからの新型コロナウィルス感染症の世界的拡散を見るとき，ここで彼女が指摘していた階級支配の仕組みを構成する利害関係の配置に改めて戦慄せざるをえない。

グローバルなアパルトヘイト政策

　そのうえで，2007〜2008年の金融「危機に陥ったまま五年が経とうとする欧米世界の苦境」にターゲットを絞った叙述を読めば，それはある種の緊迫感を持って迫る。この打倒すべき世界資本主義体制は，「十年以上経った現在，……システムはますます脆弱の度を深め，人類が身を預けている止まり木は今にも折れんばかり」（George 2012＝2014: 13）とされている。

　ダボス階級の支配体制が勝利を収め，「金融界と超富裕層にとって驚くほど有利な展開」（George 2012＝2014: 83）となったことこそが危険だというのである。その予期せぬ勝利として，①不気味な沈黙と政治的空白，②銀行，銀行家，トレーダーの華麗なる復活，③増殖する金融商品，④繁栄を謳歌するタックス・ヘイブン（租税回避地），⑤隆盛を極める富裕層，⑥１％による１％のため

の闘争の最終兵器としての税制，が挙げられる（George 2012＝2014: 60-81）。この危険な勝利を安全にする提言は次のようなものだ。

> 作業部会は，世界システムにおける支配力を維持するプログラムの一環として，最低限の住民保護を提言する。非移民住民の最貧層に対するフードスタンプの増発あるいは無料ポリオワクチン——例は他にもあるだろう——で，国内の平穏を得られるなら安いものである。また，言うまでもないが，面倒を起こしかねない若者を吸収し統制するのに必要なだけの刑務所と軍隊も安いものである。……／一言で言えば，非移民（白人）住民には，エリートの側に付けておけるだけの，ささやかな役得を提供する必要がある。彼らを疎外してはならない。自分たちよりも非移民系住民のほうが優遇されていると感じさせてはならない。隣人や同僚と差異化できる，ささやかな特権を非移民住民みなに持たせるべきである。彼らを飢えさせてはならない。飢えれば，彼らは船を捨てるかもしれない。 （George 2012＝2014: 84-5）

　すなわち，非欧米世界での人口削減のための「自然の成り行きに任せる」大量殺戮を前提したうえで，人口が減少しつつある欧米世界では，非白人の移民を最底辺に置き，それとは区別される白人住民たちを移民たちの上，ダボス階級の下に置くという階層秩序を保つために，飴と鞭（白人最貧困層の生活保障，警察の取り締まり強化，軍隊増強）を効果的に用いた，一種のグローバルなアパルトヘイト政策が提言されている。

　ここでスーザン・ジョージが，移民差別を，欧米世界の資本主義体制の維持・発展のためのカギとなるものとして位置付けていることは，注目しておいていいだろう。先進国の人口減少問題については，「富裕先進諸国の非移民住民が子どもを増やせばいいというのが作業部会の考え」とする一方で，「移民問題は本報告の範囲を超える」としながらも，「管理された範囲の移民，すなわち技能・教育のある人材を招き入れることは必要であり，重要な政策課題であり続ける」（George 2012＝2014: 84）とされている。

啓蒙主義の弱点とプロパガンダの強さ

　このような提言の裏には，次のような危機意識がある。

　現在の危機によって，欧米世界はまったく新しい局面に突入した。ここでは，支配階

級の判断，分別，感受性までもが重要な徳となり，資本主義の将来を開く鍵となる。……／前回報告提出以来，資本家（あるいは不労所得者，投資家，株主，商業用不動産所有者など何と呼んでもいいが）への報酬は，目に見えて増大した。……一方，資本主義体制を維持・繁栄させつつ，行き過ぎて自らの正統性と権威を傷つけ……正統性と権威が認められなければ，……システムもまた危うくなる。／現在，この危険域の瀬戸際にある……。　　　　　　　　　　　　　　　　　　　（George 2012 = 2014: 84-5）

「まったく新しい局面」に入った欧米世界の危機を乗り越えるために，貧困層をも含む白人住民の忠誠心を獲得し，「正統性と権威」を確保することが，「資本主義体制の維持・繁栄」のために不可欠だというのである。そして，「資本主義という船の舵取り」として「正統性と権威」を確保するには，「信念体系の構築」戦略，「イデオロギーとメッセージの発信」戦術が挙げられている。

　具体的には，「啓蒙主義にかわる地平を開く新たな神話」の構築が必要であるとし，民主主義に代わってエリートによる統治を，人権は「サンタクロースへのお手紙」に等しい夢として葬り，アイデンティティ・ポリティックスを利用して人々を分断し，共有財や社会契約を重視する「啓蒙主義モデル」に替えて，私的財と市場の万能を説く「新自由主義的経済・エリート主義モデル」を植え付けるという「パラダイムをめぐる一大戦争」を行うこと，そのために「思考ではなく，条件反射を引き起す」ことが重要であるとされる。

　さらに，このような信念構築には，グラムシとハイエクに学ぶべきとし，アメリカのティーパーティー運動をプロパガンダ手腕による信念構築の例として挙げ，啓蒙主義モデルを掲げる「進歩派」はその点で遅れをとっており，それは資金の流れからも明らかであるとされる（George 2012 = 2014: 86-122）。

　ここまでのところは，最近の事例も入ってはいるが，彼女のアメリカ論であるとともに文化ヘゲモニー論でもある『アメリカは，キリスト教原理主義・新保守主義に，いかに乗っ取られたのか？』（George 2008 = 2008）の要約と言ってよい。ダボス階級の立場に成り代わって，事態の進展が総括され，賞賛されているわけである。

EUにおける上からのクーデターと「社会民主主義」の無力

　続いて，最近のヨーロッパ論が展開される。それは，前章で検討したザック

スらの本とは対照的に，EUに対して厳しい評価を示している。すなわち，ヨーロッパでの「新自由主義モデル」の定着を目指す「長征」は，2000年の「リスボン戦略」による「競争力」目標の導入を始まりとして，「構造基金」投入による成長政策から緊縮政策への転換が進められていたが，2005年のフランスとオランダでの欧州憲法条約の国民投票での否決という失敗に学んだ「欧州委員会とEUの官僚機構上層部」によって，国民投票を認めないリスボン条約のもとで「知らせずに，水面下で，すばやく」進められている。とりわけ2011年以後は，「六本パック」＝「安定成長協定」から「安定，協調およびガヴァナンスに関する条約」を経て，各国政府から独立した欧州中央銀行が自由に民間銀行に利潤を保障できる2012年の「欧州安定メカニズム（ESM）」条約に至るプロセスによって，EU上層部からの「クーデター」が成功しつつあるとする。メディアがこのプロセスについて「沈黙を守っていた」ことによって，「ヨーロッパ人がほとんどだれも意識していない」まま，「多くの公共サービスや社会政策」が「競争力」の生贄にされることになるだろうとする。これには，EUの「三権分立のすべての分野が新自由主義モデルへの移行に進んで手を貸している」。すなわち，欧州委員会は，各国政府への賃金と社会給付を最低水準で横並びにさせようとする圧力をかけ，欧州司法裁判所は「スウェーデンやフィンランドなど強力な労働者保護法政を持つ国」に「標準以下の賃金」を受け入れるように強いる判決を次々と出し，欧州議会では，ESMをめぐって，社会党議員の大半は最終的には反対票を投じたが，緑の党は賛成票を投じて「役に立つ阿呆」となっている（George 2012＝2014: 123-37）。

　さらに，「欧州委員会の後押しがなくても，EU加盟各国はしばしば，自力で前進している」として，労働組合が，企業に「生産拠点の海外移転」をさせないための「おそらく唯一の方法」として，雇用維持の保証と引き換えに受け入れた，ドイツのハルツ法，とりわけ2005年の新法（ハルツ法Ⅳ）の例が挙げられている。

　　新法では，失業した場合，失業手当が以前より大幅に減額され，給付期間も短縮されること，労働者は自分の預金（および配偶者ないしパートナーの預金）を使い切ってからでなければ，失業手当申請が認められないことが決められた。労働者には，仕事

の性質や自らの資格にかかわらず，どのような仕事でも受け入れる用意が求められる。この結果，ドイツの労働者階級の利害関係は急速に分断された。上位層には，自動車・重工業・化学工業などの組織化された労働者が入り，下位層は権利も守られず低賃金で働く不安定雇用の労働者となっている。階級という戦線でも物事は正しい方向へ進んでおり，これもやはり「社会民主主義」のおかげである。

(George 2012＝2014: 138)

　ハルツ法導入はベーシック・インカム導入の議論をドイツで再燃させた事件であり，スーザン・ジョージがそれを知らぬはずはないと思われるが，ここでも彼女はベーシック・インカムについては沈黙を守っている。とはいえ，ここで彼女は，福祉（社会）国家を支えてきたイデオロギーである「社会民主主義」を明確に批判し，その担い手となってきた労働組合が，「労働者階級の利害関係」を上層と下層とで「分断」する側にまわったとしていることに注目したい。労働組合は，多国籍化した大企業（『金持ちが……』の注64でも紹介されているが，ハルツ法の名は，汚職スキャンダルで退任した元フォルクスワーゲン社人事部長ペーター・ハルツの名からきている）による生産拠点の海外移転に抵抗できず，譲歩を迫られたあげく，ついにダボス階級にとって「正しい方向」を歩むようになったというのだ。

倫理問題の重要性

　とはいえ，先進国内部でのダボス階級を頂点とする階層（ヒエラルキー）を，「信教・思想・表現・集会の自由といった，啓蒙主義の基本的特徴のいくつか」を維持したうえで堅持していくためには，人々の反発を買わないようにする細心の注意が必要であるとされ，とりわけ課税問題をめぐって強欲さを見せることを戒めている。

　そして，アメリカでもEUでも，ロビイストの利用が最善だとする。そのうえで，金融業界を批判するヨーロッパのNGOのファイナンス・ウォッチの例を挙げて，ロビイストや銀行家から「倫理的懸念」によって寝返る専門家をこれ以上出さないために，「金や特権をもっと上積み」することを薦めている（George 2012＝2014: 139-44）。言うまでもなく，スーザン・ジョージはここで，専門家たちの任務がその倫理感と矛盾しつつあると見ているのである。

続いて，グローバル資本主義システムの「脆弱性の数学的証拠」として，「世界の経済活動の95パーセントを担う43,000を超える超国家企業」を対象とした「所有権の国際的ネットワークの構造」研究によれば，これらの超国家企業の全資産の40％が，相互の株式持ち合いによって企業集団を形成する147社によって所有されている[5]。その中でも上位の50社はほとんどが「銀行，ファンドなど強大な金融機関・保険会社」であるから，この次にリーマンブラザーズのような破綻が起きれば，それは全体に波及し，「資本主義そのものの中核が危機にさらされ，やがて欧米諸大国が全面的荒廃に陥りかねない」。したがって，このトップ50社の「支配のレベルを下げる，予防的規制行動」が唯一可能な「ある程度の予防策」だとしている（George 2012＝2014: 144-46）。

　とはいえ，このような「巨大金融機関・超国家企業」への規制は，最大の根拠地となっているアメリカでは，政治家の政治生命が選挙戦でのこれらの企業からの献金に依存しているために難しく，とりわけ2010年11月のアメリカの連邦最高裁判決で，企業の「表現の自由」として，無制限な政治資金提供が認められたためにほとんど不可能になっている（George 2012＝2014: 147-8）。ダボス階級は成功しすぎて，自滅自壊の道を歩んでいるというわけである。

3　ウォール街占拠運動の総括

　もっとも，支配される側の人々がただじっとしているわけではない。そこで，「懸念される展開——社会運動の台頭」として，ウォール街占拠運動が中心的に分析される。それは彼女の最新の社会運動論であるから，やや詳しく紹介しておこう。

　「『ウォール街を占拠せよ』運動は，急速に拡大したが，2012年春にはすでに下火になったようだ」（George 2012＝2014: 150）という文面からみて，同書執筆は，2012年春とみていいだろう。この「占拠」運動は，支配階級にとって「すでに害を及ぼしている」として，次の七点にわたって高い評価が与えられている（George 2012＝2014: 151-3）。

　第一に，新しいパラダイムの登場。この運動が，自分たちを「99パーセント」，運動の標的を「1パーセント」とするスローガンを掲げたことである。そ

れは，その１％の支配階級が啓蒙主義に対抗して新自由主義イデオロギーを広めるために用いた「『名づけ方，思考の枠組みの設定』の勝負での完敗」である。

　第二に，階級を超える連帯の兆候が見られること。これは，「信託基金を持つ若い層や自ら富を築いたもう少し年上の富裕層」など，「『１パーセント』に実際に属する人々の中に，この運動に参加する者が出ている」ことを指す。

　第三に，インターネットを超えて顔を突き合わせて議論する公共圏の登場。すなわち，「人々が閉じこもったまま，インターネットの中だけに留まっている」のではなく，「他者とかかわり，共通のものの見方を創り上げていく」ことによって「自分の欲しいものを見つける」集まりを実際に作り出したこと。

　第四に，新しい運動の担い手の登場。すなわち，「すべての人が声を持つことを求める急進的民主主義者として，緩やかな形の組織，あるいは少なくとも自己組織化を体現している」新しいリーダーが現れていること。

　第五に，古い社会運動との連携の兆候。すなわち，この運動参加者たちが，既成の社会運動との分断を克服し，「労働組合のような経験豊かな団体や確立された組織の闘いにしっかり統合」される兆候を，少なくともニューヨークの場合は，「組合がすぐにデモと連帯して行動」することによって示したこと。

　第六に，非暴力運動としての洗練。すなわち，「手に負えないトラブルメーカーとして『挑発役』を送り込」んだり，「暴力を挑発する」支配階級の試みに対して，「デモ参加者はこの点では，10年前と比べても，ずっと洗練されたように思われる」こと。

　第七に，人々を突き動かす民主主義神話の登場。すなわち，「占拠せよ」運動は，「本当に民主主義——行き過ぎた民主主義さえも——を信じている人間，法を遵守し，非の打ち所のない振舞いをする人間」の登場を示すという「『物語』となっており，『神話』になりかけて」いるため，「新自由主義エリートモデルにとって脅威」となっていること。

　以上の七点をまとめれば，パラダイム転換，階級を超えた連帯，顔を突き合わせて議論する公共圏，運動の担い手，古い社会運動との連携，非暴力運動としての洗練，民主主義神話の登場，ということになる。このような運動評価の視点は，『オルター・グローバリゼーション宣言』（George 2004＝2004）で提示された運動論から，『アメリカは，キリスト教原理主義・新保守主義に，いかに

乗っ取られたのか？』(George 2008＝2008) での右派の大衆運動の側の詳細な分析を経て，本書でも展開されているイデオロギー論と大衆運動論の論点を踏まえたものだ。すなわち「占拠」運動は，分断され，弱体化したこれまでの社会運動（労働運動のような古い社会運動も環境・マイノリティ・フェミニズム運動のような新しい社会運動も）の弱点を乗り越える新しい特質を持つものとして注目されている。

　とはいえ彼女は，この時点で「何百もの米国の都市や多くのヨーロッパ諸国に疫病のように広がった」この運動が，「本当に根を張った強力な組織となるか——そうなれば，政府も実効ある行動を取らざるをえない——，それともマンネリ化や悪天候，失望からデモの参加者は元いた場所へ戻っていくか」と問い，「今のところ，……後者の可能性が強い」とする (George 2012＝2014: 151)。その理由は次のように説明される。

> 「占拠せよ」運動の参加者が，彼らの要求を満たす立場にある当局に，何も要求しようとしていないからである。彼らがやったのは，そもそも要求を形にすべきかどうかという問題を検討する委員会を任命しただけだった。「差し押さえをするな」——住人を家から放り出すな，住ませ続けて家賃を払わせればよい——というようなシンプルかつ人道的で異論の出ない要求でさえ，一般の人々の強い共感を生み出したはずなのにもかかわらず，出されていない。……参加民主主義が極端まで推し進められると，行動は麻痺する。……／ヨーロッパでは，新旧取り混ぜた数十の社会運動が，緊縮政策に反対している。多くは，政策転換の要求を出し，一般の支持を得ているが，これまでのところ，要求は統一されていない。……その点，新自由主義モデル支持者と「1パーセント」には，彼らとは対照的な，目的・行動の統一性がある……。
> (George 2012＝2014: 151-2)

　すなわち，アメリカとヨーロッパで盛り上がりを見せる99％の側の社会運動には，今のところ，1％の側が持っているような「目的・行動の統一性」がない。そのために，1％の側の支配を覆すような階級闘争に勝利することはできないだろうとする。彼女は，「占拠」運動が社会運動を活性化する可能性を軽視あるいは無視することを戒めながら，ダボス階級になりかわって，次のように書く。次の引用文で「委員や同志の方々」とは支配階級のことである。

幸いなことに，現代欧米社会で効率的な組織は，シングルイシューに集中する傾向があり，めったに境界を踏み越えない。エコロジストは環境問題，組合は労働問題，フェミニストは女性差別問題，そのほか税金や金融の問題に取り組む組織がある。課題は彼らを分断したままにしておくことである。彼らが，自分たちの闘いは一つの同じ闘いなのだ，すべての闘いが人と住環境の将来にかかわっているのだと気づき始めれば，委員や同志の方々にとって危険になる。　　　　　　　　（George 2012＝2014: 153-4)

　この言明は，運動にとって最大のチャンスであったはずの世界金融危機にもかかわらず，それを生かすことができなかった社会運動の側の痛切な反省と言えよう。

　だが，このような社会運動の分断状態を克服するには，なぜこのような分断に陥っているかを問う必要があるだろう。「占拠」運動の評価にあたって提示された七つの論点は，この問いに対する答えを与える鍵となりうるはずだ。しかし残念ながら同書には，そこまで踏み込んだ分析はない。

4　人権，民主主義，福祉国家，格差是正を求めて

　以上のような被支配層の側の動きの分析を踏まえて，ダボス階級のために三つの行動が提起される。すなわち，①非欧米世界での事実上のジェノサイド，②それを覆い隠すための慈善活動，③地球生態系保護のための技術転換への投資である。

　①の事実上のジェノサイドの薦めは，先述のように，非欧米世界での多くの人々の死によって利益を得ることができるという，ダボス階級が置かれている客観的な利害関係に対するスーザン・ジョージの鋭く，厳しい認識を示す。

　②ではビル・ゲイツの二つの慈善活動（「世界の人口問題」に取り組む大富豪たちの「グッド・クラブ」，そして食糧増産に取り組む「アフリカ緑の革命連合（AGRA）」）が，これまでの経験と南の実情を踏まえないものではあるが，多少なりとも南の人口減少に貢献し，ダボス階級支配の構造を覆い隠す点では，ダボス階級の利益になるものとして，賞賛されている。つまり，実際的見地からも，人道的見地からも，厳しく批判されている。

　③は，ダボス階級自身の自滅を防ぐために，地球環境問題の危機的状況を認

識し，行動を改めるべきとする。すなわち「欧米諸国に気候変動への対策がないことは，本報告の準備中に作業部会が感じた最も警戒すべき傾向の一つ」（George 2012＝2014: 168）だとして，気候変動の深刻さを警告し，前回報告での技術転換投資増加の見通しが甘かったことを自己批判している。そして2010年に出された「気候変動に関するグローバル投資家声明」が紹介され，グリーン産業への先行投資が際立っている中国との競争の観点からも，欧米のダボス階級は投資転換を進めるべきとする。

　全体の結論は，「終わりに」で４点にまとめられている。

　——「共有財」を重視して自己責任をうやむやにする時代遅れの人権教義を弱体化させる。
　——混乱を生み，今日の世界では時間ばかりかかる民主主義を弱体化させる。
　——高くつく，行き過ぎた福祉国家を解体する。
　——複雑系を管理する必要十分条件として階層を維持する。ただし下層民が報復を受けずに「権力に対して真実を語る」ことは認める。　　　　　（George 2012＝2014: 175-6）

「ダボス階級」向けのこの結論をスーザン・ジョージの見解に変換すれば，次のようになる。

① 人権保障を強化し，「自己責任」論に対抗して共有財を重視する。
② 混乱を恐れず，時間をかけて民主主義を強化する。
③ 高価なコストを恐れず，福祉国家を再建，進化させる。
④ 「真実を語る」自由だけで満足せず，社会の階層分化をなくす。

　①から③までは，人権，民主主義，福祉国家という前著までの主張の再確認である。④については，さらに先の引用文に続く文章を引いておこう。

　こうした目的の達成に必要なのは，強力な信念体系と共通の神話，ありとあらゆるテーマについてあらゆる分断と少数派の意見表明の助長と利用，たえざる教化と反復，「専門家」とメディアの賢い利用，思考の枠組みの積極的構築であります。
　　　　　　　　　　　　　　　　　　　　　　　　　　　　（George 2012＝2014: 176）

　ダボス階級向けの説明を彼女の見解に変換すれば，「強力な信念体系と共通

の神話」に対する鋭い批判的言論，「ありとあらゆるテーマについてあらゆる分断と少数派の意見表明の助長と利用」を乗り越える多数意見（公論）の形成，「たえざる教化と反復」への執拗な反撃，「『専門家』とメディアの賢い利用」を乗り越える専門家の活動とメディアの利用，「思考の枠組みの積極的構築」を受けとめてそれを脱構築しうる批判的で柔軟な思考の枠組みの構築が必要ということになる。それは，公共圏での議論の実践によって，批判的公共圏を創り上げることによって，生活世界の意思疎通の潜在力を引き出そうとするハーバーマスの展望と一致する。

　ここで，前著『誰の危機……』第5章に列挙されたより具体的な当面の目標を確認しておこう（George 2010＝2011: 203-279）。

① 代表・参加民主主義の回復。
② 銀行家の報酬の上限を定める。
③ 環境ケインズ主義を実施するグリーン・ニューディール政策の導入。
④ 銀行を国有化，できれば市民が管理する公的組織とし，融資を公共財とする。
⑤ 職場労働者の創造性を活かす企業再建を行う。
⑥ 高債務貧困国の公的債務を帳消しにする。
⑦ クリーンでグリーンな技術への全面的な転換。
⑧ 富裕層・企業への課税。汚染者負担原則のピグー税の導入。国際金融取引の過熱を抑えるトービン＝スパン税など国際金融取引への国際課税の導入。租税回避地や内部振替価格操作などを用いた節税や脱税への有効な取り締まり。
⑨ 地産地消の促進。
⑩ 投機の対象となるユーロ債の発行ではなく，ヨーロッパのグリーン転換のためにユーロ債を発行して利用する。
⑪ クリーンでグリーンな転換に向けて人々をつなぐ共通の神話の創造。

　①は運動の基本的方向性であり，⑪は運動を進めるうえでの課題である。②，④は経済システム規制のための国家の政策，③，⑤，⑦，⑨は，国家の経済政策課題であるが，同時に企業や労働組合や市民の課題でもある。そして，⑥，⑧，⑩が，国家が進める国際的な経済政策課題である。なかでも②，④，⑧は，直接に多国籍企業（大銀行も含む）を対象として，私的所有権に制限をかける政策であり，強力な政治的意思がなければ実現できないことは明らかだろう。その中でも，国際的課税の導入を必然とする，ダボス階級と多国籍企業へ

の課税の課題である⑧が，このいささかランダムな「当面の目標」の列挙の中でも戦略的位置を占めることが見て取れよう。

　人類史の転換にかかわる危機認識の中で提起されたこのような改革の方向性は，第2章のコーテン，第4章のザックスらの議論とほぼ共通する。またグリーン・ビッグ・プッシュを唱え，北欧型の社会民主主義に共感を示してJ・F・ケネディの指導力に注目するようになったジェフリー・サックスともほぼ共通している。スーザン・ジョージは，相変わらず緑の革命には手厳しく，[6] サックスが賞賛するビル・ゲイツらの慈善活動や，サックス自身が推進していた国連のミレニアム開発目標をも厳しく批判している。[7] それにもかかわらず，地球環境破壊と貧富の格差および飢餓の放置をターゲットにして，多国籍企業に対して公共性の規制をかけ，現行システムすなわち賃金労働に依拠するグローバル資本主義の枠内で改革を実現するという点では，彼女の見通しは，サックスと大差はない。

　しかしながら，「良識ある人々」を想定した一般的な啓蒙活動への深刻な反省に立って，階級意識を呼び覚ます階級支配に関する啓蒙を対置し，残虐非道な虐殺が進行する階級戦の現実を描き，人々に伝えようとし続ける彼女の姿勢は稀有なものだ。

　グローバル・ベーシック・インカム構想は，そのような批判的公共圏を創り上げるための経済的基礎である，賃金労働への依存からの脱却すなわちベーシック・インカム保障による個人の経済的自立への戦略的展望を付け加えることができるのではないだろうか。さらに支配層が狙う階層分化の維持に抗して，人類遺産持株会社の平等な株主としてつながるグローバル市民階級としての階級意識を形成する可能性が開けるのではないだろうか。

第**6**章

グローバル企業権力に翻弄される人々よ団結せよ！
▶アントニオ・ネグリの政治哲学

1 問題提起
────直接民主主義と自由な共同体のためのベーシック・インカム

細分化した学問分野を統合する政治哲学

　政治哲学研究者として著名なアントニオ・ネグリとマイケル・ハートの「帝国」論は，21世紀初頭の世界秩序の様相を人類史的視野で，しかも人文・社会科学の諸分野の論争の基本的論点に介入しつつ，人類が貧困を撲滅する展望を描き出して，国際的な反響を呼んだ。ネグリらは，『帝国 (*Empire*)』，『マルチチュード (*Multitude*)』，『コモンウェルス (*Commonwealth*)』，『アセンブリー (*Assembly*)』という共著四部作 (Hardt & Negri 2000＝2003; 2004＝2005; 2009＝2012; 2017) において，哲学，歴史学，文学から法学，国際関係，政治学，社会学，経済学，経営学，軍事研究に至るまでの広範な領域の先行研究を渉猟してコメントを加えるスタイルで，議論を展開した。そこでは，グローバルな市場の拡大・深化の中に潜在的な人間関係の豊かさを見出す視点があくまでも堅持され，グローバルな社会革命の可能性を展望する論陣が張られている。しかも，ベーシック・インカムへの要求は，ネグリらの変革主体形成論と革命論の大きな柱となっている。

『帝国』におけるベーシック・インカム

　ベーシック・インカムは，『帝国』の最後の部分，すなわち「〈帝国〉の衰退と没落」を論じる第4部の最終章 (4-3)「〈帝国〉に抗するマルチチュード」の

三つの「政治プログラムの要素，政治的要求」に登場する。それらは，次のようにまとめられる (Hardt & Negri 2000＝2003: 496-504)[1]。

① グローバル市民権。世界中の従属地域からの労働者の流入に依存する資本主義的生産の実態を法的に承認し，すべての労働者に完全な市民権を求める政治的要求。権利と労働を結びつけ，資本を産み出す労働者には市民権で報いるという近代の基本的な立憲的原理に立脚。〈帝国〉のポストモダン的条件のもとで，より一般的でラディカルな修正を加えれば，〈帝国〉がマルチチュードの生産と生を基本的に管理しようとする措置に挑みかかる要求となり，自分自身の移動を管理する一般的権利の要求につながる。空間に対する管理権の再領有の要求といえる。

② 万人に対する社会的賃金と保証賃金。資本の生産に必要なあらゆる活動には同等の報酬が賦与されてしかるべきだというのが，社会的賃金の要求。社会的賃金は，性別分業維持の武器となっている家族賃金に対立し，扶養家族による無償の再生産労働への支払いを正当化。それともに，生産的労働と再生産労働の区別が消失し，社会的総資本の観点からは必要不可欠なマルチチュード全体への賃金として，失業者にも拡大。こうして，社会的賃金の要求は，実際には保証所得となり，人口の総体へと要求が拡大する。市民権が万人に拡大していけば，社会の構成員すべてに当然支払われるべき報酬として，市民権所得となる。

③ マルチチュードの自主統御や自律的な自主生産の権利としての，再領有の権利。生政治的生産のための主要な手段となっている，知，情報，コミュニケーションそして情動への自由なアクセスとそれらに対する自主的な統御によって行われる自主生産。マルチチュードは次の五つの側面で力量を形成する。(1)言語の意味をめぐる闘争，コミュニケーションの社会性の，資本による植民地化（ハーバーマス）に抗する闘争によって，生を構築。(2)自らを機械状の存在と認識（ドゥルーズ＆ガタリ）し，機械やテクノロジーの新しい活用の可能性を理解。(3)経験や実験によって，意識と意思，言語と機械を用いて，諸主体の出会いの場をつくり，集団としての歴史を形成。(4)生の力とその生政治的結合。政治的なもの，社会的なもの，経済的なもの，生命的な物の共存と結びつきを作る。(5)ふさわしい政体をつくる構成的権力の形成。果てしない自由のフロンティアという観念や，開かれた空間性や時間性という規定を持つ構成的権力という，合衆国から〈帝国〉に伝えられた要素を奪取して利用。

注意深く政治プログラムの「要素」とされているように，具体性を持つのは，①②のみである。しかも，①については，「1996年のサン・パピエ，つまりフランスに居住する未登録の外国人のためのデモの最中，『万人に居住証明書（パピエ）を！』と主張する横断幕が掲げられた」(Hardt & Negri 2000＝2003: 496)と

して，移民への市民権を求める具体的な社会運動から構想されたことが示されているが，②については，そうではない。

　性別分業を固定化する男性労働者に対する家族賃金の概念に対立する「社会賃金 (social wage)」の概念から，万人に対する「保証賃金 (guaranteed wage)」を導き出し，さらに賃金を離れて「保証所得 (guaranteed income)」から「市民権所得 (citizenship income)」の概念を提示するだけで終わっている。

　この点は，ベーシック・インカムに関する理論と運動の歴史的な厚みに照らしても，中途半端なものと言わざるをえない。それが，ナショナル・レベルのものか，グローバルなものかも曖昧である。グローバル・ベーシック・インカムの要求が，賃金労働者階級の廃絶，ジェンダー差別の解消，民族国家依存の解消，エコロジー経済の実現，公共圏の構造転換を推進するという筆者の議論からみても，かろうじてジェンダー差別が明確になっているのみで，他は曖昧である（岡野内 2010a; 2010b）。

　とはいえ，ネグリらが①②③をセットでベーシック・インカムを提示したことは，卓抜な着想である。もう少し後に，次の文章がある。

> 今日の生産の母体のなかで，労働 [者] (labor [ ] 内は引用者挿入。以下同様) の構成的権力は以下のものとして，自らを表現することができる。すなわち，人間の自己価値化（世界市場全域での万人に対する平等な市民権）として，協働（コミュニケートし，言語を構築し，コミュニケーション・ネットワークを管理する権利）として，そして政治的権力，つまり権力の基礎が万人の欲求の表現によって規定されるような社会の構成として，である。　　　　　　　　　　　　　　(Hardt & Negri 2000 = 2003: 508)

　ここでは，先の①②は「世界市場全域での万人に対する平等な市民権」とされ，世界市場社会を対象とするように読める。③は，「協働」としての経済（コミュニケーション）と政治的権力とを分けた記述となっている[2)]。すぐ続いて，次の文もある。

> 労働 [者] の構成的権力は，社会労働者や非物質的労働を組織化するものであり，マルチチュードによって運営され，マルチチュードによって組織され，マルチチュードによって指揮される生政治的統一体としての生産的かつ政治的な権力を組織化するも

のである——一言でいえばそれは，活動状態にある絶対的なデモクラシーのことである。
（Hardt & Negri 2000 = 2003: 508）

　これは，さらに①②③を圧縮して言い換えたもので，生産と消費と政治を協働して担う直接民主主義的なコミューンのイメージである。あまりに抽象的ではあるが，ベーシック・インカムがこのような直接民主主義の自由な共同体のイメージの重要な要素として提起されたことを筆者は高く評価したい。

　以下，『マルチチュード』でのベーシック・インカムへの注目，さらにイタリアで出版されたネグリへのインタビューである『社会主義よ，さようなら（*Goodbye Mr.Socialism*）』（Negri 2006b = 2008邦訳の題名は，『未来派左翼——グローバル民主主義の可能性をさぐる』）でのベーシック・インカム論の展開，続いて節を改めて『コモンウェルス』でのそれまでのベーシック・インカム論の修正を検討し，最後にネグリらの議論の意義と限界を指摘したい。

2　社会運動的労働運動の鍵としてのベーシック・インカム

『マルチチュード』におけるベーシック・インカム

　『マルチチュード』は，戦争，マルチチュード，民主主義を論じる三部構成であり，ベーシック・インカムは，マルチチュードを論じる第二部第一章「〈危険な階級〉はいかに構成されるか」に出現する。まず，「労働が〈共〉（the common）になること——非物質的労働の台頭」と題して，物質を加工するのではない労働の比重が高まると，それらの人々も含むすべての人々が共同して生産に加わることが重要になるので，物質を加工する近代的労働者階級とは異なるマルチチュードが形成されるとされる。次いで，「農民世界の薄明」と題して，孤立しがちだった農民階級もグローバル化の中で変容し，マルチチュードを構成する運動に参加するようになったことが強調される。最後に「貧者の豊かさ」として，「雇用を持たず，滞在許可証を持たず，家を持たない」失業者や移民やホームレスも，グローバル化の中での社会的な生産に不可欠な構成部分として登場し，一時的に排除されることで社会的な豊かさを支える存在となっているがゆえに，貧者として抵抗運動に参加し，マルチチュードを構成することにな

ると論証される。ベーシック・インカム論はそこに現れる。

『帝国』の場合と同様に，まず，より良いものを求める欲望を持って移動する移民が，グローバルな階層秩序を知り尽くしたうえで抵抗に参加する可能性を論じている。続いて，南アフリカのインド系とアフリカ系の貧民が，共同して立ち退き反対などの抵抗運動を行った際に，人種差別を超える「われわれは，貧者だ」というスローガンを掲げたことに注目する。「その主張は彼ら自身がこのスローガンに込めた意味以上の一般性を持っていた」として，次のように書く。「私たちは皆，社会的生産に参加しているのであり，これこそが，究極的には貧者の富にほかならない」と（Hardt & Negri 2004 = 2005: 上227）。すぐ続いて次のようにベーシック・インカムの運動を紹介している。

> 貧者を苛む共通状況に対する抗議行動は，構成的な政治的プロジェクトのなかで，この〈共〉的生産性を明らかにしていかねばならない。たとえば数年前からヨーロッパ，ブラジル，北米で広まっている『保証所得（guaranteed income）』の要求は，雇用の有無にかかわらずすべての市民に所得を支給すべきだとする主張であり，貧困に抗する構成的プロジェクトの一例だといえる。もしこれが国家の領域を超えて地球の全住民に対するグローバルな保証所得の要求にまで拡大すれば，グローバリゼーションの民主的な管理運営のためのプロジェクトの一要素となりうる。こうした富の分配のための〈共〉的構想は，貧者による〈共〉的生産性に対応するものとなろう。
>
> （Hardt & Negri 2004 = 2005: 上227）

現代社会の技術水準のもとで，事実上，社会のすべての人々が協力して生産しているのだから，人々がその事実の承認を求めて，市民権を要求し，生産物の配分を要求し，政治参加を要求するのが当然だという論理は，『帝国』と変わらない。しかしここでは，ベーシック・インカムの運動がより具体的に記述されている。文献参照を促す注記も付けられており，基本文献としてベルギーの哲学者の著作（Parijs 1995 = 2009），フランスのエコロジー思想家の著作（Gorz 1999; 2003），ドイツの社会学者の著作（Beck 1999 = 2000），ブラジルの社会労働党の上院議員でベーシック・インカム導入に熱心な活動家の著作（Suplicy 2002），アメリカの社会学者の論文集（Aronowitz & Cutler eds. 1998）が挙げられている。[3]

さらに注目すべきは，明確にグローバルなベーシック・インカムの可能性に

言及し，それが「グローバリゼーションの民主的な管理運営のためのプロジェクトの一要素となりうる」としていることだ。ただし，その「プロジェクト」の具体的な全体像とベーシック・インカムの位置づけについては，一切言及がない。

　なおこのすぐ後に，次のような労働運動論がある。「今日必要とされ，また可能な労働の組織化形態とは，旧来の労働組合の区分をすべて取り払い，経済，政治，社会のすべての側面で〈共〉になりつつある労働を代表しうるものだ。伝統的な労働組合はある限定されたカテゴリーの労働者の経済的利益だけを守るものだった。だが今や協働して社会的富を生み出す特異性の織りなすネットワーク全体を代表しうる労働組織を創出しなければならない」(Hardt & Negri 2004＝2005: 上228)。そして，「労働組合を近年出現してきた強力な社会運動と合体させ，……それによって労働組合を他の社会領域に開放していく」(同上) ものとしての「社会運動的労働運動 (Social Movement Unionism)」に注目している[4]。

　それに続いて，「より戦闘的な例」として，アルゼンチンの失業者の「ピケテロス」運動や，2003年のフランスのパートタイム労働者のストライキの例を挙げ，「いずれにせよ，今日組合という名にふさわしい，そして労働闘争の遺産にふさわしい組合とは，社会的労働のグローバルな領域全体を組み込むことのできるマルチチュードを組織的に表現するものでなければならない」(Hardt & Negri 2004＝2005: 上229) としている。

　これは，ネグリたちが現実の労働運動との関連で，移民の権利問題とベーシック・インカムの要求を考えていることを示す。この論理の延長上で，世界の労働運動はグローバルなベーシック・インカムを要求すべき，とも読める。だが，その点は，決して明確ではない。

『社会主義よ，さようなら (Goodbye Mr. Socialism)』

　2006年4月，イタリアの第二期ベルルスコーニ政権の末期に，著作権論に関する著作などもあるラフ・バルボラ・シェルジ (Raf Valvola Scelsi) のインタビューに答えてネグリが語ったのが，この本である。「イタリアでは，だらしなく弱体化した左翼か，それともベルルスコーニとその仲間たちによるファシ

ズム的で，ポピュリズム的で，かつブッシュ主義的な強力な対抗軸かという二者択一のもとで，第二共和国が衰弱」しているが，世界全体では，「各地で社会主義の枠を超えた民主的反対勢力が発展」（Negri 2006b＝2008: 上11）しているというネグリの基本認識のもとで，当時のイタリア左翼とは異なる変革の展望が，語られている。

「マルチチュード出現！」と題したその第Ⅱ部では，グローバル化反対運動が明確に姿を現したシアトルのデモ，インターネットを利用したサパティスタ蜂起，暴力が問題となったジェノヴァのデモに続き，移民問題との関連でイタリアの労働運動が論じられ，ベーシック・インカムがその焦点とされている。ネグリは，「（正規，非正規を含めて）400万人前後に達した」というイタリアへの移民の流入は不可避的だとして，次のように言う。

> 西側資本主義諸国は労働を与えてくれ，したがってまた賃金を与えてくれる。そして，その賃金は人並みの暮らしを可能にしてくれる。移民とは，そうした西側資本主義諸国へと向かう大脱走のことです。しかし西側諸国のほうが必要としているのは，どんな場合にもルールにしたがってくれるような従順でフレキシブルな人手・労働力なのであり，それを可能な限りの低コストで確保するということなのです。言い換えれば，西側諸国は，人手・労働力としてのそうした移民たちに常に脅威を与え続けることで，彼らをこの上なく絶望的な〈生政治〉的状況のもとに押さえつけようとしている。
> (Negri 2006b＝2008: 上188)

左翼諸政党と労働組合は，この圧力に直面して，伝統的な労働力の雇用のみを守る立場から，「徹底的ですべての人に開かれた」労働力の「モビリティにお墨付きを与える立場」を採るようになってきたが，ネグリは，それを批判して言う。「すべての市民の社会的再生産を可能にする最低限のことが保証されなければ，労働力のモビリティを考えることなどでき」（Negri 2006b＝2008: 上200）ず，「労働力のモビリティと並んで十分な保証，つまり市民所得（reddito di cittadinanza）の創設もきちんと定めたひとまとまりの法律」（Negri 2006b＝2008: 上199-200）を創ることが必要だと主張している。

そして，「以上のような問題を解決するのに，革命政党が必要だとは思いません。ガヴァナンスが民主的に行われ，行政が正しく機能してくれさえすれば，それだけで十分でしょう」（Negri 2006b＝2008: 上201）として，次のように言

う。

ともあれ，今日の大きな課題はなんといっても市民所得です。というのも，これまで
賃金のあり方は何度も変容してきましたが，そうしたすべての変容の後に続くのが，
市民所得というこの物質的ネットワークなのですから。さらにまた，保証所得
（reddito garantito）の要求という面で運動を展開することによってこそ，集団的に闘
争し交渉していくための社会的フロント・ラインを再び築くことが可能となるのです
から。　　　　　　　　　　　　　　　　　　　　　　（Negri 2006b＝2008: 上201）

　ここで注目されるのは，移民をも対象とするベーシック・インカムの要求を
中心として社会運動を構築することが，旧来の左翼や革命政党への対案とされ
ていることである。

移住のモビリティと不安定労働のフレキシビリティの関係はどのようなものなのか。
従来の物質的労働力と新たな非物質的労働力とはどう関係するのか。……フレキシブ
ルかつ認知的かつ不安定な労働は，どのような形で政治的に組織化されることになる
のでしょうか。……はっきりしているのは，これらの現象のすべてを包含しうるよう
な，すなわち労働の新たなあり方をまるごと包み込みうるような社会的制度，賃金制
度というものも，構想可能なものであるという点です。市民所得を要求することこそ
が，これらの現象のすべてを政治的に解釈し組織していく際にその基礎となるような
スキームあるいはプロジェクトとなるでしょう。　　　（Negri 2006b＝2008: 上201）

さらに，世界的な労働運動について，次のように明言する。

この上なく明らかなのは，伝統的な社会主義運動や共産主義運動には，何らかの新た
なグローバルな枠組みを採用してそれを通じて自分たちの政治方針を決定していくだ
けの能力がないということです。国民国家の政治的防衛，労組を通じた同業種労働の
防衛，労働力の新たな姿に対する無感覚。こうしたものすべてが古い体質の労働者運
動組織に重くのしかかっているのであり，彼らをショーヴィニズム的な立場に追い
やっているのです。……移民プロセスが出現したことによって，こうした伝統的組織
は決定的な危機に陥ったのであり，その反動的性格を曝け出すほかなくなったのです。
　　　　　　　　　　　　　　　　　　　　　　　　（Negri 2006b＝2008: 上211-2）

　そして，「伝統的な労働者運動組織に歩み寄らなかった運動」から，「新たな
プロレタリア・インターナショナリズム」が生まれるだろうと展望している。

すなわち，たとえばアリギが「あと100年，それどころかもっとかかる」ほど困難だと指摘したような「プロレタリアートの闘いが家父長制と人種主義とナショナルな排外主義の誘惑を回避すること」（Arrighi 2003＝2005: 26）を実現するカギは，プロレタリアートがベーシック・インカムを要求する運動に求められている。衰退しつつあるこれまでの労働運動を越える，ベーシック・インカム要求運動の構築が，「帝国」に対抗する新しいプロレタリアートの運動形成の焦点とされている。

「目覚めよ，コミュニズム」

「目覚めよ，コミュニズム」と題した第Ⅳ部では，労働組合が組織するメーデー午前中のデモに対して，同日午後にヨーロッパ各地で行われるようになった「自律的な行進」の中に新しい運動の萌芽をみる議論が展開され，ベーシック・インカムはラディカルなものとそうでないものがあるとする類型論が提起されている。

> あまりラディカルでない形で理解された場合には，それは資本主義的開発のあり方と連動した要素ということになる。資本主義的開発と〈社会的なもの〉の間には一つの関係があり，その関係において，〈社会的なもの〉の公的領域が生産の基盤をなしている。したがって，資本の勢力がこの事実を認めることが，市民所得につながるわけです。いま「連動」と言ったのは，つまり「あまりラディカルでない理解」の場合，主体たちは所得の分配に対して何らかの代価を求められるということです。その代価は，さまざまな隷属の形をとりうるわけですが，あくまでも賃金搾取関係を維持し再生産するような計測基準のなかに留まってしまうでしょう。あるいは，市民所得の金額は，資本が獲得する可能性の量に比例するということです。すなわち，資本が自らの権力とそれに相関するヒエラルキーを再生産する力を高めれば，それに応じて市民所得の額も増えるということです。　　　　　（Negri 2006b＝2008: 下161-2）

イタリアにおけるベーシック・インカムの論争状況を反映したものかと思われるが，ここで想定されているのは，無条件ではなく，何らかの義務と引き換えに支給されるような「条件付き現金給付（conditional cash transfer）」である。これに対し，ラディカルな形態は無条件のベーシック・インカムだとされる。

しかし私は，市民所得の要求はいま言ったような形ではなく，むしろ労働の拒否，そして賃金関係の拒否という形で表れるケースが増えていると思います。したがって，ラディカルな意味で理解される場合の市民所得とは，やるべきことをやった代償として与えられるものではなく，労働する主体たちが資本からの実質的な独立と自律を決定的に宣言する手段ということになる。こうした議論は，自律性と独立性，そして協働する能力を特徴とする認知労働力の間で広まっています。

(Negri 2006b＝2008: 下162)

それは，ヨーロッパ全体に広がった自律的なメーデーのパレードに見られるとして，次のように言う。

それらの集団や主観性たちは，それぞれの国や地域で彼らが経験する多様なレヴェルの矛盾を起点として行動しているわけですが，彼らみんなに共有されているのは，普遍的市民所得の要求であり，労働組合や左翼政党に代わるラディカルな実践ということなのです。

(Negri 2006b＝2008: 下163)

つまり，ネグリは，「労働力が望んでいるのは，不安定になることではなく，好きなときに移動し，好きなやり方でフレキシブルになるという自由なのです」（Negri 2006b＝2008: 下164）という立場から，「市民所得や代表システムの新たなあり方といった，労働者を守るための構造」（同上）を創ることを求めている。

さらに，「今日，最も活発な労働組合運動，つまり市民所得を要求する労働組合運動は，国境線というヒエラルキーを壊しながら，しだいにトランスナショナルに拡大しつつあります」（Negri 2006b＝2008: 下166）として，カリフォルニアの清掃業で働く移民たちのメキシコとアメリカにまたがるトランスナショナルな労働組合結成に触れている（同上）。

とはいえ，不安定な労働者たちがまとまって，ベーシック・インカムを要求するのは現実には難しいのでは，というシェルジの質問に対して，ネグリは次のように答えている。

おっしゃる通り，現実にはなかなか難しいですね。組織化されている闘争も一部にはありますが，あらゆる人を対象にした所得というダイナミズムを認識することはやは

りなかなか難しいのでしょう。しかし，このような形でしか市民所得のための闘争というのは始められないのです。　　　　　　　　　　　　　　（Negri 2006b = 2008: 下167）

さらに，次のような問題提起をしている。

統一賃金を要求するのが難しいということならば，その代わりに一連の権利を要求することから始めたほうが簡単でしょう。つまり，自己の再生産や，健康，文化，住居，子どもの教育に関する権利です。これらの権利を行使すること（そしてこれらの権利を認めさせること）は，一種の「賃金」なのです。したがって，そのような権利について考えることが，大都市のプレカリアートによる普遍的な賃金要求の内容を固めることの第一歩になりうるわけです。　　　　　　　　　　　（Negri 2006b = 2008: 下168）

これに対するシェルジの，「福祉の削減が広まり，さまざまな権利が失われている時代」，「社会サービスはむしろ削減，縮小されようとしている」状況のもとで，「市民所得を通じて社会サービスの再分配をさらに拡大するには，どうしたらいいでしょうか」という質問に対して，ネグリは，「攻撃的な新自由主義のサイクルは完全に終結し，……もはや，福祉を徹底的に削減するという時代ではない」（Negri 2006b = 2008: 下169）としたうえで，次のように言う。

市民所得の運動を展開するには，賃金をめぐる労働者の幅の広い行動に，大都市におけるさまざまな権利の要求を結びつけるということが必要不可欠です。さしあたっては，交通と住宅についての闘争に期待できますね。工場や賃金，組合／経営者のダイレクトな関係と結びついた形での闘争から，市民権と生政治的な開発リズムをめぐる闘争へと移行する必要があります。そうした試みや実践もあるにはありますが，闘争のプラットフォームをこの方向に練り上げるには，調査・研究という手段がやはり必要でしょう。……／マルチチュードにとっての大都市は，かつての労働者階級にとっての工場のようなものだと思います。……〈共〉の構築に向けて，主体たちの革命的な再構成が少しずつ，いたるところで進んでいる。だからこそ，新たな認知プロレタリアートと大都市の関係の中で，つまりそれ自体が生産的なものである大都市のテクスチュアの中で，賃金の問題を新たな形で提起していくことが必要になるのです。新たな形とは，都市を皆で自分のものとすることとして市民所得を捉えようという提案です。市民所得とは，単なる賃金の額としてではなく，都市の動きの中に現れる力関係として理解されなくてはなりません。　　　　　　（Negri 2006b = 2008: 下170-1）

これに対して，「要求する力や組織化の力」が弱ければ，「市民所得を要求する力もまた弱くなるはず」と，食い下がるシェルジに，ネグリは「その通りです」と答え，「そこには，一方でユートピア的な面もあるのです」としている（Negri 2006b＝2008: 下172）。さらに，「大都市は自由でなくてはならない。自由とは，社会賃金が分配されてこそ享受できるものです。こういう社会賃金がなければ，自由都市など決してありえないでしょう」（Negri 2006b＝2008: 下173）とも答えている。

　ネグリにとっては，ベーシック・インカム要求運動の展開があくまでも焦点となっていることが確認できるだろう。そこには，さしあたりは欧米に限定されてはいるが，ベーシック・インカムを求める運動の展開にあくまで密着しながら，グローバルな自由移動を求めることを前提とする人々が，ローカルな局面ではコミュニティを創る運動を構想するという，卓抜な着想が見える。同時に，グローバルなベーシック・インカムの要求運動については，極めて悲観的な見解が示されていることも確認しておこう。

3　改良主義的要求としてのベーシック・インカム
──『コモンウェルス』におけるベーシック・インカム論の修正

　『コモンウェルス』は，哲学・歴史編として，共和制，近代性，資本という側面から人類の共通遺産（the common）の形成を論じる第1～3部と，政治・経済編として，帝国の帰還，資本を超える動き，さらに革命の側面からその共通遺産をめぐる状況を分析する第4～6部という二つの部分からなる（Hardt & Negri 2009: xiii＝2012: 上4-11）。

　ベーシック・インカム論は，資本を越える動きを分析する第5部最終章「断層線沿いの予震」の末尾に現れる。そこでは，世界不況，地球規模の環境問題や貧困問題を抱えた資本主義には展望がないとする「資本の見通し」，私有財産を守る近代的な共和制統治（republic）の建前と人類の共通遺産に立脚する今日の経済の実態が合わなくなったとする「共和制からの脱出」，そして「耐震改修：資本のための改良主義的プログラム」なる三つの節からなる。その最後の節のプログラムは，次のようなものだ。

① 生政治的生産に必要なインフラストラクチャーの供給。

物理的インフラ：生存のために必要な，空気，水，食料，住居，自然環境など。

社会的・知的インフラ：基礎教育，高等教育。自由な創造活動を阻害する知的所有権の制限がかからない形での，情報，通信ネットワークへの安価で自由なアクセス。知的所有権保護の利益に依存する必要がないだけの，十分な研究開発資金の提供。移動の自由。オープンな市民権。

② ベーシック・インカム。仕事の有無に関わりなく，ナショナルあるいはグローバルなレベルでの最低限所得の保証。

③ 政府のあらゆるレベルでの参加型民主主義の実現。

　ベーシック・インカムは，やはり，空間に関する自由としての移民の自由を論じたあとに，時間に関する自由として提起されている。『帝国』以来の三点セットであるが，①にインフラ整備が加わったことは特筆すべきだろう。『社会主義よ，さようなら』でネグリが語った運動の考察を反映するものであろう。また，『マルチチュード』以来のグローバルなレベルのベーシック・インカムへの言及も，曖昧だが保持されている。

> 時間に関する自由を与えてくれるような改革は，仕事にかかわりなく，すべての人に対して，一国あるいはグローバルな規模で，最低限の所得を保障することだ。所得と仕事を切り離すことによって，すべての人は，自分の時間をより自由に使えるようになる。
> (Hardt & Negri 2009: 309＝2012: 下171一部改訳)

だが，それに続いて，次のような自己批判めいた文がある。

> 私たちも含む多くの著述家は，このような所得保障が，経済的正義（富は，広範な社会的ネットワークを通じて生産されるものであるから，その代償としての賃金もまた平等に社会的なものであるべき）や社会福祉（現在の経済のもとでは，完全雇用はおよそ達成できないものであるから，仕事がない人々にも所得が提供されるべき）の基礎をなすものとして議論してきた。とはいえ，ここでは，私たちは，住民すべてが生活のための最低限を保障されることが，資本の利益をいかに確固としたものとするか，ということを認識する必要がある。マルチチュードに自律性と時間への制御を保障することは，生政治的な経済の中で，生産性を育むために，必須なのだ。
> (Hardt & Negri 2009: 309-310＝2012: 下171一部改訳)

なお最後の文には，文献を挙げずに補足説明をする注がつけられていて，

ヨーロッパとアメリカでは，経済学者たちによる実行可能性の真剣な提案と研究が進められているとする。また，貧困人口の割合の多い貧しい国では，より重要であるとし，先進国以外でも可能だという実例として，ブラジルの家族手当（ボルサ・ファミーリア）が挙げられている（Hardt & Negri 2009: 419-20＝2012: 318-319）。

①②③が一括して，「資本のための改良主義的プログラム」と明言されたのは初めてのことであり，注目に値する。ただし，ここでの「改良主義的（reformist）」の意味は，文字通り資本主義のためになるというだけではなく，同時に資本主義を掘り崩すマルチチュードを育てるために必要な，革命のために必要な移行手段とされていることは注意を要する。

> これらは，資本主義的生産を救うために必要なちょっとした改革にすぎないが，今日の経済関係を支配するグローバルな現代貴族たちが，これを実行する意志と能力を持つようになるとはとても信じられない。たとえ未曾有の金融的，経済的危機に遭遇したとしても。改革は，闘争によってのみ実現され，資本は，強いられたときにのみ，改革を受け入れる。 　　　　　　　　（Hardt & Negri 2009: 310＝2012: 172一部改訳）

つまり，今日，マルチチュードの自由と自律のためにこのような改革を求める闘争が進行中だというのだ。さらに，このような改革で資本を救うことによって，革命が遅れるのではないかという疑問に対しても次のように答えている。

> 移行に関する我々の考え方は，資本主義の破局のあとに，その灰の中から新しい経済秩序が現れるという破局理論ではなく，……社会的生産に対する国家の規制や制御や管理を強化させていって，富と支配を私営（private）から公営（public）に移す，という社会主義的移行理論でもない。共に働き，考えを伝えあい，社会的な出会いの場を組織しながら，教育と訓練を通じて，社会を担う主体が姿を現し，だんだんと人々の共通遺産となるもの（the common）を積み立てていくことによって，私営と公営との両者による制御に対抗し，マルチチュードが自律性を高めていく，というのが，我々が追及する移行なのだ。 　　（Hardt & Negri 2009: 310-1＝2012: 172-173一部改訳）

そして，資本については，次のようにも言う。

資本は，自分の利益を追求し，生き残りを図ろうとして，かえって生産的なマルチチュードの権力と自律性を強化してしまう。これこそ，資本が自分の墓掘り人を作り出すやり方なのだ。このようなマルチチュードの権力の増大が，ある分水嶺を越えた時，マルチチュードは，共通の富を支配するだけの自律的な能力を持って登場することになるだろう。　　　　　　　　　　（Hardt & Negri 2009: 311＝2012: 173一部改訳）

　ベーシック・インカムそれ自体は，資本の利益になる改良主義的なものだが，それゆえに資本主義を乗り越えるシステムの登場を準備するというのある。これは，前節で紹介した「ラディカルかそうでないか」というベーシック・インカムの類型論を乗り越え，どんなものであれ推進すべしというテーゼを出したものと解釈していいだろう。

　そのような意味での改良主義的な改革として，現物給付的なインフラ整備や移動の自由のような制度的インフラの整備（①）や参加民主主義（③）とセットで，ベーシック・インカムが提起されていることにも注目したい。

　日本でも，ドイツでも，新自由主義の立場の人々の一部から，ベーシック・インカムが提案されており，それが，左派的な発想の人々の間で，ベーシック・インカムという考え方そのものに対する警戒を呼び起こしている。[5] ネグリらのここでの議論は，ベーシック・インカムが資本の利益になるという点を指摘して左派的な発想の直感の鋭さを救いあげると同時に，むしろそのような新自由主義派の一部による資本利益推進に対して，現物給付的な社会サービスの充実という要求とセットで，自信を持って後押しすることが，資本主義システムの転換につながると主張しているのである。つまり，新自由主義派とともにであっても，ベーシック・インカムを要求することは，資本の利益になると同時に，マルチチュードの解放に繋がるというのである。

　これは，フィッツパトリックが論争整理に用いて，日本でも少なからぬ影響を与えている「どのイデオロギーからも利用できるベーシック・インカム」という皮相な議論（Fitzpatrick 1999＝2005）を乗り越えて，ベーシック・インカムの要求の革命的な性格を論証する一貫した分析といえる。

　このように，『コモンウェルス』では，ベーシック・インカムは，世界革命を準備して推進するプログラムとしてより明確な位置づけを与えられている。

　以上，ベーシック・インカムは，現状分析，変革主体形成，革命論を包括す

る，ネグリらの〈帝国〉論の要の位置にあることが明らかになった。それは，ベーシック・インカム論の現状にとっても示唆的であった。だが，ベーシック・インカム研究，とりわけ，グローバル・ベーシック・インカム研究の蓄積からみた場合，どうだろうか。次節ではこの点を検討し，今後の課題を示したい。

4　革命に向けた交通整理

ネグリらのベーシック・インカム論の意義

　ネグリらのベーシック・インカム論の最大の利点は，それが，生産に関わる人々，すなわち技術革新によって新しい生産力段階に突入した新しいプロレタリアート（すなわちマルチチュード）の欲望を基礎に，一貫して展開されていることである。場所も職種も自由に移動しながら，さらに時間も自分自身で自由に管理しながら，仲良く（移民かそうでないか，女性かそうでないかなどの差別なく），楽しく（人に喜んでもらえる仕事で，やっていて自分がいちばん楽しい仕事を探しながら），仕事をしたいという欲望。生産にかかわる人間たちは，そんな欲望を持っているという人間観が一貫している。したがって，そんな欲望を持つ人間たちは，政治の仕組みも含めた社会の仕組みを変えてしまうだろう，という社会変革の基本的な展望に揺らぎはない。

　人はお金のために働く。強制されないと働かず，怠けてしまう。そんな人間観は，ベーシック・インカムの議論では，必ず問題となる。しかし，ネグリらの場合，そんな人間観に関する議論は，資本主義システムのもとで疎外された人間への皮相な観察に基づく無反省なものとして，すでに解決済みのものとされている。お金や強制を超えて，資本主義を倒し，さらにソ連東欧の社会主義を倒してきた，社会変革のためにボランティアで働く人々に支えられた社会運動の歴史が，それをなにより実証している。人がお金のためだけで動くのであれば，資本主義からの出口はない。お金のために働く人間に支えられて，資本主義は，永遠に続くだろう。強制で動くのならば，ソ連東欧社会主義は永遠に続いていただろう。なるほど，人間なんて，所詮，お金，強制……と見える現実は，確かにある。しかし，そうでない人々がいるのも現実なのだ。そして，

ネグリたちは，お金や強制を超えた自由な繋がりを求める人間たちがいるという現実に立脚して，人間の本質を，お金を超えたところに見出し，カネに目がくらんだ人の目を覚ますことを研究の目的にしているわけである[6]。Parijs（1995＝2009）からFitzpatrick（1999＝2005）に至る近年のベーシック・インカム研究の流れは，このような哲学的人間論を避けたためにかえって，フリーライダーをどうするか，といった議論に，不相応なエネルギーを取られてしまっているように見える。

　このような研究状況の中で，労働者階級や女性や，差別され，貧困にあえぐ民族やエスニック集団や移民たちが，生産現場の改善のために，より自由な生産への欲望のために，「マルチチュード」を形成して，ベーシック・インカムを欲望し，要求するというネグリたちのストーリーは，それ自体が，階級，ジェンダー，民族（移民問題と排外的ナショナリズムあるいは人種主義）などの現代社会の問題を，グローバル資本主義を超えて革命的に解決する欲望を喚起する言説となっている点で魅力的である。エコロジーの問題には，あまり明示的な言及はないが，自由な時間とコミュニケーションへの欲望の先にベーシック・インカムが位置づけられている点では，公共圏の問題にも連なっている。ベーシック・インカムとセットで提起された，直接民主主義を展望するかのようなコミューンあるいは自治都市のイメージは，ベーシック・インカムと民主主義に関する議論をさらに前進させるものとして貴重である[7]。

　さらに，ベーシック・インカムを，福祉や交通や情報コミュニケーションなどの社会サービスへの要求とセットで要求すべきとする問題提起，さらにベーシック・インカムそれ自体は，資本の利益となる改良主義的なものだが，それが変革主体形成につながるゆえに革命的だという問題提起も，運動論との関連で重要である[8]。

ネグリらのベーシック・インカム論の難点

　では，ネグリらのベーシック・インカム論の最大の難点は何か。筆者は，それが，原理的にグローバルなものとして，世界市場と接合される世界市場社会を包括すべきものとされてない点にあると考える。前節でみたように，ネグリらのベーシック・インカム論は，欧米の運動に密着して考察され，グローバル

なベーシック・インカムは，それ自体として，言及も考察もされていない。

　だが，多国籍企業が支配し，国民国家を超えた主権を目指す「帝国」に対するマルチチュードの対抗を考えるネグリらの基本的な視点に立つならば，国民国家レベルでベーシック・インカムを考えるのでは，一貫しない。初めからグローバル資本の利益を代表する多国籍企業をターゲットとして，世界市場商品を扱う多国籍企業が取得する剰余価値からの控除による集金と，その全人類への分配を目指す国際組織を戦略的な拠点として設置することを想定しなければ，「帝国」主権とは闘えないはずである。その意味で，システム転換に人々を駆り立てる革命の発展として開発の論理を示したという意味で革命開発論と言うべきネグリらの議論は，グローバルな戦略構想によって支えられねばならない。

　イタリアでの闘争を足場にものを考えることはネグリの優れた点ではある。しかし，ベーシック・インカムの構想が，ヨーロッパの運動の現場に依存しているために，ヨーロッパ中心主義的と形容したくなるような視野の狭さから，具体的な展望の貧しさが生じているように思える。逆に，全世界を視野に入れて，グローバル・ベーシック・インカムのようなものを構想すれば，ヨーロッパの運動に対しても，強力なインパクトが得られるかもしれない。

　たとえば，オランダのグローバル・ベーシック・インカム財団が提唱する，全人類を対象に一人一日一米ドルを支給する運動 (Heeskens 2005b＝2016) は，筆者の試算 (岡野内 2012) が示したように，全世界のGDPの５％程度の支出で可能であり，サハラ以南アフリカや南アジアなどの人口の多い貧困国の人々へのそのような形での巨額の資金流入は，飢餓や栄養失調や人身売買や児童労働で悪名高いこれらの国々の人権状況を一挙に変える可能性を持つ。達成不能がますます明確になってきたSDGsをめぐる今後の国際世論の高まりを考慮すれば，政治的合意を得られる可能性も高い。全世界に「お金をばらまき続ける」ことでグローバルな資本所有権を事実上転換するこのような構想は，「帝国」論の延長上で，まさしくマルチチュードを形成する政治プログラムとして，一挙に世界革命の展望を切り開くものとならないだろうか。[9)]

　『コモンウェルス』第５部第２章（「資本主義に残されたもの」）の末尾には，次のようなくだりがある。

貨幣の支配に対抗する伝統的な反資本主義的戦略は，資本主義につながる機能だけでなく，一般的な等価物としての機能までも取り除くために，物々交換や特別に価値を表示するものを用いた，商品交換の仕組みを組み立てることだ。……第二の戦略は，貨幣の一つの面を保ち，別の面を攻撃することだ。つまり，価値の表示物としての貨幣は保存して，フェアトレードや等価交換という理想のための道具として用いながら，生産の社会的なありようを示す貨幣の力を殺してしまうというやり方だ。価値と社会的生産との両方を表示するという貨幣の機能を保ちながら，なお資本の支配を免れるように制御するような，そんな第三の戦略は，可能だろうか？ 生産における社会的なありようを示すという貨幣（そして一般的に金融の世界）の力が，マルチチュードの手に握られることによって，惨めさと貧困を乗り越える力を与えてくれるような自由のための道具になることはできないだろうか？ 抽象的労働の概念が，さまざまの部門の相当異なる労働者たちを，ひとまとまりの，活動的な主体としての，産業労働者階級として理解するために必要だったように，貨幣や金融という抽象的なものが，さまざまに変形し，流動的で，不安定な労働の多様な形態の中から，マルチチュードを形成するための道具になることはないだろうか？ 私たちは，この疑問には，まだ十分に答えることができないけれども，このように貨幣を用いようとする努力は，今日，革命を目指す活動の方向を示すもののように思われる。

（Hardt & Negri 2009: 294-5＝2012: 148-149一部改訳）

　ここで言われている第一の戦略とは，いわゆる地域通貨の試みをさすと考えていいだろう。第二の戦略は，文中にもあるように，フェアトレードである。そして，この第三の戦略こそ，一人一日一ドル支給構想を端緒とするグローバル・ベーシック・インカムと言えないだろうか。

　だが，ネグリらも認めるように，第三の戦略は曖昧なままである。なぜだろうか。この疑問に答える筆者の仮説は，ネグリらの価値論である。というより，価値論の放棄である。

　1970年代の『マルクスを超えるマルクス』（Negri 1998＝2003）以来，今日の資本主義では，価値論が廃棄されたとして，非物質的労働や情動労働の意義を強調するのが，ネグリの議論であった。それは，イタリアのような「先進国」に限定して資本主義を分析するにはある程度の有効性を持ったであろう。だが，世界市場に足場を置くようになった人類社会の全体を視野に入れる場合にはそうではない。価値論とは，市場社会における人々のきずなを分析するための貴重な足がかりである。ペティからスミスそしてマルクスに至る労働価値論に基

づく政治経済学とその批判的再検討は，市場と労働を見る個人の生活世界の視点とシステムの総体を鳥瞰する視点とを結びつけ，社会的分業の戦略的な再編を構想するための社会理論として，市場の世界と労働の世界との人類規模でのつながりへの直感から出発した労働価値説を洗練してきた。

　価値論がもはや妥当しないとすることで，この結びつきは失われる。社会理論として致命的に後退してしまう。世界市場での世界価値の実体となる世界労働の把握に基づく世界価値論がなければ，剰余価値獲得を至上命令とする資本が形成するグローバルな社会的分業の動態は捉えられず，したがって搾取の存在にもかかわらず豊かさが万人に行き渡るような分業に基づく世界市場社会も構想できない。[10]

　グローバル・ベーシック・インカムの財源となるグローバルに展開する資本の剰余価値部分の再領有を正当化するために，価値法則廃棄論を展開する必要はまったくない。価値論に基づくマルクスの領有法則転回論は，資本と賃労働との間の雇用契約に隠された配分的正義に反するトリックをみごとに論証した。さらに本源的蓄積論は，資本家の所有財産である資本の起源が暴力という歴史的不正義に基づくものであり，匡正的正義に反するものであることを示した。

　グローバル・ベーシック・インカムの財源を安定的に確保するための人類遺産持株会社構想の実現のためには，国家の政治的独立に続いて個人の経済的独立を実現するという意味での第二の脱植民地化を求める，歴史的不正義に対する正義回復の運動が重要になる。[11]それは，ネグリらに即して言えば，人類の共通遺産としてのコモンウェルスを再領有するもう一つの道になるだろう。真にグローバルな革命を展望するためには，ネグリを超えるネグリの思考が必要になっているのではあるまいか。

第**7**章

国民国家群を操る
グローバル企業権力の姿を暴け！
▶グローバル資本主義学派の国際政治経済学

1　問題提起——人類社会を分断する国民国家の罠を見抜く

これまでの議論の中間総括

　経営学者だったコーテンは，国家間プロジェクトとしての国際協力や開発援助の裏に民主主義的権力の成長とは相容れないグローバル企業による専制的権力の成長とグローバル企業に支配され腐敗する国家群の形成を見出し，グローバル企業を解体し，中小零細企業が中心となる顔の見える市場関係の形成を軸として，自発的な非政府組織 (NGO) が連携して国民国家と国家間関係を再編していく社会運動の成長に希望を見出した (第2章)。経済学者サックスは，グローバル市場を活性化する方向で国際協力や開発援助を機能させないアメリカ国家の裏にアメリカ社会の文化的退廃を見出し，北欧型社会民主主義の文化を伝える啓蒙活動に希望を見出した (第3章)。社会学者ザックスは，すでに自家用車への欲望に突き動かされる時代を脱したドイツ社会のエトスがEUを通じて世界をエコロジカルな脱開発の方向に動かす社会運動の可能性に希望を見出した (第4章)。

　北欧型社会民主主義に向けて，アメリカとEUの国家再編を促す社会運動に希望を見出すのは政治学の訓練を受けたジョージだが，多国籍企業権力の集団支配の仕組みを転換させるだけの社会運動の高揚を展望できないでいる (第5章)。哲学研究者のネグリとハートは，社会の仕組みを変えることを目指す集合行為という意味での社会運動を市場社会で活性化させる鍵，すなわち革命の

原動力として，万人に無条件で所得を保障することで経済的自立を実現するベーシック・インカム要求に注目した（第6章）。サックスとジョージはそうではなかったが，コーテンとザックスもベーシック・インカムが社会運動を活性化させる可能性に注目した。だが，コーテンとザックスは，グローバル化とともに進展する財政危機の現実の中でベーシック・インカム実現への展望を見出すことができず，ベーシック・インカムへの注目は薄れていく。ネグリとハートにとっては，ベーシック・インカムは万人の経済的自立要求でありその根源的重要性を政治哲学の基礎とする彼らがそれを手放すことはないが，それにもかかわらず，グローバル化の現実の中でその制度的な実現を展望する具体的構想を示せてはいない。

グローバル化の中で進む世界的な財政危機の現状を踏まえて，制度的な転換としてベーシック・インカムを構想するためには，グローバル化の推進力である巨大多国籍企業＝グローバル企業による集団支配の仕組みを具体的に考察する必要がある。およそ完全に崩壊して死に至る仕組みではなく，さらに内部の力によって発展し発達する可能性のある仕組みを持つものであれば，新しい仕組みへの萌芽は，すでに今日の仕組みの中に見出せるはずだからである。

財政危機と代議制民主主義の危機が叫ばれて久しい国民国家群を持つ21世紀の人類社会の仕組みの転換を展望するには，国民国家群をも含む人類社会の仕組みの全体を支配するグローバル企業集団による支配の仕組みについて，ネグリやハートのように哲学的にではなく，ジョージの政治学的スケッチよりもはるかに具体的に，考察せねばならない。

グローバル資本主義学派

以上のような課題設定と最も重なり合う一群の先行研究がある。イギリス，アメリカ，カナダ，オランダなどの社会学，国際関係論，国際政治経済学などの学問分野で21世紀初頭から次々に実証的な調査研究と激しい論争を伴いながら展開されている，トランスナショナル資本家階級形成論，さらに国民国家の役割の評価にかかわってそれを一層発展させたトランスナショナル国家形成論がそれである。グローバル資本主義学派（Global Capitalism School）とも呼ばれるこの研究潮流のまとまった紹介は，管見の限り日本ではほとんどない[1][2]。

以下，2でこの研究潮流の実証的成果を紹介する。3，4では，理論構成の概観を行い，到達点と今後の課題を確認する。

2 巨大多国籍企業，国際政策団体，主要国政府におけるトップ・エリート集団の一体化

トランスナショナル資本家階級形成論あるいはグローバル資本主義学派の最大の実証的成果は，巨大多国籍企業，国際政策団体，主要国政府におけるトップ・エリート集団一体化の具体的分析である。まずは，その成果を紹介しよう。

兼任重役と政策団体の人的ネットワーク

ある会社が出資して別の会社の株式を所有する際に，出資した会社が，出資先の会社に自社の重役を送り込んで兼任させ，出資先の会社の経営を日常的にチェックしコントロールする仕組みを，重役兼任制 (interlocking directorate) という。重役兼任制は多くの巨大多国籍企業の間でも見られる。重役兼任の担い手である兼任重役については，複数の企業の意思決定に関与し，それら企業全体の利害関係を代表して行動する最前線のエリート層として多くの人々が注目してきた[3]。親会社の所在国が異なる複数の巨大多国籍企業を結びつける役割を果たす兼任重役は，トランスナショナルな資本家階級の形成を体現する存在として，社会学や国際関係論の研究者によって詳細な研究が進められてきた[4]。

一方，利害関係を共にする人々が共通の政策を形成する合意を作り，さらに政府や世論にその実現を働きかけていく政策団体 (policy group) の役割についても，政治学や社会学の研究者によって多くの研究が行われてきた。1990年代以降は，特に巨大多国籍企業全体の利害を代表して現役の巨大多国籍企業の重役たちが主導する政策団体が，新自由主義政策とグローバル化を推進してきた政治的主体として，注目されている[5]。

カナダの社会学研究者キャロルは，各社の公式報告に基づいて『フォーチュン (Fortune)』誌が毎年発表する事業規模による世界ランキング上位500社を基礎データとして1996年から2006年までのそれらの企業間での重役兼任について，さらにそれらと政策集団の理事との間での兼任関係を分析した[6]。

国際政策団体としては，1996〜2006年に企業を主体としてトランスナショナ

ルな利害のために活発に活動してきたという基準で，**表7-1**のような11の政策集団が選ばれ，その理事会メンバーが分析対象とされている。

ウィリアム・キャロルの実証分析の成果

表7-2は，事業規模でみた世界ランキング上位500社および**表7-1**の11の政策団体における1996年と2006年の役員（会社重役および団体理事）数とそれらの機関相互での兼任役員数，そしてそれらの推移を示したものである。

すべて巨大多国籍企業である世界ランキング上位500社の経営に責任を持つ取締役会に出席して決定に参加する重役は，2006年には6,103人（1996年では8,895人）いる。そのうち，ここでリストアップされた巨大多国籍企業2社以上の取締役会に参加する兼任重役は，855人（1996年では974人）であり，全重役数の14%（1996年では11%）である。巨大多国籍企業の重役数が全体として減少していることに関しては，キャロルは激しい企業間の合併・買収運動の中で取締役会をも縮小して機動的にする減量経営の傾向の現れとしている（Carroll 2010: 185）。取締役会内部のエリートである兼任重役の比率が上がっていることは，それを裏付けするものと言えよう。

一方，巨大多国籍企業の利害を代表する国際政策団体としてキャロルが挙げる11団体の運営にあたる理事会の理事数は，2006年には926人（1996年では662人）である。そのうち2団体以上の理事会に出席する兼任理事は，81人（1996年では62人）であり，全理事数の8.7%（1996年では9.4%）となる。巨大多国籍企業重役の人数が縮小しているのに，政策団体理事の人数が拡大していることは，巨大多国籍企業の国際的政治活動の増大を示す。

上位500の巨大多国籍企業の全重役と11の政策団体の全理事を合わせたこれらの機関の全役員は，巨大多国籍企業が主導する今日のグローバル資本主義経済の方向づけに責任を持つリーダーたちであり，その数は，2006年で6,785人（1996年では9,330人）である。その中のエリート層は，兼任重役と兼任理事からなる兼任役員たちである。キャロルは，これらの人々を「企業政策エリート（corporate-policy elite）」と名付けた。その数は2006年で887人（1996年では1,000人）である。

公表データの分析によって現れたこの千人弱の人々こそグローバル資本主義

表7-1　巨大多国籍企業の利害を代表する11の政策団体

名　称	設立年	本部所在地	組織形態	目的と活動	理事数 1996/ 2006
国際商業会議所 International Chamber of Commerce（ICC）	1919	パリ	130か国の約7千社が会員。	貿易，投資，自由経済発展のロビー活動。	27/25
ビルダーバーグ会議 Bilderberg Conferences	1952	ライデン	115人の財界，政界，軍関係者，学者が参加。固定会員なし。	北大西洋周辺国家経済秩序のための非公開の政策策定，エリート間合意形成。	112/135
三極委員会 Trilateral Commission	1972	ワシントン，パリ，東京	350人の財界，メディア，学者，公務員，NGOエリートが参加。	北大西洋，日本・ASEAN諸国の経済秩序形成への政策策定，エリート間合意形成，調査委員会設置，言説創出。	304/413
世界経済フォーラム World Economic Forum	1971 (1987)	ジュネーヴ	世界トップ多国籍企業1千社が会員。	世界経済秩序のための多国籍企業エリート間の合意形成，政策策定，調査設置，言説創出。	55/47
外交問題評議会・国際諮問委員会 International Advisory Board of the Council on Foreign Relations（IAB/CFR）	1995 (CFRは 1921)	ニューヨーク	CFRは米企業と個人の4千会員，IABは世界の政財界，学者から招聘。	米国をめぐる国際問題の調査研究と討議。『フォーリン・アフェアーズ』誌の刊行。	35/33
持続可能な開発のための世界経済人会議 World Business Council for Sustainable Development（WBCSD）	1995	ジュネーヴ	世界のトップ多国籍企業123社が会員。	環境問題の政策策定，エリート間合意形成，調査委設置，言説創出。	116/185
国連グローバル・コンパクト理事会 UN Global Compact Board	2000	ニューヨーク	世界7千企業，3千団体が参加。企業，NGO代表で理事会を構成。	人権，労働，環境，腐敗防止に関する10原則を営利活動に組み入れ，国連を発展させる合意形成。	-/19
欧州産業人円卓会議 European Round Table of Industrialists（ERT）	1983	ブリュッセル	EUのトップ企業50社で構成。	EU企業の競争力強化政策策定，合意形成，ロビー活動。	56/57
日・EUビジネス・ラウンドテーブル EU-Japan Business Round Table（BRT）	1995 (1999 改組)	ブリュッセル，東京	日本とEUのトップ50企業で構成。	EU・日本貿易，投資，産業協力策定，合意形成，ロビー活動。	26/50
大西洋横断ビジネス対話 TransAtlantic Business Dialogue（TABD）	1995	ワシントン	米，EUトップ50企業。	米，EU両政府と実業界の対話。	68/33
北米競争力会議 North American Competitiveness Council（NACC）	2006		米，カナダ，メキシコのトップ30企業。	北米の経済統合推進の合意形成と政府への提言。	-/33

［資料出所］　Carroll（2010）: 40, 181および各団体のウェブサイトなどによって筆者作成。

表7-2 事業規模世界ランキング上位500社および表7-1の11の政策団体における重役・
　　　理事数とそれらの機関相互での兼任役員数（1996, 2006年）

役員の属性	1996年	2006年	増減率（%）
a 非兼任：会社重役	7,921	5,248	-33.7
b 非兼任：政策団体理事	419	650	55.1
c 兼任役員数：合計 （d+e+f+g+h+i）	1,000	887	-11.3
d 二社のみの兼任重役	757	611	-19.3
e 二団体のみの兼任理事	26	32	23.1
f 一社と一団体の兼任役員	109	138	26.6
g 一社と二団体の兼任役員	9	22	144.4
h 二社と一団体の兼任役員	72	57	-20.8
i 二社と二団体の兼任役員	27	27	0
j 会社重役：合計 （a+d+f+g+h+i）	8,895	6,103	-31.4
k 兼任重役：合計 （d+f+g+h+i）	974	855	-12.2
l 政策団体理事数：合計 （b+e+f+g+h+i）	662	926	39.9
m 兼任理事：合計 （e+g+i）	62	81	30.6
n 全役員数：合計（a+b+c）	9,330	6,785	-27.3

［資料出所］ Carroll (2010): 184によって筆者作成。

のリーダー中のリーダーの役割を果たす人々であり，主要諸国政府代表として
11の国際政策団体に参加・関与する政治家たちとともに人類社会全体の政治・
経済の方向づけを行うグローバルなエリート集団である。

　もっとも，政治家たちが基本的に選挙で選ばれてこのエリート集団に参加し
てくるように，企業政策エリートである兼任役員の大部分を占める巨大多国籍
企業の重役たちも，基本的にはそれぞれの企業の株主総会で選ばれる。ただし
株主総会の議決は，一人一票ではなく一株一票である。それゆえ，企業のリー
ダーである取締役会メンバーを選ぶのは多数株の所有者であり，企業の真の支
配者は，取締役会メンバーではなく多数株所有者である。したがって，キャロ
ルが析出した企業政策エリートというグローバル・エリート集団は，あくまで
も表向きの実働部隊のリーダーにすぎない。その裏には，影の支配者として，

巨大多国籍企業の多数株所有者の存在がある。しかし取締役会メンバーとは異なり，株式所有者の情報はすべて公開されておらず，株式資本所有権に基づくこの影の支配者の具体的分析は，困難を極める。ここに，ロスチャイルド家やロックフェラー家といった，国際的規模で莫大な相続財産を持つ資産家一族の世界支配を説く陰謀説の根拠がある。だが，キャロルもグローバル資本主義学派も個人の戦略的行為にのみ注目する陰謀説はとらず，戦略的行為を可能にするシステムの解明によって，悪質な陰謀の余地のないシステム転換への展望を得るための具体的分析を課題としている。

　そこで，キャロルが示すこれらの上位500の巨大多国籍企業と11の国際政策団体の兼任役員エリートが形成する組織間のネットワークを具体的に見よう。**表7-3**は，2006年のデータによって887人の兼任役員が形成する巨大な組織間ネットワークの中で，ネットワーク理論でいう「中心性（coreness）」の高い企業と団体を示したものである。ネットワーク全体の中で，より多くの組織とのつながりを持つ組織ほど，中心性は高くなる。ここでは，上位15組織の名称，1996年の順位，2006年の中心性スコア，本部所在の都市と国，そして備考欄に企業解説を入れておいた。**表7-3**は，リーマン・ショック直前の2006年にグローバル資本主義の人類社会を方向付けていた887人の巨大企業と政策団体の兼任役員であるグローバル・エリート中のエリートの結合の仕方を示す。

　1位から8位までを占める国際政策団体の重要性は明らかだ。三極委員会，ビルダーバーグ会議，欧州産業人円卓会議，持続可能な開発のための世界経済人会議，大西洋横断ビジネス対話，日・EUビジネス・ラウンドテーブル，外交問題評議会・国際諮問委員会，世界経済フォーラムという順位およびスコアの数値は，これらの団体の位置を示す。

　企業では，アリアンツ，スエズ，シーメンス，トタル，バイエル，ゼネラリ保険の順で9～14位の上位を占めるが，いずれもドイツ，フランス，イタリアなどEUに本社を置く保険，エネルギー，化学の巨大企業である。15位にパリに本部のある国際商業会議所をはさんで，**表7-3**では割愛した41位までを載せたキャロルの原表では，16位にようやくアメリカに本社のある非鉄金属企業アルコアが登場している。イギリスに本社のある企業も，18位でようやく石油化学のBPが登場する。なお，日本に本社のある企業では，36位にソニーが入

るのみである。本社のある国別に企業数を挙げれば，ドイツ9社，フランス6社，イギリス5社，アメリカ4社，オランダ4社，イタリア1社，日本1社，アイルランド1社となっており，上位41組織の内の全30社の中で25社までがEUに本社のある企業である。業種別では，銀行・保険8社（うち保険3社），エネルギー7社，重化学工業4社，電気・通信3社，建設・建材3社，タバコ・日用品3社，航空運輸1社，コンサルティング1社であり，銀行・保険の金融機関が8社で最大ではあるが，エネルギーから日用品までの製造業企業は合計で20社を占める。

　ここで注意すべきは，兼任役員の結節点となっているこれら企業は，あくまでも集合場所（ミーティング・ポイント）にすぎないことであり，これらの企業は所有による支配の中心ではないことだ。リーマン・ショック直前の2007年のデータベースに基づいて全世界の多国籍企業間の株式所有を分析した研究によって析出された過半数株式所有による支配力ランキングの上位50社（ほとんどが金融機関）との関連を見れば，支配力の強い50社の中で，中心性上位41組織に登場する企業は，ドイツ銀行（支配力ランキング12位；中心性ランキング41位〔以下同様〕），アリアンツ（28位；9位），BNPパリバ（46位；19位）の3社のみである[7]。

　したがって，これらグローバル・エリートの兼任役員ネットワーク内では，EUに本社のある製造業の巨大多国籍企業の20社が，主要な8つの国際政策団体に次ぐ，企業政策エリートのミーティング・ポイントとなっている。これらEU本社の製造業多国籍企業の取締役会は，国際商業会議所（中心性ランキング15位〔以下同様〕），国連グローバル・コンパクト（23位），北米競争力会議（31位）に匹敵するほどの企業間の利害調整や協調のための機関となっている。

　全世界の事業規模上位500位以上の巨大企業と政治エリートが，ここまで緊密に結びついていることは，階級支配の仕組みについての従来のイメージに深刻な反省を迫るものだ。従来のイメージは，各国ごとの資本家階級の利害を国民国家が「国益」として代弁して国際関係を形成し，国家を通じて資本家階級の競争や協調が行われるとするものだった。しかし，キャロルが明らかにした事実は，資本家階級は，すでに国境を越えた企業間ネットワークを形成する取締役会を通じて，日常的に利害調整を行いつつ協調し，むしろそこに政治エリートを取り込んでいることになる。

表 7-3　事業規模上位500企業および11の国際政策団体相互間で887人の兼任役員が構成する
ネットワーク内における中心性スコア上位15位までの政策団体あるいは企業（2006年）

2006年の順位	1996年の順位	政策団体あるいは企業名	中心性スコア	本部所在都市	本部所在国	備　考
1	1	三極委員会	0.68	表7-1参照	米仏日	表7-1参照
2	2	ビルダーバーグ会議（2007年春）	0.42	同上	蘭	同上
3	3	欧州産業人円卓会議	0.31	同上	EU	同上
4	4	持続可能な開発のための世界経済人会議	0.25	同上	スイス	同上
5	201	大西洋横断ビジネス対話	0.16	同上	米	同上
6	8	日・EUビジネス・ラウンドテーブル	0.14	同上	EU, 日	同上
7	6	外交問題評議会・国際諮問委員会	0.13	同上	米	同上
8	5	世界経済フォーラム	0.1	同上	スイス	同上
9	23	アリアンツ Allianz Aktiengesellschaft Holding	0.08	ミュンヘン	ドイツ	1890年設立のドイツの保険会社。傘下に, 資産運用会社等。
10	84	スエズ Suez SA	0.08	パリ	フランス	1822年設立のオランダ王の興業会社。スエズ運河建設に関わり, 1997年に水道・電気・ガス事業の多国籍企業。2008年にフランスガス公社との合併でGDFスエズ, 2015年にEngieへと社名変更。
11	66	シーメンス Siemens AG	0.07	ミュンヘン	ドイツ	1847年設立の電信機器会社から電気・電子関連の多国籍企業に発展。
12	96	トタル TOTAL SA	0.06	パリ	フランス	1924年に設立のフランス石油会社(CFP)の後身で, 中東他での採掘からガソリン販売まで。
13	46	バイエル Bayer AG	0.06	ケルン	ドイツ	1863年ドイツ設立の製薬・化学企業。1925年以降IG Farbenの一部としてナチス犯罪に関与。1952年に独立, 2018年種子企業モンサントを買収。
14		ゼネラリ保険 Assicurazioni Generali	0.06	トリエステ	イタリア	1831年設立のイタリア最大の保険会社。
15	102	国際商業会議所	0.06	表7-1参照	仏	表7-1参照

［資料出所］　Carroll (2010): 194, Table 8.3および各企業のサイトによって筆者作成。

トランスナショナル資本家階級形成論と，トランスナショナル国家形成論は，そのような事態に直面した理論的反省として現れてきたものだ。

3　トランスナショナル資本家階級形成論

レスリー・スクレアのトランスナショナル資本家階級論

　キャロルによれば，トランスナショナル資本家階級形成に関する「最初の深い研究」は，主要多国籍企業のCEOへのインタビューに基づいたレスリー・スクレアの著作，『トランスナショナル資本家階級』（Sklair 2001）であった（Carroll 2010: 2）。

　同書の視角はすでに1990年に刊行されて1995年に邦訳も出ている『グローバル・システムの社会学』（Sklair 1991 = 1995）で示されていた[8]。それは，グローバル・システムの「社会学的全体性」を構成するとされる「経済，政治，文化・イデオロギー」からなる3つのレベルにおいて，行為主体となる人々の「トランスナショナルな実践」の理論である（Sklair 1991 = 1995: 19）。スクレアは，3つのレベルでの実践の主要な担い手として，多国籍企業，トランスナショナルな資本家階級，消費主義の文化・イデオロギーをあげ，次のように説明している。

　　多国籍企業は，商品を生産し，商品の製造・販売に必要なサービスを生産する。トランスナショナルな資本家階級形成は，生産物が国境を越えた市場にうまく載せられるような政治的環境を作りだす。消費主義の文化・イデオロギーは，生産物に対するニーズを生み出したり，そのニーズを支え続けたりするような価値観や態度を作りあげる。　　　　　　　　　　　　　（Sklair 1991 = 1995: 73-74訳文は若干変更）

　このような視点から，2001年の著作では，トンランスナショナル資本家階級に関する次の4つの命題が示される（Sklair 2001: 5-6）。

① 多国籍企業を基盤とするトランスナショナル資本家階級が形成されつつあり，グローバル化をコントロールしている。
② トランスナショナル資本家階級が社会の諸分野で支配的な階級となりつつある。
③ 資本主義システムのグローバル化は，利潤追求で動く消費主義の文化・イデオロギーを通じて再生産される。

④ トランスナショナル資本家階級は，階級格差の拡大・分極化と生態系の持続不可能性という二つの危機を乗り越えるために意識的に活動している。

　トランスナショナル資本家階級を構成する支配的集団は，「主要な多国籍企業を所有し，支配する」人々とされているが，トランスナショナル資本家階級は，それをサポートする人々を含めて，**表7-4**のような4つの分派 (fraction) から構成されるとされている。スクレアは，若干のマルクス主義的研究者は生産手段の所有者のみに限定すべきと批判するかもしれないとしつつも，ブルデューやスコットらのエリート研究 (Bourdieu 1996; Scott ed. 1990) の参照を求めて，「貨幣資本だけではなく，とりわけ政治的，組織的，文化的，そして知識資本のような他のタイプの資本の所有と支配を含めて拡張することによってのみ資本主義のグローバル化は適切に理解できる」(Sklair 2001: 17) とする。

　スクレアは，この枠組みにしたがって，対外投資の変化，ワールド・ベストプラクティスやコーポレート・シチズンシップへの取り組み，そして環境問題への取り組みに焦点を合わせ，大手多国籍企業88社の経営者や経営者団体などを対象とするインタビューを含むビジネス・リーダーの言行を調査し，トランスナショナル資本家階級の実践を描き出した。

　たとえば，スクレアが提示した次のような剃刀メーカーの多国籍企業ジレットのCEOの発言は，トランスナショナル資本家階級の実践をみごとに表現するものとして，後述のロビンソンにも引用 (Robinson 2004: 33) されている (Sklair 2001: 286)。

　グローバル企業というものは，世界がまるで一つの国であるかのように見ています。私たちは，アルゼンチンとフランスが違うことはわかっています。でも，それが同じであるかのように扱うのです。どちらの国にも同じ製品を売り，同じ製法を用い，同じ会社の方針でいきます。広告さえ，同じものを使います。もちろん，言葉は違いますけどね。

　　　　　　　　　　　　　　（『フィナンシャル・タイムズ』紙1998年4月7日付記事
　　　　　　　　　　　　「グループ企業がグローバルになれるように密着」より引用）

表7-4　スクレアによるトランスナショナル資本家階級の構成要素

4つの分派	経済的基礎	政治組織	文化・イデオロギー
会社担当：多国籍企業および子会社の重役	会社給与，株式所有	企業代表者の諸組織	確固とした消費主義
国家担当：グローバル派の官僚や政治家	国家給与，役得収入	国家機関，国際機関，協調主義（コーポラティズム）的諸組織	グローバル化適合的ナショナリズム，経済的新自由主義
技術担当：グローバル派の各分野専門家	給与，謝礼金，役得収入	専門職組織，協調主義的組織，シンクタンク	経済的新自由主義
消費主義担当：商人およびメディア	会社給与，役得収入，株式所有	企業代表者の諸組織，マスメディア，売り場	確固とした消費主義

［資料出所］　Sklair (2001): 17-22および Table 2.1によって筆者作成。

キャロルによるトランスナショナル資本家階級分析の集大成

　当事者へのインタビューに基づくスクレアによるトランスナショナル資本家階級形成の問題提起，それまでのエリート研究の系譜を引く多国籍企業経営者の重役兼任のネットワーク形成のデータを踏まえて，多国籍企業経営者のコミュニティ形成としてトランスナショナル資本家階級形成の実証分析を集大成したのが前節で紹介したキャロルの『トランスナショナル資本家階級の形成——21世紀の企業権力』（Carroll 2010）であった[9]。

　それは，重役兼任ネットワークの地理的分布，1990年代以降の時間的変遷，政策団体における兼任関係の具体的分析（Carroll 2010: 224-227）を示し，次のように結論づけた。

　　トランスナショナルな資本家階級形成論は条件付きで支持されることが明らかになった。……／……最も強力な証拠は，……念入りに組み立てられた企業政策形成のためのエリートのネットワークである。グローバルな場でコンセンサスを形成し，企業側のリーダーシップを実践する資本家とその組織化のための知識人からなるトランスナショナルな歴史的ブロックが，それである。とはいえ，イデオロギー的な連帯にもかかわらず，トランスナショナル資本家階級は，自由に足場を移し替えることができるような集団（a free-standing entity）ではなく（それは，それぞれの足場となるナショナルなビジネス・コミュニティに深く埋め込まれている），また，似たり寄ったりのものの集合体（a homogenous collectivity）でもない。

（Carroll 2010: 227-228）

つまりトランスナショナル資本家階級を構成する個々の資本家の足場がナ
ショナルな企業集団に根差し，それぞれが異質であることを強調するという条
件付きで，トランスナショナル資本家階級の形成を結論づけている。それは，
即自的すなわち無自覚的な階級としての事実上の形成であって，対自的すなわ
ち自覚的な階級としての形成ではないとされている。「自覚的な階級を創り出
そうとする意識的な努力と，そのような階級がすでに形成されていることとを
混同してはならない。対自的階級としては，トランスナショナル資本家階級
は，形成途上にあり，（いまだに）形成されてはいない」（Carroll 2010: 233）。

　キャロルのこの結論は，トランスナショナル資本家階級の四つの分派のメル
クマールを設定して，階級に属する人々の意識的な実践を実証することで，階
級形成を結論した先述のスクレアのような議論への批判だと考えていいだろう。

　企業の重役兼任や政策団体の役員兼任のネットワーク分析を中心とした階級
的意思形成のための意思疎通の回路を対象とするキャロルのような研究は，階
級意識の形成あるいは意識的階級形成をより客観的，構造的に論証できる。け
れども意識によって階級を定義するのではなく，社会システムの中での役割と
して，生産手段にかかわる所有関係によって階級を定義するマルクス的な経済
的階級の概念戦略を採用するのであれば，さらに株式会社を通じる生産手段の
所有関係，その所有権を保障する仕組みである国家についても検討せねばなら
ないだろう。

　キャロルは，彼自身の結論を，スクレアやロビンソンの形成論に対して，
ベッロやデサイの未形成論が対立するトランスナショナル資本家階級（TCC）
論争の中では，ヴァン・デア・ペールやサッセン，タップらと同じく，折衷論
に属するものだとしている（同上）。

　次節では，トランスナショナル資本家階級形成と対応させてトランスナショ
ナル国家形成論を提唱したロビンソンらの議論を紹介しよう。

4　トランスナショナル国家形成論

ウィリアム・ロビンソンのトランスナショナル資本家階級形成論

ロビンソンは，スクレアの議論について，「資本家階級は，領域性に縛られ

たり，ナショナルな競争に駆り立てられたりすることが，ますますなくなりつつあると考える点で，私の考えに最も近く，最も徹底している。このような見方こそが，グローバル資本主義テーゼの本質をなすものだ」(Robinson 2004: 36)と高く評価する。同時に，スクレアの階級論を次のように批判している。

> 私の見解とスクレアの「グローバル・システム理論」との相違は，専門職業人や中産階級(ジャーナリストのような)，国家官僚，政治家，技術者，その他の必ずしも財産所有者ではない諸階層の人々をひっくるめてしまう彼の資本家階級の定義を中心とするものだ。私は，資本家階級とは，財産所有者の階級——資本の所有者たち——であり，トランスナショナル資本家階級とはトランスナショナルな資本を所有し，コントロールする資本家の集団だと信じている。　　　　　　　　　　(Robinson 2004: 36, n. 1)

　ロビンソンはすぐに続けて，「所有者ではない諸階層や国家にまで資本家が影響を与えるメカニズムを問題にし，どのようにして連携が組み立てられ，どのようにして資本家のヘゲモニーが達成されるかを分析することが，課題」(同上)だとしている。つまり，ロビンソンの階級論は，所有権を基礎とする階級支配システムの解明を課題としている。さらに次のような論点が出される。

> 加えて，スクレアの理論には，トランスナショナルな国家装置あるいはトランスナショナルな国家の諸実践を概念化する余地がない。私にとっては，世界銀行の職員のような人々は，トランスナショナルな国家を機能させる技術者にすぎないが，スクレアによれば，そのような人々もトランスナショナル資本家階級の一員ということになってしまう。　　　　　　　　　　　　　　　　　　　　　　　(同上)

　ここに至って，階級支配システムの解明を課題とするロビンソンのトランスナショナル資本家階級形成論は，それに対応する国民国家を越えるトランスナショナル国家形成論を必要とすることが明らかになる[10]。この点に関するロビンソンの議論を紹介する前に，ロビンソンと並ぶトランスナショナル国家形成論の主唱者であるハリスの経済的階級支配システム論を紹介しておこう。

ジェリー・ハリスによる国民国家を越える経済的階級支配システム論
　アメリカの歴史学者ジェリー・ハリスは，国民国家中心思考を強く批判し，

資本家階級という資本主義的経済システムの中で規定される現代世界における
経済的階級支配の観点を強調して次のように書いた。[11)]

> 「誰が世界を支配しているのか」と問えば，人々はすぐさま，どの国（nation）が世界
> を支配しているのだろう，と考える。ほとんどの人は，それはアメリカだと答えるだ
> ろうが，挑戦国として中国の名を挙げる人もいるだろう。だが，国中心の分析
> （nation-centric analysis）を離れて，階級構造を前面に出し，それを中心に見れば，こ
> の問いは，はっきりしないものとなる。私たちが近代的な国（modern nations）を語
> るとき，その支配階級だけを指すことはありえない。国（nations）には頂点から底辺
> までのすべての階級が含まれる。では，アメリカの失業者あるいは中国の「奴隷工場」
> 労働者は，世界を支配しているだろうか？　答えは明らかに否だ。そこで私たちが問
> いの立て方を改め，アメリカあるいは中国の資本家階級は世界を支配しているかを問
> えば，違った角度からの答えにたどり着く。それは，権力関係をより明らかにする答
> えだ。
> (Harris 2015: 194)

　このようにしてハリスは，世界を支配する権力を問題にするにあたって，日
本でもほぼ常識的と言える国中心の議論のしかたが，経済的階級すなわち国内
の経済システムの中で生産手段と労働力をめぐる個々人の異なる役割という意
味での「階級」の違いによる権力の強さの違い――他人をその意に反して行動
させる力というウェーバー的な意味での支配する力の違い――を無視すること
になるという弱点を持つことを鋭く指摘する。

　アメリカであれ，中国であれ，政治的特権階級を排除して近代国家を形成し
た歴史を持ち，すべての国民に同等な，権力へのアクセスの機会を保障する国
民主権の民主主義的近代国家の人権的政治システムを標榜している。世界支配
の権力問題に関する国中心の議論の仕方は，このような側面を反映する。

　しかし，アメリカでも中国でも，巨大企業や工場のような生産手段を所有し
て労働力を購入する少数の資本家階級は，生産手段を所有しないために自分の
労働力を販売せざるをえない立場に置かれたより多数の賃金労働者階級――そ
のため失業者になったり奴隷的待遇で働かざるをえなくなったりする――に対
しては，労働力の売買に関して一般的に有利な立場にあり，したがってより強
い権力を持つ。「近代ブルジョア＝市民社会の解剖学」を標榜し，経済的階級
間の取引を中心に，経済的階級支配システム論として権力問題を分析したのが

マルクスの『資本論』であったことは言うまでもない[12]。

ハリスはこのような経済的階級支配システム分析の視点を貫くことの重要性を掲げたうえで，すぐに続けて次のように書く。

> 私たちは，ひとたび資本家階級と資本家階級による生産および融資の手段の所有状況の分析に着手するやいなや，グローバリゼーションによって，もはや国ごとで所有状況を問題にすることが，しばしばほとんど意味をなさないほどの資本の融合 (merger of capital) に行きついていることに気づく。各国ごとのまとまりのある経済 (nation-centric economies) は，国の壁を越えたトランスナショナルな生産 (transnationalization of production) と国境を越えるお金の流れ (cross-border flows of money) に取って代わられてしまった。今日では，資本の中でヘゲモニーを取る分派 (hegemonic fraction of capital) は，トランスナショナル資本家階級 (transnational capitalit class)（TCC）である。
>
> (Harris 2015: 195)

国境を越える資本の融合→トランスナショナルな生産→国境を越えるお金の流れ→各国ごとにまとまりのある経済の空洞化→融合した資本のヘゲモニー→その所有者としてヘゲモニーを行使する支配者としてのトランスナショナル資本家階級の形成，という論理展開で，新しい支配者としてのトランスナショナルな資本家階級の形成とは裏腹な，人類社会内部の権力関係における国民国家の空洞化が主張されている。なお，資本の融合の根拠として，全世界の多国籍企業のほとんどが株式所有のネットワークによってまさしく融合していることを分析したVitali et al. (2011) が挙げられている。さらにこれに続けて，次のように，トランスナショナルで，グローバルな経済的階級支配システムの様相が，みごとに描写される。

> そこでおそらく私たちは，誰が世界を支配しているのかを問うのではなく，人々の生活はどのように支配されているのかを問わねばならない。会社や金融機関を所有し，営業させている資本家たちは，賃金や福利厚生を含めた被雇用者への給付の仕組みを決め，日々の労働条件を定める。雇用，失業，パートタイム，一時雇用の割合を決める。職務をアウトソーシングする。コミュニケーション関連，インターネット，軍用兵器，運輸，エネルギーのような主要な技術システムをコントロールする。住宅市場をコントロールする。環境に対して莫大な影響を与える。課税，立法，規制の仕組みに影響を与える。文化の生産に関してヘゲモニーを持ってコントロールする。全世界

の主要政党に資金を提供する。これらすべてが決定され，配置されるやり方は，柔軟なものだ。大衆的な運動が，政治に影響を与え，あれこれの側面で，政府を動かすこともありうる。しかし，そのうちの大部分，つまりあなたがいくら稼ぎ，どのように働き，どこに住み，何を食べるか，あなたが吸い込む空気の質，あなたが運転する車，あなたが燃やす油，あなたが消費する文化は，トランスナショナルな資本家階級が創り出した範囲の中で，決定されている。私たちはグローバルな資本主義システムの中で生きている。だから，だれがシステムを支配しているのか，その支配権力の本質的な性格は何かについて，うぶなまねはよそう（let us not be coy）。それどころか，資本家たちはそれをよく知っている。だから，ダボスやその他の会場に集まって会議をする。資本主義はゲームを決定する構造かもしれないが，そのゲームをプレイするのは人間なのだ。それは複合的，多面的で，最新事情や流行が重なり合ってしのぎをけずる競争的なものだが，階級支配という根本的な日々の現実は，まったく変わらず，私たちはそこから逃れられない。　　　　　　　　　　　　　　　　（Harris 2015: 195）

　グローバリゼーションのもとでの人類社会全体の経済的階級支配のシステムが，具体的に明確に描写されている。このような分析手法をハリスは，グローバル資本主義学派（the school of global capitalism）と呼ぶ。国民国家ごとの資本主義ではなく，グローバルな単一の資本主義システムとして人類社会を捉え，単一の支配階級としてのトランスナショナルな資本家階級による人類社会全体の経済的階級支配の分析を呼びかけているのである。[13]

　『資本論』などの記述に明らかなように，19世紀のマルクスは，「ブルジョア社会の国家形態での総括」（Marx 1953: 28-29＝1958: 30）として「資本家的生産様式」を存立させ，「資本家的社会構成体」の上部構造として特別な役割を果たすのが国民国家だと位置づけていた。[14] しかしグローバル資本主義学派の場合，諸国民国家は，あたかも一国民国家内部の地方自治体でもあるかのように，扱われる。資本主義システムを総括するどころか，単なる末端の機関として取り換え可能な道具の役割を果たすだけだという意味で，空洞化したものとされている。それゆえ，国民国家をめぐる争いに目を奪われることなく，多国籍企業とともに国民国家をも操るトランスナショナル資本家階級の存在に人類全体の注意を向けさせようとしている。

　そしてハリスは，国民国家（nation states）を特権化して，分析の中心に置く論者として，Nye（2002＝2002）のような現実主義者（Realist），Kagan（2003＝2003）

のような新保守主義者（neo-conservatives），Arrighi（2007＝2011）のような世界システム論者（world systems theorists），そしてPanitch & Gindin（2013）のようなマルクス主義者（Marxists）を挙げ，グローバル資本主義学派と区別している（Harris 2015: 195）。

ウィリアム・ロビンソンによるトランスナショナル国家形成論

では，空洞化した国民国家に替わって，かつて国民国家が果たした「総括」的役割を，ナショナルな枠を越えた生産の在り方を基礎として人類社会全体を包み込むグローバル資本主義システム存立のために果たすものは何か。

ロビンソンは，次のような内容を持つトランスナショナル国家の形成を主張した。

① 経済的グローバリゼーションによってトランスナショナルな階級が形成され，同時に，単一のグローバル支配階級の集合的権威（collective authority）として機能する，単一のトランスナショナル国家が姿を現した。
② 国民国家はもはや至高のものではなく，かといって消え去るわけでもなく，形を変えて単一のトランスナショナル国家のより大きな構造の中に飲み込まれる。
③ このトランスナショナル国家は，グローバルな資本とグローバルな労働との間の新しい階級関係，すなわちグローバル資本主義の新しい階級関係と社会的実践を制度化する。

> （Robinson 2014: 67，この議論の初出は2001年とされているが，Robinson 2004: 88にもほぼ同様の論点提示がある）

すなわち，①トランスナショナル資本家階級の集合的権威として機能し，②諸国民国家を飲み込んで，③グローバルな資本主義における資本対労働の階級関係を制度化するのが，トランスナショナル国家だと言うのである。

ロビンソンは，トランスナショナル国家を，「憲法によって構成された『グローバル国家』（a constituted "global state"）」の概念と混同することのないようにと警告する（Robinson 2014: 68）。また，トランスナショナル国家の装置は，近代国家のような中央集権的な形態をとる必要はなく，「トランスナショナルな諸制度と変容する諸国民国家（national states）との，両者の中に存在する」こともありうるとする。そして，次のように描いている。

IMFやWTOのようなトランスナショナルな機関は，諸国民国家と共に働くことで，労使関係や金融機関や生産過程の循環を，グローバルな蓄積のシステムにはめ込んできた。決定的に重要なことは，そのような諸国民国家の役割の変化である。いまや諸国民国家は，ローカルな蓄積よりは，グローバルな蓄積過程の諸利益を促進する（promoting the interests of global over local accumulation processes）。トランスナショナル国家は，一つの「制度の総体（institutional ensemble）」，すなわち資本主義的グローバリゼーションとその再生産のために必要な条件を整備する機能を果たすために緩やかに統一された諸制度のネットワークだと理解できよう。トランスナショナル国家は，領域それ自体をコントロールしようとはしない。むしろ，あらゆる領域内で，そしてあらゆる領域を越えて，資本が自由に蓄積できる条件を確保しようとする。

(Robinson 2014: 68)

　一方で，ローカル（ナショナル）よりはグローバルな資本蓄積の促進を優先するという諸国民国家の変化，他方で，そのような諸国民国家が形成する諸制度のネットワーク。すなわち，変容した国民国家と国際的な諸制度との両者からなる，「制度の網の目」こそがトランスナショナル国家だというのである。[15]

　ロビンソンは，この３つの命題に沿って，G8，G20やBRICSなどの国家間の提携の動き，さまざまな国家間の貿易・投資協定，国連や国連の諸機関，WTOやIMFや世界銀行などの国際機関，そして世界経済フォーラムや三極委員会などの国際政策団体の展開を整理している（Robinson 2004）。

　特にBRICS（経済発展の著しいブラジル，ロシア，インド，中国，南アフリカの五か国）の台頭を，非同盟運動の系譜を引く南側諸国（グローバル・サウス）による，米欧日の先進国を核とする三極支配への挑戦として評価する見解[16]も，同様の理由からグローバル資本主義の資本蓄積条件整備のための相互協力を大前提とした国民国家間の競争を過大評価するものとして拒否される（Robinson 2015）。

　さらに，帝国主義的な国民国家間の敵対的矛盾を強調するレーニン的な帝国主義論の現代への適用も，グローバルな資本蓄積の促進を優先するという諸国民国家の変化を見ない時代錯誤の見解として，拒否される（Robinson 2015: 99-127）。[17]トランスナショナル国家形成論に全面的には賛成しないキャロルも，帝国主義論との関連では，むしろ帝国主義国が相互協力する状態を想定したことで日和見主義につながる調和的議論としてレーニンに厳しく批判された，カウツキーの超帝国主義論に注目している（Carroll 2010: 232）。

このような議論は，トランスナショナル資本家階級形成論の理論構成をとらない国際関係の論者たちのグローバル・ガヴァナンス論，グローバル市民社会論，さらにそれに対応するグローバル国家論の提起と事実上の重なりを示している[18]。しかし，残念なことに，ロビンソンらの議論は，広く国際関係論の諸理論と全面的な論争を展開するまでには至っていない[19]。

「制度の網の目」とは，システム論からみれば，社会システムにほかならない。したがってロビンソンらの国家は，ハーバーマスの意味での行政（政治）システムと解釈できよう。ロビンソンらは，トランスナショナル資本家階級が支配するグローバル資本主義というトランスナショナルな経済的サブシステムに対応する，トランスナショナル国家というトランスナショナルな行政的サブシステムの形成を主張しているとみることができよう[20]。

5 結論——支配階級の再編成を一歩進めてシステム転換へ

以上，国家を突き抜ける（トランス・ナショナル！）資本家階級の形成を示すデータ，それに対する新しい理論的アプローチ，それをめぐる論争を紹介した。

グローバル資本主義学派はこれらの論争を展開するにあたって，実証的なデータ分析を行い，グローバルな支配階級の再編成の姿を具体的に示した。もはや国民国家の枠を突き抜けて，グローバル企業のネットワークを中心に世界市場に登場する商品の形をとる世界の富を，資本の所有権を通じてコントロールするグローバル企業エリートの存在は疑う余地もない。相互に熾烈な競争を繰り広げながらも，政策団体を通じて主要国政治エリートたちを取り込みつつ，グローバル企業の利潤獲得ゲームのルールを守る点では団結して，世界の国民国家群（官僚制，軍隊，代議制政治制度）と国際機関とを直接にコントロールし，またあらゆるレベルでの公共圏を通じてシステムの正当性をアピールし，階級システム支配の正統性を確保している。

グローバル資本主義学派は，そのようなグローバルな階級支配の仕組みを描くとともに，それに対抗する被支配階級のトランスナショナルな連携への動きをも描いている。だが，支配システム転換への展望は明らかではない。

コーテンからザックスを経てネグリに至るベーシック・インカム論の検討に

よって，われわれはベーシック・インカム実現を組み込むシステムの変更は，階級支配システムの転換であることを確認した。社会の少数者が資本所有者として社会の富の大部分をコントロールできるシステムから，社会成員全体が資本所収者として社会の富の大部分をコントロールし，その富の増加分を手にするシステムへの転換である。この仕組みは，生産手段＝資本の社会的所有という意味では，社会主義システムに分類できる。ただし，勤労義務を定めるソ連式社会主義ではない。とはいえ，勤労義務なき生活保障システムとして社会主義を構想する場合でも，社会的所有が国家的所有に置き換わり，たやすく政治エリートの経済支配に置き換わってしまったソ連型の社会主義の罠に陥ることは避けねばならない。では，国家を通じることなく，人々が社会を通じて，いわば社会人として，直接に資本を所有して生産手段をコントロールすることはできるだろうか。

マルクスの時代にはまだ十分に発達していなかった株式会社の独特な株式会社民主主義の仕組みを通じる社会の富＝資本＝生産手段コントロールのしかたは，この問いへの答えを与えてくれる。

とりわけ多国籍企業の成長の中で国境を越える系列企業のもとにある経営資源をグローバル戦略のもとで一括して管理するために発展してきた，持株会社を中心とする会社による株式所有ネットワークの仕組みは，大きなヒントになる。本書の「はじめに」と第1章で紹介した全世界の多国籍企業株式の過半数を所有して管理する人類遺産持株会社の創設によるグローバル・ベーシック・インカム構想は，そこから生まれた。

コーテンからサックスを経てジョージに至る階級支配システムの告発は，グローバル資本主義学派に至ってグローバルな階級支配システムの分析として結実した。グローバル資本主義学派はベーシック・インカムについてはまったく沈黙しているが，その成果を用いることで，われわれは，グローバル・ベーシック・インカム構想を具体化し，システム転換への現実的な展望を得ることができる。それは，国民国家レベルのベーシック・インカムへ実現への展望よりは，より現実的なものとして現れてくる。もとよりシステム転換への経路はさまざまでありうる。しかし，階級支配システムの中での支配階級がグローバル戦略を持ってグローバル化した支配システム維持のために動いているとき

に，システム転換を狙う被支配階級がグローバル戦略を持たず，もっぱら国民国家を標的として動くことは，グローバル化した階級支配システムの罠に陥るに等しい。

　北欧社会民主主義型の福祉国家再建をイメージするサックスやジョージ，EUに期待するザックスらの場合，国民国家の罠に陥っていると言えないだろうか。国民国家を超えるグローバルな展望を語りつつ，グローバルな規模での具体的な構想抜きでローカルな運動に期待するコーテンやネグリらも，その方向は正しいが，グローバル化した階級支配システムの罠を逃れてはいない。グローバル化した階級支配システムの罠を完全に骨抜きにし，それに取って代わることができるグローバルなシステムの構想を描き，組み立てていくこと。

　それは，第2章の赤ん坊のたとえを用いれば，次のように言えるだろう。次々に流れてくる赤ん坊を救うことに加えて，上流で赤ん坊を川に投げ込む人がいることを人々に知らせてやめさせようとするだけでなく，上流で赤ん坊を投げ込んでいた人々が赤ん坊を川に投げ込まずに暮らせる仕組みを描き，同時にそんな仕組みへの転換のために動くこと。私たちは，その方向に踏み出す時に来ているのではないだろうか。

第 **8** 章

地球と地球人を守る非暴力の闘いを！
▶『アジェンダ 2030』における国連SDGsの開発思想

1 はじめに

　第1章で触れたように，SDGs（持続可能な開発目標）を定めた『アジェンダ 2030』と呼ばれる2015年の国連総会決議は，それまでの世界各国政府と国連の開発に関する公式の考え方をほとんど180度転換した[1]。そこで明確に表明されたヒューマニズムとエコロジーを最優先する開発思想は，それまでの経済成長優先の主流派開発学に挑戦するものであり，批判開発学の系譜に立つ。

　しかも，「誰一人取り残さない」で飢餓と貧困を撲滅し，地球生態系を守ることを誓い，そのために「大胆にすべてを変える」ことを宣言した点で，人類社会の政治思想史上かつてないほど明確にエコロジカルなヒューマニズム思想を宣言する公式文書となっているだけでなく，人類と地球生態系を守るための国連による非暴力の地球防衛戦争の宣戦布告と言うべき，各国政府と国連による重大な意思決定を示す政治的文書となっている[2]。

　国連加盟の各国政府首脳が満場一致でこの文書を採択したという事実は重い。『アジェンダ 2030』に含まれるSDGsの大部分は，玉虫色の解釈が不可能な，具体的な数値目標である。それらは，人類と地球を守るという目的に沿った合理的行為を実際に遂行したことを示す最低限の目標として設定されたものだ。それゆえ，目標の未達成は合理的行為が遂行できなかったことを意味する。各国政府と国連は，未達成の合理的理由を説明しなければならない。合理的説明に失敗すれば，各国政府と国連は，合理的な行為主体ではないことを証

明したことになる。つまり，合理的な支配のための制度（システム）として正当化される存在理由を失う。人々によって正当化できないとみなされることは，正統性を失うことであり，SDGs達成の失敗で各国政府と国連は正統化の危機に陥る。

SDGsを決めた『アジェンダ 2030』は，各国政府と国連をこのようなのっぴきならない立場に追い込むものだ。その意味で，この国連決議は宣戦布告に等しい。ただし，布告された戦争目的は，地球人の生命と生活，それを育む地球生態系の防衛であり，手段は非暴力とされ，しかも敵の姿は明確にされていない。この意味では，この戦争は，戦争と呼ぶことを躊躇させるほど特異な，人類史上かつてなかったものであるが，筆者はそれを地球防衛戦争と呼びたい。なぜならば，この国連決議には，これまでの人類史の中であらゆる防衛戦争に際して支配者たちが自らの存在をかけて呼びかけてきたような連帯の論理が，地球規模で，地球人意識を呼び覚ますものとして見られるからだ。

以下，『アジェンダ 2030』の文面に即して，この特異な戦争の論理を検証する。

2 『アジェンダ 2030』における地球防衛戦争の論理

５つのPの調和を核とするエコ・ヒューマニズム

SDGsは，2015年９月の第70回国連総会，持続可能な開発サミットとして150を超える国の元首が集まった総会において全会一致で採択された決議文書，『世の中をすっかり変える――私たちが育ち続けられるように2030年までになすべきこと (Transforming Our World: the 2030 Agenda for Sustainable Development)』(United Nations, General Assembly 2015 = 2015) で表明された思想を具体化するものであった。[3]

まず指摘したいのは，「世の中をすっかり変える」という表題が示すような，これまでの自分たちの在り方やものごとの進め方との決別である。そして，新しい在り方，進め方を始めることへの決意である。

ではこの決議文は，何をどのようにすっかり変えることを誓ったのであろうか。筆者は，その核心は，前文にある５つのP（People, Planet, Prosperity,

Peace, Partnership：ひと，ほし，ゆたかさ，やすらぎ，きずな）の連関にあると考える[4]。

　前文は次のようなパラグラフで始まっている。5つのPには下線をつけておいた。

　この「なすべきこと」は，ひと，ほし，ゆたかさのために行うことの見取り図です。それはまた，誰もが今までよりも，ありのままの自分でいられるようになることで，より強くやすらぎを得られるようにすることです。私たちは，はなはだしい貧しさを含めて，あらゆる角度からさまざまな形で見えてくるようなありとあらゆる貧しさを，一切なくします。それこそが，地球全体で取り組むべき最も大事なことで，私たちが育ち続けるために欠かせないことだと思っています[5]。

　「私たちが育ち続けられるようにすること＝持続可能な開発」のためには，「ひと，ほし，ゆたかさ」のためになすべきことがあると言うのである。ここではそれ以上の規定はないが，この3つの要素が挙げられること自体は，人類と地球と豊かさが調和でき，地球に育まれて豊かさを共に楽しめる人類でありうるという，人類を包み込む地球生態系の調和を想定するエコロジー主義的なビジョンが前提されているとしていいだろう。

　「やすらぎ」については，限定付きで，強めていきたいとしている。すなわち，「誰もが今までよりも，ありのままの自分でいられるようになる」ような「やすらぎ＝平和」（universal peace in larger freedom）を強めたいとしている。この限定は，カントが『永遠平和のために』（Kant 1795＝1985）で議論の出発点としたように，人間が死に絶えた墓場のやすらぎ＝平和ではなく，人々の自由な交流の中での，お互いの認め合い＝相互承認，想いの伝え合い＝意思疎通によって得られるやすらぎ＝平和を求めるものと解すべきだろう。その意味では，自由な交流による人間の理性，あるいはコミュニケーション能力の発揮に信頼を置く，啓蒙思想の系譜に立つヒューマニズムの立場の表明である。

　地球に育まれて豊かさをともに楽しめる人類というビジョンが，「ありのままの自分でいる」人々の自由によって媒介されていることに注目したい。これは，ありのままの人間の姿を信頼するヒューマニズムである。また，そのような人類の姿が地球生態系と調和するものと想定する点で，同時にエコロジー主

義といっていい。筆者はこのように人間と地球生態系との調和を基礎とする思想をエコロジカル・ヒューマニズム，略してエコ・ヒューマニズムと呼ぶことにしたい。 この意味で，この文書はエコ・ヒューマニズム宣言である。

　続く３番目の文では，「貧しさを一切なくすこと＝貧困の撲滅」が最大の課題であることが宣言されている。同時にその理由として，貧困の撲滅が「持続可能な開発」の必要条件であり不可欠とする認識が示される。つまり，エコ・ヒューマニズムのビジョンの攪乱要因として，貧困の除去が捉えられている。

　そして，段落を改めて続く次の文で，５つめのPが登場する。

　すべての国とすべての関係者（stakeholders）が，力を合わせるきずなを結び（in a collaborative partnership），この取り組みを行う。

　５つ目のPは，４つのPを追及するために貧しさを一切なくすという取り組みの実行の仕方として挙げられている。すなわち，国連に加盟するすべての国家が行動するだけではない。すべての関係者（ステークホルダー）も力を合わせる仕組みを作る，というのである。このような発想も，地球と人間の調和について想いを伝え合わせる人間たちの集団の力を信頼する点で，エコロジー的であるとともにヒューマニズム的であり，この文書のエコ・ヒューマニズムの特徴をなすものだ。

５つのPの相互関係

　以上，前文の最初の文によって，SDGsの柱となる５つのPが，この文書のエコ・ヒューマニズムの骨格をなすものであることを確認した。前文の最後の部分は，この５つのPを列挙して個々の内容とそれらの相互関係をより具体的に整理している。以下，その部分を抜粋する（省略部分は……で示した）。重要な概念には下線を付した。

　ひ　　と：あらゆる角度からさまざまに見える貧しさと飢えを終わらせる……すべての人間が尊厳と平等のもとに，そして健康な環境のもとに，自分の隠れた可能性を追及できる……。

　ほ　　し：このほしすなわち地球が現在と将来の世代の必要（needs: 外務省仮訳は「需要」としているが，経済学用語のdemandとの混同を避けるために変

更）を支えることができるように，持続可能な消費と生産，天然資源の持続可能な管理，そして気候変動に関する緊急の行動をとることを含めて，地球が壊されないように守っていく……。

ゆたかさ：すべての人間が豊かで満たされた暮らしを楽しめて，また，経済的，社会的，そして技術的な進歩が，自然と調和する……。

やすらぎ：恐怖と暴力から自由であり，平和で，公正で，包摂的な社会を育んでいく……。平和なくしては持続可能な開発はあり得ず，持続可能な開発なくして平和もあり得ない。

き ず な：あらゆる手段を動員して，地球規模の連帯の精神を強め，最も貧しく最も弱い立場に置かれた人々の必要に特別の焦点をあて，全ての国，全ての関係者，そしてすべての人（all people）が参加し，再活性化された「持続可能な開発のためのグローバル・パートナーシップ」を通じてこの「なすべきこと」を実施する。

第一に，ひと，ほし，ゆたかさについては，それぞれが単独で追及されるものではなく，相互の調和が同時に追求されるものであることが，各項目の説明文の中に入れ子のように組み込まれている。すなわち，「ひと」の項目には，ほしに関する「健康な環境」，ゆたかさに関する「貧しさと飢え」という概念が組み込まれ，「ほし」の項目には，ひとに関する「現在と将来の世代の必要」，ゆたかさに関する「持続可能な消費と生産」が，「ゆたかさ」の項目には，ひとに関する「すべての人」，「社会的……進歩」，ほしに関する「自然との調和」が組み込まれている。持続可能な発展の概念を構成するひと，ほし，ゆたかさという３つの概念の不可分なことが，それぞれの構成要素の説明においても徹底されている。

第二に，やすらぎについては，「平和なくしては持続可能な開発はあり得ず，持続可能な開発なくして平和もあり得ない」という文が挿入され，持続可能な開発の概念に平和を入れて拡張することが明確にされている。

第三に，きずなについては，「全ての国，全ての関係者」だけでなく，「すべての人（all people）」の参加を求めて，「あらゆる手段を動員」するとされている。つまり，国連は，この決議の実現のために，全人類が参加して世の中を変えるという共通の目的のために動く。その効果や成果を確認しながら話し合いを通じて軌道修正しながらさらに動いていく。そんなきずなで結ばれた，全人

類規模の社会運動を展開するというのである。ここで「再活性化された『持続可能な開発のためのグローバル・パートナーシップ』」として言及されているのは，SDGsの17番目の目標のターゲットとして列挙され，さらに決議の最後の部分で具体的かつ詳細に描かれた，グローバルなレベルからローカルなレベルまでの政府機関，企業，NGO，学術団体などを動員する仕組みと手順だと解していい。

誰一人取り残さない

さらにこの文書のエコ・ヒューマニズムの有名な原則を示す文を引用しよう。先に引用した前文の冒頭で，「きずな」が初めて登場した3番目の文に続く第2段落の最後までだ。下線は筆者による。

> 私たちは，人類を，貧しさと足らなくなることへの恐れに支配された状態から解き放ち，私たちの星である地球を癒やし，確かなものとすることを決めました。私たちは，世界の歩みを持続的で強靱（レジリエント）な道に移すために緊急に必要な，大胆にすべてを変えてしまうような歩みをとることに決意しています。私たちはこの共同の旅路に乗り出すにあたり，誰一人取り残さないことを誓います[7]。

最初の文は人類と地球に対してなすべきことの内容，次の文はその手段，最後の文はそのやり方である。

第一に，このエコ・ヒューマニズムは，戦闘的である。人類に対しては，専制からの解放を意味する「恐れに支配された状態から解き放ち」という表現を用いている。地球に対しては，治療し安定させるとして「癒し，確かなものとする」という表現を用いている。ひと，ほし，ゆたかさ，やすらぎ（＝人類，地球，繁栄，平和）を調和したものとして不可分に追及する「持続可能な開発」は，貧困に対する解放闘争であり，病んで危険な状態にある地球を治療する闘いとして表現されている。

第二に，このエコ・ヒューマニズムは，革命的である。持続可能な開発は，これまでの持続不可能な開発からの路線変更であり，この路線変更には，「大胆にすべてを変えてしまうような歩み」が「緊急に必要」だとしていることだ。つまり，闘争として表現された持続可能な開発への転換は，これまでのやり方

を一変させるという意味で革命であり，その革命闘争にすぐさま取り掛かると宣言している。

　第三に，このエコ・ヒューマニズムは，普遍的で包括的である。そのような革命闘争は，全人類を一人残さず巻き込み，「誰一人取り残さない」で歩む「集団の旅」と表現されていることだ。これは，ユダヤ教，キリスト教，イスラーム教の文化圏の中では旧約聖書の『出エジプト記』を連想させる表現だといっていいだろう。預言者モーゼがユダヤの民を率いて古代エジプト帝国での奴隷の境遇から抜け出したように，2015年の地球上の国家元首たちは人類全体を率いて，貧困をなくし地球を癒す持続可能な開発に旅立ち，迫りくる追手を逃れるべく，海をも渡ろうとしている。そんなイメージである。

3　SDGsが掲げるビジョンと現状認識

SDGsの目指す世界像——国民国家の枠を超えるが歴史的不正義と多国籍企業には沈黙

　以上，前文テクストによって，2015年の国連総会で世界の首脳たちが宣言したエコ・ヒューマニズム思想の骨組みを，その戦闘的，包括的，革命的な性格とともに析出した。決議文には，さらに「宣言（Declaration）」と題した本文，その後に，SDGsの本体をなす17個の目標，その目標をさらに具体化する全169個のターゲットのリストが続く。

　このエコ・ヒューマニズムの世界像をより具体的につかむために，「宣言」の中から，「私たちのビジョン」と題した第7〜9段落を紹介しよう。それは「最高に野心的かつ変革的なビジョン（a supremely ambitious and transformational vision）」として描写されている（下線および斜体は筆者による）。

> 第7段落：……*私たちは，すべての命が成長できるような，貧困，飢餓，病気や欠乏の心配がない世界を思い描く*。そこでは恐怖と暴力の心配がない。すべての人が読み書きできる。公平なやり方ですべての人が質の高い初等・中等・高等教育を受けることができ，健康増進と医療の制度で守られ，社会保障制度で保護されることで，体も心も社会生活も良好に保たれる。安全な飲料水と下水・トイレなどの衛生設備が人権として保障され，衛生状態が改善される。食料は十分あり，安全で，手ごろな価格で，

栄養がとれる。住居は安全，強靱（レジリエント）で持続可能だ。手頃な価格で，信頼でき，持続可能なエネルギーを誰もが入手できる。

　第一に，この描写は，人間が生命を維持し，生活し，人として成長していくうえで基本的に必要なもの，すなわち，ベーシック・ヒューマン・ニーズ（BHN）の保障を思い描くものと言える。それは，この決議の最大の課題となっている，「誰一人取り残さず」あらゆる貧しさを一切なくすという最大の課題と対応する。

　第二に，それは，「恐怖と暴力の心配がない」状態，すなわち人権保障および恒久的な平和と不可分のものとして描かれている。これは，国連創設の目的と対応するものだ。

　第三に，この描写は，全人類に共通なものとなっている。つまり，「発展途上国」の多くの貧困地域の現実を段階的に，相対的に改善していくなどという控えめなものではなく，一挙に「先進国」なみの生活の質を全人類規模で実現することを思い描くものと考えていい。安全な飲料水や衛生設備，食料や住居の保障に先立って，高等教育をも含む教育，保健，医療，社会保障制度に支えられる「体，心，社会生活の良好な状態」が挙げられているのは，それが「先進国」とも共通するより普遍的な課題となっているからにほかならない。とりわけ高等教育に関して「公平にすべての人に」という夢は，日本やアメリカの人々にとっても切実なものだ。そんな夢と併せて，たとえば筆者が訪れたインド指定部族カーストの村人の切実な夢である，人権としてトイレをという夢を「誰一人残さず」実現することが，「最高に野心的」に思い描かれているのである。その意味で，「先進国」「途上国」の区別は，ここでは完全に否定されている。もっとも，事実として「先進国」「途上国」の違いがあることの原因についてこの文書が沈黙していることは，後述のような問題を残すのではあるが。

　第8段落：私たちは，人権と人の尊厳，法の支配，正義，平等，そして差別のないことがいつでもどこでも尊重される世界を思い描く。そこでは人種，エスニシティ，そして文化的多様性が尊重される。人としての可能性をとことん試し，共に分かち合う豊かさのために貢献する機会が等しく保障される。すべての子どもたちは大事に育てられ，どの子も暴力や搾取の心配なく成長できる。どんな女性も少女も，女だからと

いう理由で差別されることは決してなく，彼女たちが力をつけていくことを阻むあらゆる法的，社会的，経済的な障害はすでに取り除かれてしまっている。それは，正義に基づく，衡平で，寛容で，開かれていて，社会がだれも排除しない世界であり，そこでは，最も弱い立場に置かれた人々には必要とするものすべてが届けられる。

　第一に，この描写は，人類社会の構成員の間の平等な関係，すなわち差別のない人類社会の実現を思い描くものだ。あらゆる貧しさを一切なくすという課題は，差別なく，貧しさをなくすことを含む。「誰一人取り残さない」という誓いも，特定の人を取り残す差別をしないことを含む。つまり，第7段落では人間としての基本的必要を充たすという夢は，人とモノあるいは制度との関係として描かれたが，ここではもっぱら人と人との関係の側面から描かれている。もちろんそれは，国連憲章や世界人権宣言，国際人権規約などの人権規範に対応する。

　第二に，平等あるいは差別のないことは，「人種，エスニシティ，文化（race, ethnicity and culture）」の多様性の尊重と，「人としての可能性をとことん追求（full realization of human potential）」し，「共に分かち合う豊かさのために貢献する（contributing to shared prosperity）」機会の平等という意味での，社会的配慮に制約される個人の自由の社会的承認として描かれている。1980年代以来，ほとんど無制限に規制緩和を推進してきた新自由主義的な論調に対して，2015年の国連が，より洗練された自由主義思想を表明したものとして注目されよう。この段落の最初では，伝統的な人権論的な用語で「人権と人の尊厳，法の支配，正義，平等，そして差別のないことがいつでもどこでも尊重される世界（a world of universal respect for human rights and human dignity, the rule of law, justice, equality and non-discrimination）」と表現されているが，最後では，新自由主義に歯止めをかけるかのように展開してきた哲学的正義論の用語を取り入れて，「正義に基づく，衡平で，寛容で，開かれていて，社会がだれも排除しない世界（a just, equitable, tolerant, open and socially inclusive world）」という表現が見える。

　第三に，一般的に差別のない世界というだけでなく，特に子どもと女性への差別のない世界が思い描かれていることだ。子どもについては，「暴力や搾取（violence and exploitation）」が，「女性と少女」については「力をつけていくことを阻むあらゆる法的，社会的，経済的な障害（all legal, social and economic barriers to their empowerment)」が取り除かれることが思い描かれている。それは，子どもについては，児童虐待や児童労働，女性については家父長制的な男性中心主義的諸制度が念頭に置かれていることは間違いない。子ども差別と女性差別が複合してのしかかるのは，子どもの女性ということになるが，ここでも女性（woman）と並んで「少女（girl）」についてわざわざ言及していることにも注目したい。これは，女性差別撤廃条約（1979年採択）や子どもの権利条約（1998年採択）以来の国連の取り組みに対応するものだ。それらの条約やその強化を図る選択議定書の批准が多くの国々で難航していることは，たいていはそれらの諸国での家父長制的制度の根深さを示す。それだけに，2015年のこの決議での全会一致の合意は注目すべきものだ。

　第四に，2030年までに実現する理想社会を特徴づける最後の文には，人間としての基本的な必要を充たすための社会的な富の再分配に関して，「最も弱い立場に置かれた人々には必要とするものすべてが届けられる（the needs of the most vulnerable are met）」という，ロールズ的な正義論を連想させるアリストテレス的な意味での配分的正義の原理が述べられていることだ。アリストテレスは同時に，奪われたものを取り返す匡正的正義についても語っている。それは現代史の文脈では，歴史的不正義とも呼ばれる（岡野内 2017）。しかしここには，植民地支配によって奪われたものを取り返す匡正的正義＝歴史的不正義の議論がないことも注目される。国連の場では，2001年の「人種主義に反対する世界会議」（ダーバン会議），2009年の「人種主義，人種差別，外国人排斥及び関連する不寛容に反対する世界会議」（ジュネーヴで開催）などで，植民地支配を「人道に対する罪」と規定し，植民地支配への補償への道を拓く試みが続けられてきたが，イスラエルとアメリカによる強い反対と，イラン大統領によるホロコースト否定発言などで混乱し，進展していない。そのような状況を反映するものとみていいだろう[8]。

　第9段落：*私たちは，すべての国が，一貫して誰も排除せずに持続可能な経済を成長させ，すべての人に働きがいのある人間らしい仕事を提供できている世界を思い描く。*大気から大地に至るまで，川や湖や地下の帯水層から沿岸の海や大洋に至るまで，あらゆる*天然資源*の利用，そして人間の*消費*と*生産*のパターンが持続可能になっている。*一貫して誰も排除せずに経済を成長させ，社会を開発し，環境を保護し，そして*

あらゆる貧しさと飢えを一切なくすことを意味する，持続可能な開発を進めることができるように，民主主義，善き統治，そして法の支配が実現され，国内・国際環境が整えられている。開発と技術の応用は，気候変動に配慮しており，生物多様性を尊重し，強靱（レジリエント）なものになっている。人類は自然と調和して暮らし，野生動植物やその他の種の生存が守られている。

　第一に，この段落で「持続可能な開発」が初めて登場することだ。最初の段落では基本的な人間的必要を充たすこと，次の段落ではその人間同士の間で差別のない人間関係を作ることが描かれていた。この最後の段落で，ようやく，このまま人類が経済活動を続ければ，自然（地球）が回復不能になることで将来の人類の生存が危うくなるという認識に立って，これまでの経済活動を改めるという，持続可能な開発達成の具体的な内容が描かれている。

　改めるべきこれまでのやり方のリストとして挙げられるのは，「天然資源の利用」，「消費と生産のパターン」，「開発と技術の応用」，「気候変動」や「生物多様性」さらに「暮らしにおける自然との関係」，「野生動植物やその他の種の保護」である。このようなリストアップの仕方は，1990年代以来の持続可能性に関する国連の取り組みに対応している。

　第二に，ここでは，「すべての人への働きがいのある人間らしい仕事の提供（decent work for all）」が「一貫して誰も排除しない持続可能な経済の成長（sustained, inclusive and sustainable economic growth）」と組み合わされる形で，持続可能な開発の概念が拡張されていることだ。「人としてやりがいのある仕事」はしばしば「ディーセント・ワーク」と呼ばれ，ILOが1999年以来，グローバル化に伴う雇用の不安定化に関して取り組んでいるものだ。[9]

　第三に，持続可能な開発を進める仕組みが，経済，政治，そして人々の日常生活に即して描かれているが，その仕組みを主導するのは，政治，すなわち「民主主義，善き統治，そして法の支配」が実現された各国の政治と，そんな諸国が形成する国際関係となっていることだ。これは，5つのPのうちPeace＝やすらぎとPartnership＝きずなに対応する。

　1990年代以降の世界の経済を主導してきたのは，国民国家の政治権力の及びにくい存在になっている多国籍企業だ。国連は，1970年代には，新国際経済秩序樹立宣言の中で，多国籍企業の接収を決議するなど，多国籍企業の権力と取

り組んできた歴史を持つ。しかし，その後多国籍企業との対決姿勢を改め，21世紀初頭からはグローバル・コンパクトやいわゆる「ラギーの指導原則」などを用いて，多国籍企業との協調関係を強めている[10]。ここで政治主導として描かれたイメージは，そのような国連と多国籍企業との協調関係だと考えていいだろう。したがって，ここで多国籍企業について一切言及がないことは，それ自体，大きな意味を持つと考えざるをえない。しかも，いまや多国籍企業は，国連関係の団体を含むいくつかの政策団体の役員兼任を通じて，今日の政治エリートと融合，癒着し，また多国籍企業どうしの重役兼任を通じて，経済システムの全体に対して強大な支配力を持ち，投資決定を通じて，人間の経済活動のあらゆる局面で地球生態系を左右する力さえ持つ（本書第7章）。

　以上，このエコ・ヒューマニズムの「最高に野心的なビジョン」が，国民国家の枠組みを越えて，全人類を対象にして一挙にBHNを充たし，人権保障を実現し，地球生態系と調和した経済と政治の仕組みを持つ世界として描かれていることが明らかになった。同時に，このエコ・ヒューマニズムが，これまでの国連の歴史の中で大きな問題となってきた歴史的不正義および多国籍企業権力問題について沈黙していることも明らかになった。

人類社会についての現状認識

　次に，「宣言」の中から，この時点での現状認識を紹介しておこう。「今日の世界（Our World Today）」という表題のついた現状認識に関する部分は，「宣言」の14〜17段落である。まず，持続可能な開発に対する「大きな課題（immense challenges）」を列挙した第14段落から見よう。ここでも重要な概念に下線を付すか斜体にしておく。

　　……依然として数十億人の人々が貧困のうちに生活し，尊厳のある生活を拒否されている。国の内部での，また国どうしの間での不平等は増加している。機会と富と力における格差は甚だしい。ジェンダーの不平等は依然として鍵となる課題である。失業，とりわけ若年層の失業は主たる懸念である。

　ここまでは上述の「地球を癒し安定させる」課題の前提となる人間社会の繁栄の在り方における人間どうしの間での不平等，あるいは差別問題の現状分析

である。

　第一に，貧困について，それが「尊厳（dignity）」のある生活を「拒否されている（denied）」（外務省仮訳は「送れずにいる」）という強い言葉を用いて，貧困が人為的な差別にかかわる人権問題であることを強調していることだ。はなはだしい貧富の格差，すなわち経済力の格差を階級差別と表現するとすれば，ここでは階級差別が人権問題として告発されているのである。

　第二に，「国の内部での，また国どうしの間での不平等（inequalities within and among countries）」（外務省仮訳は「国内的，国際的な不平等」）が貧困問題に続いて言及され，それを説明するかのように「機会と富と力における格差（disparities of opportunity, wealth and power）」（外務省仮訳は「機会，富及び権力の不均衡」）が言及されることで，国内での階級差別に加えて，国，民族あるいはネイションの間での差別，すなわち同じ人間であるにもかかわらず，どこであるいは誰から生まれるかによる区別すなわち歴史的記憶に根拠をおいて形成される出自に基づく差別が告発されていることだ。

　第三に，それに続いて「ジェンダーの不平等（Gender inequality）」（外務省仮訳は「ジェンダー平等」）が「鍵となる課題（key challenge）」であると表現されていることだ。これは男女の性別という身体的特徴を根拠とする社会的差別であるジェンダー差別が，階級差別，ネイション差別と並ぶ人権問題であるとともに，階級やネイションの差別と重層的，複合的にからみあう「インターセクショナリティ」の特徴を持つことの指摘であるとしていいだろう。[11]

　第四に，失業問題が言及され，それに関連して年齢（age）という身体的特徴に基づく差別の問題が「若年層の失業（youth unemployment）」として提起されていることだ。失業問題は生産手段を持たないために労働力の販売によって生活する賃金労働者階級に固有の問題であり，資本家階級と賃金労働者階級との経済的階級分割を特徴とする資本主義経済システムに固有の問題でもある。したがって，失業問題は階級差別の問題でもある。もっとも，資本主義経済システムの失業問題を「完全雇用」政策によって解決することが20世紀の経済学者と政治家の課題であり，それは一国レベルでは一時的に，いわばバブル的に成功を収めたこともあった。しかし，2008年の世界金融恐慌以後の2015年の時点ではグローバル資本主義は失業問題を解決できていないという認識が示されて

いる。そして，階級差別である失業問題は，ネイション，ジェンダーに加えて，さらに年齢による差別問題を生み出しているというのである。

第五に，引用文の斜体で示したように，これらの差別問題は，「依然として」変わらないとされ，不平等については，むしろ「増加 (rising)」しているという認識を示している。

続いて，人類社会が直面する深刻な危険についての認識を示す部分を見よう。

地球規模の健康の脅威，より頻繁かつ甚大な自然災害，悪化する紛争，暴力的過激主義，テロリズムと関連する人道危機及び人々の強制的な移動は，過去数十年の開発の進展の多くを後戻りさせる恐れがある。

第一に，「健康の脅威」が，自然災害，紛争がもたらす人為的災害とともに，開発の成果を逆転させる危険要因と並んで，しかも筆頭に挙げられていることに注目したい。5年後のコロナ・パンデミックは，まさに地球規模で，開発の成果を逆転させつつある。2015年の国連決議はすでにパンデミックの脅威を予測していたのである[12]。

地球規模の「健康の脅威」としてWHO（世界保健機関）が警告を発していたのはパンデミックだけではない。工場や交通機関や暖房あるいは炊事の際の排気ガスによる世界の都市部の空気中に浮遊する微粒子による大気汚染が引き起こす呼吸器系疾患，食料の商品化が急速に進む世界のフードシステムが引き起こしている栄養不足と肥満によるさまざまな非感染性疾患，さらに増加する交通事故死や自殺もそうであった。地球規模の開発によって進展してきた都市化やフードシステムの変化が，人類社会の生活条件を変化させ，地球規模で命を蝕んでいる，という発想を示すものと考えていいだろう。

第二に，自然災害が，「より頻繁かつ甚大な (more frequent and intense)」ものとして挙げられていることだ。これは，人類社会が行ったこれまでの開発に起因する「環境の悪化」と並んで，気候変動の影響を示唆するが，ここでは直接的に地球の変化が引き起こす災害として自然災害の回数と規模の増大が，議論の余地のない単純な事実として挙げられている。

第三に，平和の問題について，紛争の悪化とともに，暴力的過激主義とテロリズムが挙げられ，さらに「関連する人道危機及び人々の強制的な移動」が指

摘されていることだ。国連機関のユネスコは，21世紀初頭，暴力の文化を克服するキャンペーンを展開した。[13] しかし，9・11テロ事件，イラク，アフガニスタン，中東各地の「アラブ革命」以後の内戦と難民問題など，むしろ暴力的紛争は深刻化している。シリア内戦もあって，難民人口は，第二次大戦以来最大となっている。このような事実が念頭に置かれていると考えて言いだろう。

　続いて，気候変動以外の地球環境問題が挙げられている。

　天然資源の枯渇（depletion）（外務省仮訳は「減少」）並びに，砂漠化，干ばつ，土壌悪化，淡水の欠乏及び生物多様性の喪失を含む環境の悪化による影響は，人類が直面する課題を増加し，悪化させる。

　これは，石油や希少鉱物，漁業資源や森林資源の枯渇問題，さらに大規模水源開発に依存し化学肥料や農薬を多用して同一品種を大量生産する農業が引き起こすフードシステムの不安定性や水不足問題などを念頭に置くものだろう。

　最後に，かなりのスペースをとって，気候変動が挙げられている。

　我々の時代において，気候変動は最大の課題の一つであり，すべての国の持続可能な開発を達成するための能力に悪影響を及ぼす。世界的な気温の上昇，海面上昇，海洋の酸性化及びその他の気候変動の結果は，多くの後発開発途上国，小島嶼開発途上国を含む沿岸地帯及び低地帯の国々に深刻な影響を与えている。多くの社会（societies）（外務省仮訳は「国」）の存続と地球の生物維持システムが存続の危機に瀕している。

　すべての国に悪影響を及ぼすとしたうえで，「多くの社会の存続と地球の生物維持システムが存続の危機」にあると言い切っていることに注目したい。

希望はどこにあるか？

　以上，地球に育まれた人類の滅亡を予測するかのような厳しい危機認識に続いて，次のような希望が記されている。

　しかしながら，大きな機会の時でもある。多くの開発の課題に対応するために重要な進展があった。過去の世代において，数百万人の人が極度の貧困から脱した。教育へのアクセスは少年少女いずれに対しても大きく増加した。ICTと地球規模の接続性は

人間の進歩を加速化させ，デジタルデバイドを埋め，知識社会を発展させる大きな潜
在力があり，医学やエネルギーのように多様な幅広い分野において科学技術イノベー
ションが持つ潜在力もまた同様である。

　第一に，「これまでの一世代（約30年間）のうちに（Within the past generation）」，
極度の貧困の減少と，少年少女の教育へのアクセス向上が実績として挙げられ
ている。貧困と教育については，成功ではないにしてもこれまでのMDGsで
の前進の経験が活かせるというわけである。
　第二に，「ICT（情報通信技術）と地球規模での相互のつながりの広がり」と，
「医学やエネルギーなどの分野での科学技術イノベーション」が「デジタルデバ
イドを埋め，知識社会を発展」させる「潜在力」に注目している。科学技術の
進歩と普及については，あくまで潜在力が指摘されるのみである。
　第三に，「大きな機会の時（a time of immense opportunity）」が来たと言いなが
ら，以上の二点，MDGsの経験と，ICTの普及と科学技術の進歩が持つ可能性
のみが挙げられている。きわめて深刻な人類社会の危機にある「今日の世界」
には，「私たちの世界をすっかり変える」希望となる事実は，この二つ以外に
は見出されていない。可能性を現実性に変える手がかりとなる事実が見出され
ていないのである。「知識社会の発展」も現実のものではなく，あくまで可能
性にすぎない。そこで重要になってくるのは，MDGsの経験になる。
　「今日の世界」と題して，現状認識を示すこの項目では，これに続いて，
MDGsの成果と残された課題が触れられ，さらにSDGsがMDGsの経験に学
び，それを超える課題に取り組むことが述べられている。

　　我々が今日発表する枠組みの射程は，ミレニアム開発目標を遙かに越えるものだ。貧
　困撲滅，保健，教育及び食料安全保障と栄養といった継続的な開発分野の優先項目に
　加えて，この枠組みは，幅広い経済・社会・環境の目的を提示している。また，より
　平和かつ包摂的な社会も約束している。さらに重要なことは，実施手段も提示してい
　る。我々が決定した統合的なアプローチを反映して，新たな目標とターゲットには，
　深い相互関連性と分野横断的な要素がある。

　MDGsがもっぱら貧困に焦点を合わせたものであったのに対し，SDGsは，
「経済・社会・環境」の目的，さらに「平和かつ包摂的な社会」を掲げた「統合

的アプローチ」を取るというのである。そしてここで強調されている「実施手段の提示 (defines means of implementation)」は，「宣言」の後段で説明されているが，先述の「グローバルなパートナーシップ」のことを指している。「潜在力」を現実のものとするのは，あらゆる人々の参加する活動の中での想いの伝え合いから生まれるはずの，人間が類的存在として持つ，集団的な底力だ，ということであろう。要するに，先述の5つのPこそが，MDGsの経験から得られた成果であり，5つのPを一体として捉える地球生態系と人間の力を信頼するエコ・ヒューマニズムの思想に国連の場で正統性を与えたことが歴史的到達点だというのである。

4 『アジェンダ 2030』の開発思想の意義と限界

　以上，『アジェンダ 2030』のテクストに即して，これまでの国連の理念を支えてきた国民国家の枠組みを超える普遍的人権思想の系譜に立ち，戦闘的，革命的，包括的，そしてすぐれて実践的なエコ・ヒューマニズムの思想を検出した。それは，地球生態系と人類存続の危機を的確に捉え，SDGsの達成を通じて，これまでの歴史とは断絶し，「世界をすっかり変えて」新しい歴史を創り出す活動にすべての人が参加すること，いわば総力戦の遂行を呼びかけるものであった。ゆえに，筆者は，SDGsの達成運動を，地球防衛戦争と捉えたい。

　この国連のエコ・ヒューマニズム思想に導かれた地球防衛戦争の弱点は，敵の姿が曖昧なことだ。地球と人類の危機は明白であり，危機をもたらす個々の攻撃も明らかだが，人類社会の仕組みの中にあるらしき敵の姿が明確に示されていない。したがって，17の目標と169のターゲットとの闘いは，さながらモグラたたきゲームの様相を示すかに見える。ゲーム好きの熱血漢，あるいはスポンサーつきのプロ・ゲーマーはそれに熱中できても，SDGsの目標にもあるすべての人々の参加にはつながりにくい。

　しかし，敵の姿が曖昧なことは長所でもある。地球防衛戦争の敵が人類社会の仕組みの中にあるとすれば，国連が，人類社会の仕組みをすっかり変えるために，人類社会を構成するすべての団体，組織，個人といったアクターが参加するという合意形成に成功したことは，地球防衛戦争の開始が人類社会規模で

の正統性（人々が正当だと認めたと正当化できる状態）を獲得したことになる。したがって、地球防衛戦争の遂行にあたっては、人類社会の仕組みの中に巣くっている敵の力を借りながら、同時に、戦争遂行過程の中で、敵の姿をあぶりだしていくことができるからだ。

　先述のように、歴史的不正義と多国籍企業権力の問題への沈黙は、かつての国連の姿勢と比べた時に明らかになる、2015年の国連のエコ・ヒューマニズムの特徴であった。それは、『新国際経済秩序（NIEO）樹立宣言』などで植民地主義を糾弾して多国籍企業の接収を決議した1970年代から見れば、国連の姿勢の後退である。しかし、筆者は、それを、1990年代以降国連の議論に積極的に参加するようになった開発、人権、環境にかかわるNGOが、批判開発学の展開してきたエコ・ヒューマニズムを国連の議論に根付かせ、多国籍企業権力を国連と各国政府が展開するSDGsの達成運動に引き入れることによって、一挙に多国籍企業規制の課題を実現するチャンスを切り開いたものと捉えたい。

　『アジェンダ2030』もSDGsも、ベーシック・インカムについては沈黙している。しかしグローバルな規模でのベーシック・インカムが、鍵となる貧困撲滅を一挙に解決し、SDGsの大部分を達成に向かわせる絶大な波及効果を持つことは明らかだ。すでに国連に結集する国民国家の財政資金の流れをはるかに超える規模で、人類社会の富の大部分を左右できるようになっている多国籍企業集団の資金の流れについて、国連と各国政府がある程度であれ規制できる見通しがつくならば、グローバルなベーシック・インカムが検討課題になってこざるをえないだろう。コロナ・パンデミックは、その可能性をますます高めている。

第9章

人類社会の未来図と
グローバル・ベーシック・インカム構想

1　はじめに

　本章では，批判開発学が主流派となったSDGs決定以後，否応なく批判開発学の道を歩まざるをえなくなってきた国連機関のエコノミストたちを，グローバルなベーシック・インカム構想の模索に突き動かしていく構図を描く。

　2では，SDGsを地球人の生死の問題として真剣に受け止め，具体的な数値目標に沿って達成度を示す研究の成果を紹介する。SDGsへの取り組みが2015年から2019年までの実績のままで推移するならば，2020年から2030年までには4,000万人の死者と40億人の被害者を出して地球防衛に失敗するという予測を示す。それは，国連が指揮する地球人の総力戦としての地球防衛戦争の犠牲者数である。つまり，最初の5年間のSDGs達成度はきわめて悪く，「これまでのやり方（business as usual）」ではとうてい達成できない危機的な状況にあることが2019年には国連によって宣言されていた。

　3は，そんなSDGs達成の危機，すなわち正統化危機状態に置かれた国連が，「人類の危機」と呼んだ2020年初頭以降のコロナ・パンデミックに対する国連の対応と，各国政府や国際機関エコノミストたちの対応から現れてきたグローバルなベーシック・インカムへの模索の動きを紹介する。

　4は，多国籍企業集団の新しい動向を視野に入れて，SDGsをめぐるグローバルな階級対立の構図を仮説的に示す。多国籍企業集団の中核的部分は，各国政府や国連と協調して地球防衛戦争の軍需市場と言うべきSDGs市場を独占す

る方向を目指しているかに見える。しかしIT系の大手の中では，宇宙開発への動きが急速に強まり，宇宙ビジネスは，国連SDGsが進める地球防衛戦争に対するオプションとして浮上してきている。多国籍企業集団が国連とSDGsを離れ，宇宙開発にシフトする可能性さえある。だがその道は，多国籍企業集団が地球防衛戦争に敵対することであり，国連と各国政府は，地球防衛戦争の指揮者としての正統性を保つためには，多国籍企業集団への規制に乗り出さざるをえなくなる。その構図は，宇宙企業集団の地球侵略に対するエコ・ヒューマニストの地球防衛戦争として現れるかもしれない。グローバル・ベーシック・インカム構想はこの対立の構図の中で現実的な争点となってくるだろう。

2　犠牲者数から見た地球防衛戦争としてのSDGs

地球防衛戦争の犠牲者推計

　SDGsは空想的な夢物語ではない。将来の夢を語る子どもの意見表明でもない。SDGsは達成可能として策定された，具体的な数値目標を含み，詳細なモニタリングとフィードバック機能を組み入れた，いくつかの作戦からなる計画である。全世界の国家元首がその計画に沿って「誰も取り残さず」人々の命と暮らしを守ると宣言した以上，「取り残されて」計画どおりには命と暮らしが守られなかった人々は，国家が防衛しきれなかった防衛戦争の犠牲者であると言わざるをえない。マックス・ウェーバーが指摘したように，職業政治家たちは，その結果責任を引き受けて，支配の正統性を確保せねばならない（Weber 1919＝1980）。

　SDGsが命と暮らしにかかわるものであることを深刻に受け止めて，2015-2019年の間に生命あるいは基本的生活条件が奪われた人々の実数から，その趨勢で推移した場合にSDGs達成期限の2030年までに生命あるいは基本的生活条件が奪われることになる人々の数を推計した研究（Kharas et al. 2019）がある[1]。それは，SDGs達成を目指す現在の地球防衛戦争の犠牲者数の推計として利用できる。以下，この研究に依拠して，犠牲者数から見たこの戦争の現況を確認しておこう。

地球防衛戦争における死亡者数の推計

　図9-1は，2015-2019年の実績から見た，生死にかかわるSDGsターゲット別達成率と取り残し率を示す[2]。このグラフは，戦争を指揮する政治家たちの作戦の効果を示すとともに，2015年からの5年間に実際にこの戦争で死亡した人々，政治家たちが守り切れなかった人々の数を反映している。

　結果は惨憺たるものだ。かろうじて約束の半分を超える人々を守りきれたのは，5歳以下の幼児だけだった。それでも，政治家たちが命を守りきることを約束した10人の子どもたちの内3人以上は，確実に犠牲となった。適切な予算をつけて，保健医療制度を整えるだけで守れたはずの命が，みすみす奪われてしまったのである。

　保健医療制度への予算配分と整備の失敗によって，やはり危険な状況にあって各国政府が守り切ることができないまま命を奪われた犠牲者は，妊産婦の女性については10人の内で6人，70歳以下の非感染性疾患にかかった人々については10人の内7人となっている。

　保健医療制度の要因が若干あるにしても，社会システム全体の問題を基本要因として，コミュニティ政策への予算配分と政策整備の問題と考えられるのが，自殺および殺人事件の被害から人々を守る取り組みの失敗である。交通事故死の場合は，さらにこれに道路交通政策への予算配分と整備の問題が加わる。いずれも，守られるはずで守られなかった命は，自殺の場合，10人の内8人，殺人事件の被害の場合，同じく9人である。交通事故死の場合はほぼ10人であり，ほとんど守られなかったに等しい。

　図9-2は，図9-1のデータを人数で示し，人数の多い順に並び替えたものだ。結果は，さらに恐るべきものだ。

　2015年以来の5年間のやり方で各国政府が保健医療制度への予算配分と執行を行うならば，いかに多くの人々を死に至らしめるかが明らかになる。なかでも非感染性疾患による70歳以下の人々の死亡が，ほぼ3千万人という驚くべき犠牲者数を示している。次いで5歳以下の幼児死亡が940万人，妊産婦死亡が130万人となる。この3つの合計でちょうど4,000万人の犠牲者となる。適切な予防措置と医療さえ提供できれば確実に救うことができる命である。

　コミュニティ政策関連では，自殺が180万人，殺人事件被害者が140万人，交

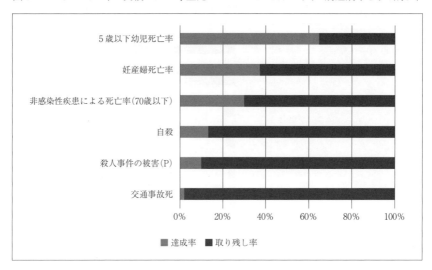

図 9 - 1　2015-2019年の実績からみた，生死にかかわるSDGsターゲット別達成率と取り残し率

[備考]　(P)は，代理ターゲット（SDGsターゲットとして明記されてはいないが内容的に重要な指標）。殺人事
　　　件の被害については，50％削減とした。交通事故死は，2030年までではなく2016-2020年についての累
　　　計に基づく。妊産婦死亡率は，グローバル・ターゲットである10万人中70人の死亡率を各国で達成する
　　　ものとして計算した。
[資料出所]　Kharas et al.（2019）: 5 によって筆者作成。なお原資料は，国連，世界銀行，WHOの統計による。

通事故死が110万人，合計で430万人となる。

　つまり，2015年の国連総会で各国元首が守り切ると誓った命が，この調子で
は，4,430万人も失われてしまうことになる。地球防衛戦争は，このように，
死屍累々たる犠牲者の見通しの中で進行している。

地球防衛戦争における被害者数の推計

　図 9 - 3 は，死亡以外の基本的な生活条件にかかわる被害者を，図 9 - 1 と同
様に示す。[3]

　結果はやはり惨憺たるものだ。この 5 年間の目標達成率が50％を超えるのは
電気の供給だけだが，それでも60％だから，10人に 4 人は取り残されて，約束
された電気供給が実現しないままである。安全な水の供給の達成率はわずかに
50％に届かない。極度の貧困の撲滅も40％を若干超える達成率であり，貧困か

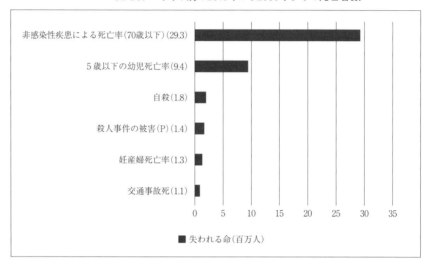

図9-2　2015-2019年の実績から予測される，生死にかかわる
SDGsターゲット別の2019年から2030年までの死亡者数

［備考］　図9-1に同じ。
［資料出所］　Kharas et al.(2019)：5 によって筆者作成。なお原資料は，国連，世界銀行，WHOの統計による。

らの救出を約束された10人のうち6人は放置されている。「極度の貧困」基準
は，一日一人当たり1.90米ドル（2011年の購買力平価換算）であり，低すぎると
いう批判が高まっているにもかかわらずこの達成率だ。初等教育保障の達成も
40％に留まっており，就学前教育の保障は20％をわずかに超える達成率であ
り，多くの子どもが取り残される被害を受けている。保健，衛生関係の被害も
大きいが，中でも，過体重の子ども対策は，マイナス30％の達成率を示してい
る。食生活や運動できる住環境の問題に起因し，多くの病気の発生につながる
子どもの肥満は放置され，むしろ増加している。なお，大気汚染による被害が
ほとんど改善されないまま放置されていることも深刻だ。指導的公職における
ジェンダー平等，女性への暴力廃絶のような，積極的な女性差別是正政策が実
施されないことによる被害も，ほとんど放置されている。

　図9-4は，2015年からの5年間のやり方で推移した場合に，基本的生活条
件を保障するという約束にもかかわらず，生活条件が保障されないままで放置
されることになる2030年までの被害者数を示す。

図9-3 2015-2019年の実績からみた，基本的な生活条件にかかわる
SDGsターゲット別の達成率と取り残し率

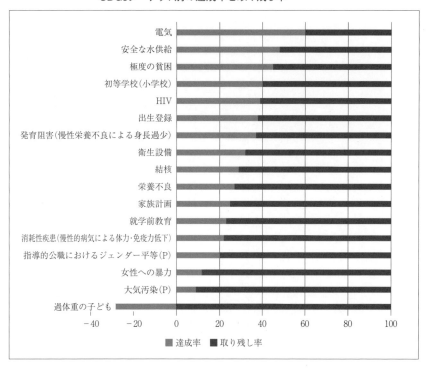

［備考］ (P)は，代理ターゲット（SDGsターゲットとして明記されてはいないが内容的に重要な指標）。大気
汚染は50%削減とした。結核，HIVについては，マラリアも含めてこれらへの感染を各国で90%削減す
るという2015年のWHOターゲットを適用。指導的公職におけるジェンダー平等のターゲットは，男女
比率半々とした。結核，HIVについては2016-2030年の累計を，その他のターゲットは2030年の比率を
示す。
［資料出所］ Kharas et al. (2019): 7 によって筆者作成。なお原資料は，国連，世界銀行，WHOの統計による。

　何よりもショッキングなのは，被害者の数の大きさだ。大気汚染の環境で暮
らす人々を半減させるという目標から取り残される被害を受ける人々の数は，
36億1,700万人である。目標自体が被害者を半減させるだけなので，実際に大
気汚染の被害を受ける人々の数はもっと多いことになる。WHOは2018年の報
告書で世界人口の92%がPM2.5のWHO基準を充たさない環境で暮らしてお
り，とりわけ子どもに深刻な影響を与えていることを明らかにした（WHO
2018）。地球防衛戦争は，この場合，大気汚染から地球を守る闘いでもある。

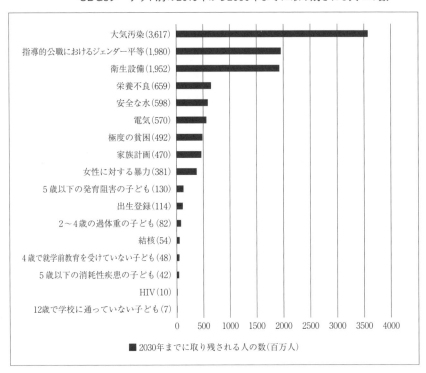

図9-4 2015-2019年の実績から予測される，基本的な生活条件にかかわる
SDGsターゲット別の2019年から2030年までに取り残される人々の数

■2030年までに取り残される人の数（百万人）

［備考］　図9-3に同じ。
［資料出所］　Kharas et al.(2019): 8によって筆者作成。なお原資料は，国連，世界銀行，WHOなどの統計による。

大気汚染が二酸化炭素などの温室効果ガスの排出と同時に引き起こされる点で
は，それは気候変動の人為的な要因との闘いと繋がっている。

　さらに指導的公職におけるジェンダー平等が改善されないまま女性差別の国
に住み続けることを余儀なくされる人々が，19億8,000万人。これとの関連で
は，女性に対する暴力の被害者が，3億8,100万人に達するという深刻な予測に
も注目したい。人類史において長い家父長制の歴史にどっぷりと浸かって女性
差別問題を感覚的に理解できない男性たちが指揮官の大半を占めるようでは，
地球防衛戦争のジェンダー差別掃討作戦は，機能しない。

　なお，すべての人に家族計画へのアクセスを保障する作戦も，ジェンダー差

別掃討の一環をなすものと考えていい。それは，子どもを懐胎し，産むことによって人類を再生産するという女性の生物的機能に関して，一人一人の女性の自己決定の権利を保障することで，ジェンダー差別を乗り越える試みとして，国連などでReproductive Health & Rightsとして議論されてきたものだ。[5] ところが，4億7,000万人が家族計画から排除され続けるということは，女性に対する暴力の犠牲者数を上回るほど広範に，女性が子どもを産む道具として扱われ続けることを意味する。

　保健医療改善作戦については，トイレ（衛生設備）がない生活のまま放置される犠牲者が19億5,200万人にのぼるという恐ろしい予測となっている。日本などでの快適なウォッシュレットのトイレの目覚ましい普及とは裏腹の現実である。排便時は無防備になるので，トイレ設置は，衛生だけでなく，害虫，害獣，人間による襲撃の危険を避けるために不可欠なものだ。筆者は，インドの指定部族カーストの村で初めてトイレの無い生活を体験した。ベーシック・インカム支給実験が行われたその村で，給付金を用いて村人が最初に作ったのは，トイレであった（Davala et al. 2015; Davala 2016＝2016; 岡野内他著訳 2016）。

　栄養不良のまま放置される人が6億5,900万人，安全とは言えない水を使い続ける人が5億9,800万人，電気を使う暮らしに入れないままの人が5億7,000万人，極度の貧困と定義される低所得のまま放置される人が4億9,200万人と予測されている。国家元首の約束にもかかわらず，国家が介入する社会保護の制度，保健，医療，インフラ整備などの政策もこれまでほとんど届いていないし，これからも届かないと予想されるこれらの人々は，人類社会の底辺をなすほぼ同一のグローバルな貧困層を形成していると思われる。

　所得で定義される極度の貧困の基準による犠牲者の数がこれらの4つのターゲットの中で最も少ないことは，極度の貧困を定義する所得基準がむしろ実際の貧困層の姿を隠蔽するものだという批判が当たっていることを示す。その意味では，栄養不良はより適切な極度の貧困の基準であろうし，トイレがないことも極度の貧困と定義してよいのではあるまいか。

　図9-4の「5歳以下の発育阻害の子ども」を消滅させるとするターゲット以下の項目は，すべてこのグローバルな貧困層の諸側面を照らし出す項目である。

　貧困が放置されることが子どもに与える残忍な影響として，適切な食事が与

えられず栄養不良が続くことで発育阻害となってしまう5歳以下の子どもは1億3,000万人である。さらに出生登録されないまま国家による守備の対象外に置かれてしまう子どもは1億1,400万人，栄養バランスを考慮した食事が与えられないことと住環境などの問題で適度な運動ができないことからくる2〜4歳の過体重の子どもが8,200万人，4歳で就学前教育を受けてない子どもが4,800万人，12歳で学校に通っていない子どもが700万人と予測されている。

　すでに治療法も予防法も確立している感染症を90％減少させるというターゲットは，貧困の撲滅に伴って達成されるはずだった。しかしその貧困撲滅の進行がはかばかしくないために，結核では5,400万人，HIVでは1,000万人が，みすみす新規感染者として闘病生活を送ることになると予測されている。

　以上，死亡者と犠牲者の数値に着目する研究成果を紹介し，SDGsが死屍累々の惨憺たる現状にあることを確認した。

3　地球防衛戦争下のコロナ・パンデミック

A　国連にとってのコロナ・パンデミック

人類の危機に際しての責任と連帯の呼びかけ

　『アジェンダ 2030』において国連はすでにパンデミックを含む何らかの危機を予見していたからこそ，SDGs達成を目指す地球防衛戦争を戦ってきた。戦況は，ほとんど絶望的である。2030年を期限とするSDGs達成作戦遂行期間の3分の1の5年間が経過した2020年，国連はSDGs達成のための「行動の10年」を開始し，これまでのやり方（business as usual）ではない動きを呼びかけた。コロナ・パンデミックは，そんなときに襲来した。

　国連は，2020年3月に『責任を分かち合うグローバルな連帯を——新型コロナウィルス感染症の社会経済的影響への対応 (Shared Responsibility, Global Solidarity: Responding to the Socio-Economic Impacts of COVID-19)』（United Nations 2020）と題する報告書を出した。冒頭部分を引こう。

　　私たちは，75年の国連の歴史でかつてなかったような，地球規模の健康の危機に直

面しています。それは人々を殺し，人類に苦しみを蔓延させ，人々の暮らしをひっくり返しています。しかし，それは健康の危機であるだけではありません。人類の危機（human crisis）です。コロナウィルスによる感染症（COVID-19）は，人間社会の核心部分を攻撃しているのです。　　　　　　　　　　　　　　　　（United Nations 2020: 1）

このように全人類に関心をよせるヒューマニズムの立場を鮮明にし，この引用に続いて「いかなる国も，一国だけでこの危機を抜けることはできないでしょう」とクギを刺したうえで，「行動の呼びかけ（a call to action）」として，次の三つのステップを掲げている。

第一に，健康を守るためにWHOのもとで世界が一致して対処すること，第二に，暮らしを守るためにGDP世界合計の10%を用いて特に貧しい国の貧しい人々を助けること，第三に，この危機から学んで二度と同じ苦難に陥らないように全人類の命と暮らしを守る方向に，すなわちSDGsが掲げた方向に復興すること（United Nations 2020: 1-2）。報告書は，続く三つの章でこの三つのステップに即したより具体的な提案を示し，続いてパンデミックに対応するためのグローバルな絆（パートナーシップ）の強化を説く章が配置されている。

タイトルが示すように，この報告書の主眼は，人類の危機に際しての責任と連帯の呼びかけである。トランプ政権のアメリカがWHO（世界保健機関）への資金拠出停止を表明したのは2020年4月，脱退表明は同年7月である。3月のこの時点で，国連はすでに各国政治リーダーの中にある人類の危機に際しての無責任と自国中心主義（ユニラテラリズム）に警鐘を鳴らしたと考えていいだろう[6]。

コロナ・パンデミックとの闘いからSDGs達成の闘いへ

そして，「私たちは人類の危機を乗り越えてよりよく回復するでしょう」と題する最後の章の末尾に，「行動の呼びかけ」があり，それは，次のように結ばれている。

正しく行動することで，コロナ・パンデミックは，社会の生まれ変わり（the rebirthing of society）を歴史に刻むことになります。今日の私たちが知っているような社会から，同世代だけでなく将来の世代も私たちが守るような社会への生まれ変わりです。それは，国連結成以来最大の試練です。したがって，各国政府，学術関係者，実業家，

雇用者や労働者の組織，市民社会組織，コミュニティ，個人など，行為者となれるあらゆる人々（all actors）が，連帯して行動を起こすことが求められています。新しい，創造的な，慎重に考慮したさまざまなやり方で，人類共通の善きことのために，人間性のために私たちが支持している国連の諸価値の核心に基づいて，行動を起こすことが。 (United Nations 2020: 23)

　コロナ・パンデミックをきっかけとして，このままでは達成が危うくなっているSDGsの取り組みを強化したい，そのためにSDGsにかかわってきた政府，企業，研究者，その他の諸団体や個人に，広くSDGs達成のための行動を呼びかける，という国連の立場が明瞭に現れていると言えよう。持続不可能な開発を実践する今日の世界のように，同世代の半数ほどの人々を見捨て，将来世代のことはまったく考えない社会を，SDGs達成のための行動によって，「同世代だけでなく将来世代まで」守るような社会に変えてしまうような「社会の生まれ変わり」を実現すること。SDGs達成のための行動はそのような闘いだと位置づけられており，「国連結成以来最大の試練」とまで言うのである。コロナ・パンデミックとの闘いが，SDGs達成のための闘いの起爆剤となり，コロナ・パンデミックがSDGs達成の障害を吹き飛ばす，いわば「神風」となることが期待されているのである。

コロナ・パンデミックの副産物としての環境浄化の皮肉

　コロナ・パンデミックの原因に関して，その少し前には，次のような興味深い言及がある。

　現在の危機の結果，汚染物質の排出量が低下し，大気がより清浄になったという皮肉（the irony）は，誰の眼にも明らかです。森林伐採，汚染，生物多様性喪失は，全てウィルス拡散要因ですから，これは悲劇的な皮肉です[7]。 (United Nations 2020: 23)

若干意訳したが，新型コロナウィルス感染症の発生そのものが，人類による持続不可能な開発の結果であるという見地に立って，今まさに多くの人を殺している人類の危機が，人類が招いたものであるにもかかわらず，人類を救う道を示したことに，逆説的な悲劇，あるいは痛切な歴史の皮肉を見ているのである。

　それは，パンデミック対策としてのロックダウンがもたらした自然環境の回

復を「地球の自己治癒力」として賛美し期待する傍観者的な態度とも，人間性悪説に立って破滅的な人口減少を願う冷笑的な傍観者的な態度とも異なる。[8] 国連は，エコ・ヒューマニズムの立場に立って持続不可能な開発と闘う立場に立ってきたからこそ，コロナ・パンデミックがもたらした環境浄化という副産物をこのように見ることができたと言えよう。

SDGs達成のための投資行動の転換

先の引用文に続けて，報告書は，これまでの状態を「正常」とする復旧に対して次のように釘を刺している。

> 各国政府は，COVID-19による危機への対応として，大気汚染や気候非常事態 (the climate emergency) のような現存の危機をさらに悪化させるような政策や投資決定をすべきではない。　　　　　　　　　　　　　　　　　　　　　　(United Nations 2020: 23)

そして，これに続いて，「経済と気候に関するグローバル委員会 (the Global Commission on the Economy and Climate)」の「新気候経済 (The New Climate Economy)」プロジェクトの報告書による推進政策および投資計画への転換を推奨している。[9] コロナ・パンデミックの影響を考慮しない見通しでも，「思い切った気候対策への投資は，現在から2030年までに少なくとも26兆米ドルの純益をグローバル経済にもたらし，6500万以上の新しい職を創出する[10]」と見られており，「回復への刺激として採用されるべき」とする。

国連はこのように各国政府に対して政策と投資の転換を呼びかけているが，今日のグローバル経済における投資行動の大きな部分は，各国政府ではなく，多国籍企業集団が握っている。各国政府に対するこのような呼びかけは，各国政府がそれに呼応する投資奨励策を採用した場合に，間接的効力を持つにすぎない。むしろ多国籍企業集団は，このような国連と政府の呼びかけを，グローバルな新しい市場での優位性確保のためだけに戦略的に利用するかもしれない。[11]

B　コロナ・パンデミック対策から地球防衛への機運

コロナ・パンデミック対策からのベーシック・インカム政策の形成

パンデミックを契機にSDGs達成に向けて大胆な政策転換を呼びかけた国連

に呼応するかのように，パンデミック対策を契機として，実際にSDGs達成に向けて，興味深い動きがみられる。すでに指摘した，大気汚染改善へのインパクトだけでなく，テレワークの普及による省エネ的な経済活動への転換の可能性は，広く，深い影響力を与える可能性がある。

　さらに，パンデミック対策として各国で導入されつつある社会保護政策の中に，「個人向け，無条件の定期的な現金移転」として定義されるベーシック・インカム[12]的な方向が強まっていることが注目される。それらは，一時的なものではあるが，将来の全面的実施のための社会実験あるいはパイロットプロジェクトとして機能し始めているかに見える。日本を含め，コロナ・パンデミック対策として，現金移転を採用する国も，金額も，右肩上がりに増加している。[13]

　太平洋の島国ツバルでは，コロナ危機の期間中にベーシック・インカムというべき全国民個人向けの無条件現金移転（月17USドル）が導入された。ツバルは世界でも珍しい感染者ゼロの国であり，それを保つために厳しい入国制限が行われた。そのため，外国への唯一の窓口となっている首都経済がさびれ，首都からの人口流出が起こった。しかしそれは，離島への労働力の分散化による在来漁業活性化などを通じて国内のフードシステムを改善し，国内経済全体を活性化し，過密が問題となっていた首都の都市問題を緩和する肯定的な効果があったと報告されている。[14]

UNDPと世界銀行のベーシック・インカムへの転回

　さらにUNDP（国連開発計画）は，コロナ・パンデミック対策として，低所得者のみを対象とする「期限付きベーシック・インカム（Temporary Basic Income）」（無条件現金移転）を提案するレポート（Molina et al. 2020）を刊行した。国連機関がベーシック・インカムを政策の選択肢として取り上げるのは初めてのことだ。そのレポートは支給金額について3つの案を出して，必要財源を各国ごとに詳しく算出しており，各国政府がその気になればすぐに実行できるような提案となっている。それだけではなく，地球規模でパンデミックを抑えるために，マスクを買うお金もなく，仕事を探しに外出しなければ生活できない所得階層の人々，132か国約28億人にわたる人々すべてを対象とする視点を堅持している。そして，地球規模での期限付きベーシック・インカムの財源は，これ

ら諸国の対外債務返済のための支払いの3分の1によって十分であることを明らかにしている。

　加えて世界銀行も，コロナ・パンデミック対策としてではなく，一般的な政策の選択肢としてのベーシック・インカム（全員向け）を多面的に検討し，これまでのパイロットプロジェクトを網羅的に評価するガイドブック（Gentilini et al. eds. 2020）を刊行した。

　ベーシック・インカムというアイデアは，21世紀初頭になるまで，開発分野ではほとんど無視されてきたが，21世紀初頭になって，ナミビア，ブラジル，インド，さらにはケニアでも導入実験が行われ，優れた効果を発揮することが明らかになり，怠け者を作り出すという懸念は，ほぼ完全に払拭された。財源がないという懸念についても，BRICSとして経済成長しているナミビア，ブラジル，インドについては，当たらない。より貧困な国については，援助資金を充てるべきという深刻な提案もされている。世界銀行のエコノミストたちによるこの本は，そのようなベーシック・インカムをめぐる状況の変化を明確に整理したのである。さらにそこでは実際に支給を開始する場合に問題になるさまざまのインフラについても研究されており，本人確認のための身分証明書を持つ人の比率，出生登録の比率，金融機関への口座の保有率などの各国別データも掲載されている。これも，いよいよ，ベーシック・インカムが現実的な政策の選択肢として検討され始めたことを意味する。しかもこの本の刊行はコロナ・パンデミック以後であるが，その準備はパンデミック以前から始まっている。ベーシック・インカム政策は，コロナ・パンデミック対策ではなく，SDGs対策として検討されているのである[15]。

4　SDGsをめぐる対立の構図——地球防衛か，宇宙開発か？

A　SDGs市場を目指す多国籍企業——SDGsコンサルタント狂詩曲

　SDGsに関する経営コンサルタントの本があふれている。代表的なものは，モニターデロイト（2018）であろう[16]。モニターデロイトは，経営戦略論で有名なマイケル・ポーターらハーバード大学ビジネス・スクールの教授陣によって

1983年に創設された戦略コンサルティング会社モニター・グループが，2013年に世界最大の会計事務所デロイト・トウシュ・トーマツに買収されて成立し，2018年から日本でも事業を開始した戦略コンサルティング会社である。[17] 同書はその日本法人メンバーによって執筆されたとされている。同書の基本的な主張は，「SDGs対応」を義務ではなく戦略として利用せよとするものだ。21世紀半ばに向けて予測される産業革命と経営革命に同時に向き合うことで「事業が成長し，市場シェアを高めるほど，世界がより良くなる」経営の実現を追求するために活用せよ，としている。

　内容的にはそれとほぼ同様の『SDGs経営ガイド』が，日本政府経済産業省によって出されている。一橋大学大学院教授伊藤邦雄を座長に，日本の大企業の社長14名，東京大学総長の計15名の委員，ゲストスピーカーとしてUNDP総裁，GRIFの理事兼CIO，WBCSD総裁兼CEOの4名，外務省，金融庁，経済同友会，経団連，日本取引所グループ，日本投資顧問業協会，日本貿易振興会，Japan Innovation Networkの8団体をオブザーバーとして経済産業省が2018年11月に発足させた「SDGs経営／ESG投資研究会」の成果を取りまとめたものとされている。[18] その基本的な立場は，次の文章に現れている。

> SDGs達成のためには，世界で年間5〜7兆ドルの投資が必要とも言われる。これは，いまだ満たされていない世界のニーズの大きさを物語る。企業にとってのSDGsとは，無視することはできない「リスク」を突きつけるものであると同時に，未来の市場を創造・獲得するための「機会」でもある。　　　　　　　（経済産業省 2019: 7）

　要するに，これからのグローバル市場のフロンティアがSDGs市場であり，それに乗り遅れるとグローバル企業として生き残れないし，逆にうまく乗り込めればのし上がるチャンスになるというわけである。

　すでに世界のSDGs関連企業に投資する「グローバルSDGs株式ファンド」も売り出されている。「コロナショック後の下落率は世界株式に比べると限定的」とするデータと，「経済の混乱が続いてもSDGsの達成に向けた世界的な動きは継続するとみており，SDGs関連銘柄は，経済や株式市場の混乱期においても相対的に良好なパフォーマンスが期待できる」とするオランダの資産運用会社の運用担当者の見通しとともに販売促進が進められている。[19]

B　宇宙開発というオプション

宇宙企業集団の形成？

　とはいえ，投資の動向は，すべてがSDGs関連投資やSDGsが推奨する環境（Environment）・社会（Social）・ガバナンス（Governance）を配慮したESG投資に向かっているわけではない。

　戦略的見地から筆者が注目するのは宇宙ビジネスへの投資である。すなわち，宇宙ビジネスは，地球ビジネス＝グローバル・ビジネスの制約を超越できる。この場合の地球ビジネスの制約とは，地球生態系の制約である。気候変動やパンデミック，大気汚染や生物多様性喪失や資源枯渇，都市過密問題や現行農業の持続不能問題，テロや内戦など，地球上で展開する企業がもれなく直面する共通の危機的状況がそれである。だからこそ，投資家も企業も，地球防衛戦争を支持し，SDGs達成運動に参加し，SDGs推進の中に新市場を創り出そうとしてきた。

　ところが，宇宙ビジネスは，宇宙空間とさしあたり太陽系の惑星で展開するビジネスである。地球生態系に全面的には依存しない。したがって，これらの制約を超える可能性を持つ。ゆえに，SDGsを真剣に考慮する必要がない。ゆえに，地球防衛戦争を支持し，参加する必要は，必ずしもない。

　このことの戦略的意味は大きい。2015年以来，グローバル企業を先頭に，ほとんどの企業がSDGsを受け入れ，巨大な市場ができつつある。だが，SDGsが2030年に達成される見込みはほとんどない。2030年にもう一度仕切り直しが行われて，地球生態系と人類を守る努力が行われ，SDGs市場が維持され，主要企業は生き残るにしても，地球生態系と人類へのダメージは大きい。企業の経営環境は厳しく，不安定なものとなろう。それでも地球生態系の中で企業活動を続けるのであれば，グローバル企業の資源をすべて地球防衛戦争に動員することが必要となる事態もありうる。それは，総力戦となった第二次大戦下の企業動員や戦時共産主義のようなものとなるかもしれない。

　この事態を避けるためには，「資本主義の精神」を体現し，「資本の人格化」として動く資本家＝資本所有者＝投資家＝企業の究極の支配者は，かつての資本家階級の主流が，国民国家の制約を受け入れる「民族資本家」となることを

拒否して世界市場を目指したように，国連やSDGsが課す地球生態系の制約を受け入れる地球資本家となることを拒否し，宇宙市場を目指さねばならない。資本主義のゲームのルールの根本原理は，可能な限りあらゆる制約を突破して市場に登場する商品所持者が交換を通じて利潤獲得競争を繰り広げる。地球生態系の制約も宇宙ビジネスによって突破できるかもしれない。

　以上の考察から，最近の宇宙ビジネスの動向を見れば，宇宙ビジネスは，SDGs市場の次なるマーケットとして，戦略的なフロンティアとして開発されつつあり，今日のグローバル資本主義経済システムを支配する多国籍企業集団のコアの部分は，すでに宇宙企業集団を形成しつつあるのではないか，という仮説が浮かび上がる[20]。

宇宙ビジネス展開の論理

　Amazon.comの創業者で，CEOでもあり，『フォーブス』誌による世界最大の資産家リストの常連であるジェフ・ベゾスは，2000年に宇宙開発企業「ブルー・オリジン」を創業した。2019年5月9日に行われたとされる彼の50分ほどの講演を要約すれば，次のようになる[21]。

　宇宙へのロマンは少年時代からの夢であった。地球は，宇宙の中でかけがえのない美しさを持つが，個人の生活を豊かにするために必要なエネルギー消費の増大が問題だ。そこで，視野をエネルギー資源が有限な地球から，資源豊富な太陽系に拡張する必要がある。人類が地球だけで生きるならば，「静止・均衡と割り当て・配給 (Stasis & Rationing)」の時代は避けられない。

　人類が「躍動と成長 (Dynamism & Growth)」を選択するためには，太陽系の資源開発は不可避だ。地球上の貧困と環境問題の解決は重要だが，同時に人類の未来のためには宇宙開発への投資が必要である。

　今日のテクノロジーと民間企業のノウハウとを用いて，宇宙開発を企業ベースで進める見通しはついている。内部を空洞にして人口重力を加えた巨大な円筒形の人工の宇宙植民地を宇宙に浮かべて，その内部にヨーロッパ風の田舎町を，動植物や野鳥まで含めた居住空間として再現する。その宇宙植民地を拠点として月の資源開発を進めることは夢ではない，と。

　ベゾスは，講演の最後でも，この宇宙開発・植民計画は地球に敵対するもの

ではないので，誤解のないようにと念を押している。しかし，地球＝停滞，宇宙＝躍動という形式的な二項対立図式に基づき，「どのみち地球は使えなくなるから，宇宙を使おう」とする彼の論理が，地球環境問題と世界の貧困問題の同時解決を目指すSDGsの論理を相対化するものである点に誤解の余地はない。

　『アジェンダ2030』とSDGsの論理は，地球と「誰一人取り残さない」人類との間での新しい関係を作ることをフロンティアとして設定し，持続可能な地球生態系と人類との関係の開発の中に躍動と成長の未来を見出すものだった。SDGs市場への投資は，その方向で誘導された資本主義ゲームの新しい展開であり，国連と各国政府，そして巨大多国籍企業から中小零細企業まで，その方向に歩み出したかに見えた。

　しかしこの論理は，宇宙を新しいフロンティアとして設定し，その方向に資本主義ゲームを展開させることで，原理的に崩壊する。宇宙を使用することでローマクラブ以来の「成長の限界」を突破できる見通しが立つ。月や太陽系の惑星の資源と宇宙空間を利用する生産設備の移転，廃棄物の宇宙空間を利用した処理も可能になる。無限な宇宙ではゴミ捨て場も無限だ。さらに宇宙空間での企業間の取引による収益をもとに，宇宙規模での「トリクルダウン（滴り落ち効果）」によって地球の貧困問題を解決するという見通しさえ語ることができる。もはや，地球生態系と人類の危機に向き合い，資本主義ゲームに制約をかけて変更し，地球防衛戦争に参加して経営資源を供出する必要はない。地球生態系とそれにこだわる人類は，持続不可能でいい。持続可能な開発は宇宙にある。地球生態系と人類全員を守るのではなく，すでに壊れてきた地球生態系とそれにこだわる人類を捨てることで，人類の中の「選ばれし者」＝少数のエリートは宇宙空間に植民地を建設して展開する新しい人類として再生できる。……それは，いくつかのSF小説，映画，『ガンダム』のようなアニメのストーリーを思わせる。同時に，資本主義ゲームの行き詰まりがもたらした階級対立の高まりを植民地建設による帝国主義の方向で解決しようとした20世紀初頭の著名な帝国主義者たちの論理を思わせる。

　宇宙ビジネスの展開が，以上のような宇宙帝国主義というべき論理を内在させるものであるとすれば，SDGs達成に真剣に取り組み，地球防衛戦争を戦う者にとって，それはどう映るだろうか。地球生態系と人類全員を守るために使

うべき資源を，少数のエリートだけが便益を享受できる宇宙開発に注ぎ込むものということになるだろう。宇宙ビジネスの展開は，宇宙を拠点とする宇宙企業集団による地球侵略として捉えられることになるのではないだろうか。

C　国連のエコ・ヒューマニズムと地球防衛戦争の課題

地球防衛戦争の敵＝侵略者の姿

コロナ・パンデミックは本稿執筆時点で，アジア，アフリカ，ラテンアメリカの中でも，SDGsが撲滅の対象とした貧困に苦しむ人々が集中する地域でとりわけ猛威を振るっている。パンデミックとの闘いは，悪性ウィルスを武装解除するという意味で地球防衛戦争そのものだが，パンデミック対策をめぐる議論，そして実際に採用された対策をめぐって，地球防衛を妨げる真の敵の姿が，人々の眼に見えるようになってくるだろう。

筆者はとりわけ，世界30億人の貧困層を対象とするUNDPエコノミストの期限付きベーシック・インカム提案に注目したい。今のところ大反響とはなっていないが，今後の事態の進展の中で，SDGsをにらむ世界銀行エコノミストのガイドブックともあわせて，その実現が課題となるのは間違いないだろう。

その際に焦点となるのは，財源問題である。UNDPエコノミストの詳細な必要財源計算は，その時に，地球をめぐるお金の流れを議論する貴重な資料となる。従来型の地球破壊的な事業への投資，SDGs投資と称するいささかあやしい投資も含む「地球にやさしい」投資，そして宇宙開発投資と並んで，人の命に対する投資というべきベーシック・インカム財源となる投下資金が比べられることになる。お金の流れを決める立場にあり，その力を持つ人が，そのときに，どのような決断を示すか。人の命を守り地球生態系を守る決断をするのかどうか。これが，地球防衛戦争の真の敵の姿を示すことになるだろう。

SDGsはエコ・ヒューマニストのトロイの木馬になれるか？

多国籍企業に関する多くの批判的研究は，地球生態系の危機を含む現在の人類社会の諸問題の根源が，1990年代以降のいわゆるグローバル化の中で，それまでの国民国家の人権や環境に関する規制を逃れる形で発展してきた多国籍企業集団を主要なプレイヤーとするグローバル資本主義の仕組みと，そのゲーム

のルールを規定してきた新自由主義イデオロギーであるとしてきた。これまで多くの論稿で紹介，検討してきたように，筆者もその立場に立つ。その見地からは，地球防衛戦争の真の敵＝地球侵略者は，新自由主義をゲームのルールとするグローバル資本主義の主要プレイヤーである多国籍企業集団である。

　国民国家の連合体である国連がエコ・ヒューマニズムの立場に立つ『アジェンダ 2030』とSDGsを決定し，それに主要な多国籍企業を巻き込み，グローバルなSDGs市場を確立して，SDGs経営に乗り出させたことは，エコ・ヒューマニストにとっては，地球侵略者たる敵を取り込んで，地球防衛の側に動員した点で快挙であった。多国籍企業集団の側も，儲かるチャンスとして，嬉々としてそれに取り組んでいるかに見える。

　だが，それをもって多国籍企業集団が新自由主義からエコ・ヒューマニズムにすっかり改宗してそれを奉じ，グローバル資本主義のゲームのルールを自ら変えて，地球防衛戦争を戦うプレイヤーとして再出発したとはとうてい言えない。本章の最初に見たように，多国籍企業集団が支配するグローバル資本主義のルールに則ったこれまでのやり方はほとんど変わらず，地球生態系と人類の危機に応じて設定された地球防衛作戦たるSDGsの役に立ってはいない。

　それどころか，先述のように，宇宙開発が新しいフロンティアとして登場している。宇宙植民地建設の論理は，一方ではエコ・ヒューマニズムの柱となっている資本主義ゲームの地球生態系への依存というエコロジーの呪縛から放たれ，他方では，宇宙船という人工的環境の技術的制約を導入することで，宇宙開発に従事できる人間を限定するエリート主義を正当化し，ヒューマニズムの束縛からも逃れる契機を手にする。こうして，エコ・ヒューマニズムに屈服するかに見えた新自由主義イデオロギーは息を吹き返す。多国籍企業集団は，SDGs経営に熱中するかに見えて，すでにエコ・ヒューマニズムを離れ，SDGsが失敗し，地球生態系と人類が一層の危機に陥ることを見越して，すでにそのコアの部分は，宇宙企業集団に転生し，新自由主義のイデオロギーに基づくゲームのルールに従う宇宙資本主義＝宇宙帝国主義の立場からの地球侵略によって勝利しようとしているかもしれない。

　この状況は，筆者には，ホメーロスやウェルギリウスが描いた古代ギリシャ時代のトロイ（トロイア）戦争最終盤におけるトロイの木馬の故事を思い出させ

る。ただしこの場合，トロイの城に籠って，攻めてきたアカイア軍が残した巨大な木馬を戦利品として城内に引き入れたのは，多国籍企業集団である。退却したと見せかけて，木馬の中に勇猛な兵士を忍ばせたのは，エコ・ヒューマニストたちである。そして木馬は，SDGsである。

　多国籍企業集団がSDGs木馬を城内に引き入れて勝利の祝祭を行うところまでは，故事のシナリオどおりである。だが，夜になってエコ・ヒューマニストの勇猛な兵士たちが木馬から這い出た時，兵士たちは，首尾よく多国籍企業集団のトロイの城を陥落させ，新自由主義イデオロギーによるグローバル資本主義のルールを変更し，エコ・ヒューマニズムに沿って多国籍企業集団をコントロールすることができるだろうか。

　筆者は，その先の作戦は著しく曖昧で，ほとんど無きに等しく，出たとこ勝負になっていると考える。だが，エコ・ヒューマニスト戦士が多国籍企業集団の城内にまで入り込んだのは画期的なことだ。エコ・ヒューマニストが地球防衛戦争に勝利するためには，SDGsを故事のシナリオどおりのトロイの木馬にしなければならない。

　筆者は，エコ・ヒューマニストが多国籍企業集団を武装解除してコントロールするために，城外と木馬内部から飛び出して，多国籍企業集団がにぎる資本の過半数を所有して資本全体の支配権をにぎることでグローバルなベーシック・インカムの財源を確保し，グローバルなベーシック・インカムを実現しなければならないと考える。本書「はじめに」で描いたグローバル・ベーシック・インカム構想の実現である。コロナ・パンデミックに直面して，今，UNDPと世界銀行のエコノミストから戦士が飛び出してきた。戦士たちを孤立させてはならない。

注 記

［第 1 章］

1）　1950年代のアメリカ社会の変化を人類史の最先端を行く変化と捉えたのは，経済史研究を足場とするロストウの近代化論である。マルクスらの『共産主義者宣言』に対抗する意図を示す「非共産主義者宣言」という副題を持つRostow（1960＝1961）は，経済成長史観を体系化し，ソ連や東欧などの社会主義の試みも飲み込んでいくとする「収斂理論」を含み，人類史を近代化に向かう「離陸」の歴史として描いた。しかしマルクスやウェーバー，それらを受け継いで当時展開されていたパーソンズらの精緻な議論に比べ，社会科学的研究としてはあまりに粗雑なその議論は，多くの批判にさらされ，1980年代以降はポストモダン的議論の興隆によってアカデミズムの世界ではほとんど忘れ去られてしまう。ポストモダン的な近代化論的開発批判の例として，フーコー的な言説分析によって「開発（development）」言説による権力関係の変化をコロンビアの事例によって解明したEscobar（1995），「国際協力」という言説が，資本主義的な近代化推進という政治的権力関係を覆い隠すことを，日本の国際協力の歴史から描く北野（2011），市民社会論との交錯という視角からの開発論の転回に関して瞥見した岡野内（1998a）などを参照。ロストウについては，失敗に終わった21世紀のアメリカのアフガニスタン，イラクへの介入に先駆けて，やはり失敗に終わったベトナム介入を強固に主張し続けた彼の政治的実践が，現代史研究者によって注目されている。「アメリカのラスプーチン」と呼ばれるほどケネディ以降の歴代大統領に強い影響を与えた彼の政治活動の全体像について，アメリカ史研究者の著作Milne（2008），また1972年の沖縄返還に先立つ1969年の沖縄への有事核兵器再持ち込みを容認する日米間密約でロストウが果たした役割について，後藤（2010）を参照。アメリカや先進国政府の開発政策とそれを支える開発学の中では，近代化論は，従属論や世界システム論の批判にもかかわらず21世紀初頭までの主流派を支える世界観となっていた。個々の事例に関する記述的モデルが過度に一般化された戦略論として提示されており，いわば「柳の下の泥鰌」的議論だとする批判がすでに園部・大塚（2004）への書評である尾高（2006）でなされているにもかかわらず，このような世界観を今日まで維持している知識社会学的にみて興味深い例として，大塚（2020）を参照。1930年代に日本の産業発展の記述モデルとして着想された赤松要の雁行的経済発展論が，1950年代からその開発学の中心を担う開発経済学の経済成長中心の政策立案の根拠とされていった点については，当事者の回顧である小島（2000）；（2001）を参照。貧困削減戦略論の基本的な発想は経済成長による貧困解消であったが，経済成長中心論の「社会民主主義」的修正として提起された。この間の事情について，援助する側の現場の雰囲気を伝える笹岡（2019）参照。このような20世紀後半の近代化論的「開発」概念の歴史から見ても，2015年の国連決議での世界観の転換がいかに大きな変化であったかがわかる。世界銀行のスタッフは，2015年11月にあらゆる個人の参加を呼びかけるSDGsの議論を引きながら，先進国（developed countries）と開発途上国（developing countrties）という呼び方がさまざまな誤解を招くものであると，データを示しながら厳しく批判し，国連やIMFに先駆けて，実際に2016年からは「開発途上国」という呼び名を完全に廃止し，「中低所得国（low and middle income countries）」に改めた。Kokhar & Serajuddin（2015）およびFantom, et al.（2016）参照。「途上国」の呼び名の最近の変化については，英語版 *Wikipedia* の "developing countrties" の項目が役立つ（2020年8月31日閲覧）。

2） 英語圏では，Critical Development Theoryを掲げる Munck & O'Hearn（1999）や，Critical Development Studiesを掲げる Veltmeyer & Bowles eds.（2018）のような著作もある。それらは，本書のように代表的論者に焦点を当てるのではなく，階級，ジェンダー，帝国的支配などのトピックごとに批判的論点を示していくスタイルをとっている。興味深いものだが，これらの著作の検討については別稿で果たしたい。

3） 以下，細かい注記は省く。ハーバーマスの著作のほとんどは邦訳されているが，訳文の日本語が難解であることが多く，重要な部分で誤訳があることも指摘されている。永井（2018）は，重要な誤訳の指摘も含めて，ハーバーマスの議論の全体像をつかむうえで，また，いわゆるフランクフルト学派の批判理論の系譜での位置づけについてもさしあたり役立つ。ハーバーマスの議論は，国際関係論では，批判的国際理論の展開に大きな影響を与えた。この点につき，重政（2006）参照。ハーバーマスと並行して，ほぼ同様な問題意識を持って，ほとんど相互交流のないまま批判的社会理論を体系的に構築したのは，アンガーである。アンガーの議論は，アメリカの批判法学（critical legal studies）に大きな影響を与え，日本でも最近になって紹介されるようになった。さしあたり法学研究の側からアンガーの理論を活用して，アメリカの批判法学，社会的立憲主義，民主的実験主義を検討する見崎（2018）;（2019a）;（2019b）参照。なお仕組みと「私」とのずれに着目するアメリカの批判法学からは批判的人種理論（critical race theory）も展開されており，ヘイト・スピーチ規制法との関連で日本でも注目されている。桧垣（2011）;（2017）参照。ハーバーマスとアンガーの比較検討は今後の課題としたい。

4） この論点についてもハーバーマスの『理論と実践』Habermas（1963＝1999），『認識と関心』Habermas（1968＝1981），から『真理と正当化』Habermas（1999＝2016）に至る著作が多くの論争への見通しを与えてくれる。

5） 以下，詳細な注記は省く。ベーシック・インカムの議論は日本も含めて世界的にかなり混乱しているが，理念の歴史を含む最近の概説書としてStanding（2017＝2018），Parijs & Vanderborght（2017）が優れている。便利な重要論文集としてWiderquistet et al. eds.（2013），特に歴史的起源に関する資料集としてCunliffe & Erreygers eds.（2004），最近のハンドブックとしてTorry ed.（2019），さらに世界銀行のエコノミストを中心とするGentilini et al. eds.（2020）も参照されたい。日本の状況を視野に入れたベーシック・インカム研究としては，小沢（2002），武川編（2008），山森（2009）が最初の到達点であり，それ以後多くの提案や論争的な本が出されたが，最近の到達点として，本田（2019）がある。

6） 筆者は，古代社会の社会構造と関連付けて，配分的正義，応報（交換）的正義さらに匡正（矯正）的正義の3つを本文のように解釈しているが，アリストテレスの正義論についてはその解釈をめぐって古くから論争があり，それは私法の原理をめぐる現代のきわめて重要な法学論争と結びついている。Englard（2009）は古代から中世スコラ哲学を経て近代に至るその歴史をていねいに跡付けている。その後の議論としてBrickhouse

（2014），また現代の論争との関連についてFell（2020）など，日本でのアリストテレス解釈の諸説については，さしあたり高橋（2013）が役立つ。

7） 21世紀に入ってからのロシア史研究では，ソ連社会主義時代の労働義務の観念を，ロシアの農奴制時代の労働義務повинность（賦役）の存続および復活のもとでの国家資本主義による工業化と捉える試みが注目を集めているようだ。さしあたり訳者解説とともにBeznin & Dimoni（2002＝2007）参照。

8） 植民地地域の独立によって，国際問題の焦点はロシア革命以来の資本主義対社会主義の東西問題から，かつての帝国主義列強であった先進国対新興独立諸国の南北問題に移行するとしたのは，当時ロイズ銀行会長であったオリヴァー・フランクスであった。東西問題で西側諸国による東側「封じ込め政策」の提唱者として有名なケナンの南北問題に関する発言に注目したのは本書第7章に登場するロビンソンである。Robinson（1996）: 1-2参照。

9） トーマス・ペインとトーマス・スペンスの提案の詳細は，Spence, et al.（1920＝1982）およびCunliffe & Erreygers, eds.（2004）に収録された両者のパンフレットを参照。

10） 配分的正義の見地からいっても，革新的な起業家から見れば，フリーライダー問題に目くじらを立てることは，短期的なコストに目を奪われて真に革新的な技術革新のチャンスを見失う了見の狭さと見られている。真に革新的な技術革新はすぐに成果の上がらない時期を経て，その時代その時期の常識を超えたところで開花するのが常であるからだ。したがって，無職のサーファーであろうが，ギャンブラーであろうが，三年寝太郎であろうが，一見非常識な生活を経て，ある状況のもとでは，素晴らしい革新者として登場する可能性は排除できない。むしろ，そのような生物多様性（!?）を確保することが，社会的分業における技術革新への投資だと考えたほうがいい。フェイスブックのザッカーバーグ，PayPalやテスラのイーロン・マスクなどIT産業系の起業家たちがベーシック・インカムの強固な支持者となっているのは，この点への着目が理由だと考えていい。ザッカーバーグは明確に「失敗する自由」のために「全員向けベーシック・インカムが必要」と語っている。倉本（2017）参照。マスクについては，Tencer（2017）参照。

11） 韓国京畿道でのベーシック・インカムのローカルな実現への動きについて，岡野内（2020）を参照。EUレベルでのベーシック・インカムへの動きについては，BIENのサイトから多くの資料が得られる。日本でのベーシック・インカムの財源をめぐる論争については，別稿で整理したい。

12） 赤ん坊の比喩は，Wayne Ellwood, *Generating Power: A guide to Consumer Organizing*, Penang, Malaysia: International Organization of Consumers Union, 1984, p. 38 からとされているが筆者未見（Korten 1990: 113, 128 n. 1＝1995: 141, 164注1）。赤ん坊を川に投げ込むという行為は，旧約聖書の『出エジプト記』1-22に記述されている。モーセ出生前のエジプト王が奴隷身分であったユダヤ人の反抗を恐れて発したユダヤ人男性新生児殺戮命令を想起させる。ユダヤ教，キリスト教，イスラーム教文化圏の人々には，エジプト王への隷属を打ち破る革命的な脱出を連想させることで，ウェーバーやフロイトが注目したそれに伴う革命的エトスを喚起しようとするものかもしれない。ただし，コーテンは特にこの点に触れてはいない。

[第2章]

1) デイヴィッド・コーテンは，スタンフォード大学で心理学，同大学院で経営学（組織論・経営戦略論）の修士・博士号取得の後，ハーバード・ビジネス・スクール客員准教授としてMBAやPhDコースや中間管理職プログラムを5年間担当し，1960年代半ばにエチオピアのハイレ・セラシエ大学経営管理学部の副学長・講師として学部立ち上げにかかわり，さらにニカラグアの中央アメリカ経営学院（INCAE）の顧問兼理事を兼務した。続いて，フォード財団が資金を出したハーバード大学国際開発研究所による世界各国の家族計画プログラムの組織管理強化プロジェクトの長となり，ハーバード公衆衛生大学院講師として家族計画管理論を担当しつつ，フィリピンのアジア経営学院（AIM）客員教授を兼任した。ベトナム戦争にはアメリカ空軍大尉として従軍した。その任務は，特殊航空作戦学校（Special Air Warfare School）で教えるかたわら，空軍本部司令部（Air Force Headquarters Command）の特殊研究班の一つを率い，また国防長官府（Office of the Secretary of Defense）および高等研究計画局（ARPA）の行動科学・社会科学研究班の文民の長に対して軍事顧問となることだった。1977年末にハーバード大学を去り，フィリピンのマニラでフォード財団の人口プログラム管理専門家，ロックフェラー財団主導の社会開発管理のための経営管理研究所作業班コーディネイター，インドネシアのジャカルタでアメリカ合衆国国際開発庁（USAID）のアジア地域担当開発管理顧問として，インドネシア，フィリピン，バングラデシュ，インド，スリランカ，パキスタンを担当した。1988年以後はNGO活動家に転じ，1990年にマニラで「民衆中心の開発フォーラム（People Centered Development Forum: PCDForum）」を創設した。1992年にはアメリカを活動の拠点とするためにニューヨークに居を移した。PCDForumは後に「生きた経済の広場（Living Economies Forum）」と改名され，グローバルな変化のためにアメリカを変えることに焦点を当てた彼の活動の足場となった。その他，エコロジカルな地域経済振興事業を支援するアメリカとカナダにまたがるネットワーク型NPOであるBusiness Alliance for Local Living Economies（BALLE）創設時の理事，1999年のシアトルでの反グローバル化運動を主導したことで有名な調査・運動団体のInternational Forum on Globalization（IFG）創設時の協力者，人間のために資本を用いる経済システム転換を求めるアメリカとカナダのNGOのネットワーク組織New Economy Coalitionおよびそのためのシンクタンクであるthe Next System Projectの前身であるエコロジカルな経済転換を目指す全米規模の諸団体のシンクタンクNew Economy Working Group創設時の共同議長を歴任。2020年現在，PCDForum以外の彼の活動は，広告に依存しない全米レベルの独立雑誌 YES! Magazine 共同創刊者，理事会議長，アメリカの神学者で1970年代から環境倫理の著作で著名なJBコップJrを中心として，アメリカだけでなく中国，韓国，南アフリカなどでも活動するThe Institute for Ecological Civilization（EcoCiv）顧問，アメリカ進歩派のシンクタンクとして有名なThe Institute for Policy Studies 共同研究員，1972年の報告書『成長の限界』で有名な国際民間シンクタンクで現在はスイスに本部を置くローマ・クラブ正会員，アメリカのシアトルにある環境再生設計学校（the School of Regenerative Design: SORD）顧問，アメリカのカリフォルニアに本部を置き中国各地の大学に37の支部を持つポストモダン開発研究所（Institute for Postmodern Development of China）顧問となっている。以上について，

彼のホームページにある著者紹介および自伝的回顧を参照されたい（https://davidkorten.org/about-the-forum/author-bio/; https://davidkorten.org/about-the-forum/davids-story/：2020年11月17日閲覧）。

2）　本書巻末の参考文献目録を参照。学術的に最も注目されたのは最初の著作（Korten 1990＝1995）であろう。第三世界の開発にかかわってきたNGOの活動を総括して提案された，【第1世代】救援・福祉，【第2世代】自立に向けた地域共同体の開発，【第3世代】持続可能なシステムの開発，【第4世代】地球規模の広がりを持つ自律的な民衆の運動，というNGO発展段階の「4つの世代」論は，多くのNGO活動家に影響を与えただけでなく，その後のNGOや社会運動に関するいくつかの実証研究の基準となった。南アフリカのNGOに関するVenter（2001），反グローバルの化社会運動に関するVenter & Swart（2002），日本の開発NGOについて池住（2001），若井他編（2001）など参照。なお『NGOとボランティアの21世紀』としてNGO関係者によって訳出された邦訳本は全訳ではなく，基本的な論旨を損なわない範囲で全体にわたって文の省略が散見し，いくつかの興味深い注も割愛されている。さらに「訳者あとがき」には，「翻訳は，実は1992年には終わっていた。だが，当時の日本はまだNGOの社会的認知度が低く，財政的・組織的にもひ弱な存在だった。そうした状況下では，辛口な本書がようやく認知され始めた日本のNGO界に冷や水を浴びせかける恐れもあった」（Korten 1990＝1995: 290-291）とあり，1990年代前半には日本のNGO関係者によってコーテンの批判的言論が怖れられたことを示して興味深い。

　原題を直訳すれば『会社が世界を支配するとき』となるKorten（1995＝1997）は前注のコーテンの公式サイトによるとグローバル化に対抗する社会運動の盛り上がりの中で15か国語に訳され，2001年には増補改訂版も出された世界的ベストセラーであるが，『グローバル経済という怪物』という会社批判が明確でない訳書名でやはり脚注抜きで出版されたためか日本ではあまり注目されなかった。

　コーテン理論の集大成である『ポスト大企業の世界』（Korten 1999＝2000）も8つの言語で出版されたとされるが，近代的世界観および価値観を批判して，氏自身が劇的に覚醒して身につけた別の価値観を提示しようとするあまり，いささか宗教的あるいは情緒的な叙述が目に付く。そこで展開された独自の市場経済戦略に基づく運動論は，O'Driscoll（2002）によって，カトリックの社会活動の原則とも一致するものとして歓迎される一方で，London（2002）は同書の「良き意図」を高く評価しながらも，厳密な論証による理論的な分析よりも具体的な課題と行動提起を急ぐ叙述のスタイルを厳しく批判している。とはいえ日本では，奥村（1991）などで法人資本主義論を展開して会社支配を批判してきた奥村宏は「おそらく多くの日本の読者は，この本を読んで夢物語か，あるいは70年代の反体制運動家の戯れ言と思うのではあるまいか」（奥村 2000）としつつも「米エスタブリッシュメントによる大企業体制への異議申し立て」であり，「大いに考えさせられる刺激的な本だ」と評価する。また同書監訳者の西川潤は「本書は21世紀にかけて，ミルの『経済学原理』がかつて19世紀に果たしたのと同様の役割を果たしていくことが予想される」とし，「社会科学書としての新味」として第一に「新生物学，エコロジー経済学の見地を取り入れ，……社会科学と自然科学を統合したホリスティック科学の立場」，第二に「私たちがつくり上げてきた『死の世界』に対する『生命の世界』への……移行は，従来の社会科学が説いてきたような歴史的に必然のメカニズムではなく，個人一人一人の選択にかかっているのであり，なかんずく，人々の物の見方の転換，文

化転換にかかっている」(Korten 1999＝2000: 434-435) とする立場をとったことを挙げている。筆者はこの二点をエコロジーの視点とコミュニケーション的行為あるいは公共圏の視点として整理していく。

　　なおコーテンの思想形成における優れてアメリカ的な近代化論から近代批判の立場への劇的な転換は，トクヴィルが強調したような平等主義的なリベラリズムや哲学的なプラグマティズムの伝統といった，アメリカにおける思想史の文脈から別個の検討を要する興味深いテーマである。コーテンは自身について次のように述べている。「巨大な組織や権力の集中に根強い不信感を抱いているという点で，伝統的な保守派である。また，市場および私有財産の重要性も確信している。……その一方でリベラルにも近い。差別される人々への同情もあるし，平等を望み，環境破壊を憂慮している。政府の役割はきわめて重要であり，私有財産にも一定の制限があるべきだと考える。……私はプロテスタントの家庭に育ったが，どんな宗教の教義にも優れた叡智があると考えている」(Korten 1995: 9‑10＝1997: 13-15)。

3）「開発問題の核心をなすのは制度と政治である。……開発の問題の本質をたどっていくと，最後に権力関係に突き当たる」(Korten 1990: 144；186＝1995: 214；275，なお邦訳は終章については抄訳になっている)。

4）日本での内発的発展研究は，ローカルなキーパーソンの役割を重視する社会運動論として展開されていった鶴見和子（鶴見・川勝 2008等），外発的で中央集権的な開発計画批判として自治体政策論として展開されていった宮本憲一（宮本 2010等）による1980年代以来の流れがある。両者の簡潔な紹介と整理として松本（2017）参照。最近は小田切（2012）の紹介する，グローバル化を視野に入れて外部との交渉やネットワークを重視するイギリスの「ネオ内発的発展論」が注目を集めていが，いずれの議論でも内発的発展が始動する条件に関するコーテンの問題提起は検討されていない。国際開発分野での内発的発展についてもアジアやアフリカに関する多くの研究があるが同様である。もっとも最近のアフリカに関する共同研究である大林・西川・阪本編（2014）は，内発的発展を始動させる外的条件の形成に力点を置き，事実上コーテンと重なる問題提起をしている。連帯経済についてはそれをグローバル化への対案として位置づける西川編（2007），ラテンアメリカに関して実証的に検証しようとする幡谷編（2019），その書評である松下（2020a），社会的連帯経済については，2014年に成立したフランスの社会連帯経済法の紹介を含む佐々木（2017）を参照。そこでもコーテンの議論は検討されていない。

5）古代ギリシャやローマから中世ヨーロッパを経て近代欧米思想さらにポスト社会主義の現代思想に至る市民社会論の政治思想史的な系譜について，さしあたり植村（2010），星野（2009），政府と企業ではない民間非営利組織という広い意味で用いる最近の社会学的な研究状況について坂本編（2017）を参照。さらに，独立小生産者（小農範疇）成立の世界史的意義に注目し，内発的発展論と市民社会論とを理論的に包摂すべくマルクスとウェーバーの市民社会論を踏まえて市民社会形成として捉えようとする，日本資本主義論争での講座派理論の系譜に立つ潮流があるが，さしあたりレーニンとロシア革命に関する雀部（1980）を参照。

6）批判経営学については，さしあたり丸山（2005）を参照。

7）「市民（citizenship）にもいくつかの異なったレベル——地域コミュニティの市民，国家の市民（national citizen），地球市民——がある。しかし，いま必要な変革が拠って立つのは地球市民であり，地球市民が持つ地球規模の使命感のうえに，90年代の民衆の開

発運動の土台を築かねばならない」(Korten 1990: 108＝1995: 135一部改訳)とされ，民衆中心の開発は，アイデンティティのレベルで，ナショナルなものを乗り越えて地球的なものを目指すべきとされている。そして民衆は，「地球市民」として，無能な国家から権力を奪い取るべきとされる。「東欧では，支配的な国家が開発の原動力として機能することの限界が露呈し，急速かつ激動を伴った変革の嵐が押し寄せた。一連のできごとは，権力者(この場合ゴルバチョフ)が地球市民としての役割を選び取り，人々がその機会をとらえて政治・経済制度を新しいイメージの下に創造し直す機運が高まれば，人間がこしらえた諸制度を短期間のうちに変革しうることを証明した。……国家の支配に限界のあることは，南においても疑う余地のないほど明瞭になっている。南の国家は，発展の名においてあらゆる人間活動を支配しようと躍起になり，発展にとって欠かせない革新性，主体性，地元資源の活用を阻害してきた」(Korten 1990: 156-157＝1995: 199-200)。したがって，ソ連式の社会主義国家も，南の開発主義国家も，弱者の利益を代表しえないゆえに，正当な代表者として主権を主張しえないし，領土の排他的な支配権も主張できないとされる。「過去数十年間，開発資源を分配する最終的な決定権を政府に委ねてきた理由の一つに，『慈悲深い国家』の神話があった……。その神話に加えて，国の主権をめぐる二つの時代遅れになりつつある概念……その一つは，主権は国益の正当な代表者である国家にあるというもの。もう一つは，ある国がその領土内で何をしようとそれはその国のみが預かり知る……というものである」(Korten 1990: 159＝1995: 203)。

このような「時代遅れ」の国家主権論に対して，「今日の概念では，主権は……市民，民衆に由来する」(同上)として，次のような国境を超えた世界市民＝民衆の主権論，そして事実上の革命権が主張されている。「相互依存性は，世界の国と市民が，互いの内情について正当な関心を持つ状況を生み出し，旧来の国の主権の概念の下で許される範囲を大きく越えて，そうした内情を変えるように求める権利を生み出している」(Korten 1990: 161＝1995: 205)。

もっとも，このような人民主権論と結びついた民族自決原則の主張が，歴史的経緯からして複雑なエスニックな構成を持つ諸国家からなる現代の「国民国家」において，しばしば暴力的な民族紛争につながるという問題に，コーテンは気付いている。「国家間の戦争に代わって，共同体内に高まる緊張と社会的な絆の断絶の産物である同国人同士の抗争が増えている」(Korten 1990: 164＝1995: 208)とし，「公正な和解は，今日の世界では最も基本的な開発ニーズの一つである」(Korten 1990: 189＝1995: 242)とする。この問題に対する処方箋として，地球規模の非軍事化の推進とともに，世界市民意識を強化し「魂の再生」を促すようなボランティア組織の活動に期待を寄せている(Korten 1900＝1995: 第14章)。

8) 空間的正義の問題については，さしあたり，地理学の観点から問題を整理したHarvey(2009＝2013)を参照されたい。

9) 特に環境破壊の問題と関連して議論されてきた世代間正義については，Gosseiries & Meyer eds. (2009)を参照されたい。世代間正義は，歴史的不正義の問題とも関連するが，コーテンは歴史的不正義については触れていない。

10) 「階級間の対立は現実のものであり，私たちはその現実に向き合わねばならない」(Korten 1990: 8, n. 4＝1995: 24注2)とするコーテンは「生産財の支配」を階級のメルクマールとして，資本主義と社会主義の支配構造がイデオロギーの違いにもかかわらず，

実際には同様の階級支配だとして次のように分析している。「資本主義と社会主義という二大経済イデオロギーは，本来的には両者とも社会を構成する人々が幅広く生産財の支配に参加するという理想を掲げている」が，「実際には社会主義も資本主義も，それをほとんど実現できず」，「社会主義は，国家権力を握る者の手に生産財を集中させ」「資本主義は，自らの個人的利益を図ろうと他人の巨額の金をテコにして企業の財産を支配する財務管理者，ことに銀行の手に支配権を集中」させた（Korten 1990: 173＝1995: 222）。すなわち「市場での競争を重視する資本主義モデルは，財産を所有する小規模生産者が多数を占める市場システムを前提」し，「労働者の一人ひとりが生産手段を所有することになると明確に仮定してはいないものの，自らが労働者でもある企業の所有者たちの間で経済的資産に関する支配権が広く分配される」と前提されるが，実際はそうではない。社会主義は「民主的な統治が行われる組織を通じて労働者が生産手段を所有するという原則を明確にしている」が実際は違う。「力をつけた個人の確立を基本的な目標としている点では，両方のイデオロギーに大差はな」く，「ちがいは，その目標をどう達成するか」にすぎないとする（Korten 1990: 183 n. 24＝1995: 233注 8 ）。このような分析は，たとえばマイケル・マンの次の文章のようにマルクス以来の多くの社会学者による階級支配の構造分析と同様である。「階級（class）とは，自然物の取り出し，加工，分配，消費のための社会的組織に対して，それぞれ差異のある〈力（power）〉を行使する集団である。……私は階級という語を純粋に経済的な〈力〉のグループ分けを示すために用いており，また社会成層（social stratification）という語を，どんなタイプであれ〈力〉の分配を示すものとして用いている。支配階級という語は，他の〈力〉の源泉をも独占することに成功した結果，国家を中心とする社会全般を支配するに至った経済的な階級を意味することになるだろう」（Mann 1986: 25＝2002: 31）。

　なお日本の社会学者の間では，「欧米諸国の著作にはclassという用語がごく普通に使われるが，これを翻訳紹介するたびに日本の社会学者たちは，訳語を『階級』『階層』のいずれにすべきかと，頭を悩まさなければならない。『格差の固定化』が話題になると，これを『階級の出現』と呼ぶ論者と，政治的主体ではないから階級ではないという論者の間で，日本人以外には理解不能な論争が起こる」（橋本 2018：12）とされるように，冷戦時代の政治対立の中で階級概念がタブーとして学界から葬り去られたとする告発が相次いでいる。たとえば「現在，日本では学会の内外を問わず階級概念（それに基づく議論や分析）は打ち捨てられ，タブー視され，場合によっては危険視されている」（渡辺 2004：24）とする渡辺雅男は，アメリカの社会学者による日本の社会学研究のサーベイ論文（Lie 1996）を紹介しつつ，次のように分析する。「日本が無階級社会であるという神話的言説が積極的に流されるようになったのは，……高度経済成長以降のことである（たとえば，村上泰亮の『中間大衆』社会論）。……日本の社会学者は，アメリカの地位達成研究（ブラウ＝ダンカン）の影響を受けて，構造的不平等の問題を回避し，地位達成と社会移動の問題を追跡する方向へと走った（安田三郎がその典型である）。その場合の中心概念や分析枠組みは能力主義（メリトクラシー）と平等主義（エガリタリアニズム）に求められたから，社会学者にとって，分析的カテゴリーとしての階級は使用を慎むべき概念とされたのである。……階級意識の欠如を示す社会調査や社会心理学の研究成果を使って，階級概念の抹殺が正当化された。……1955年以降10年ごとに全国の社会学者を糾合して行われているSSM調査（「社会階層と社会移動全国調査」）は，収斂論や産業化仮説に基づいて行われている」（渡辺 2004：30-1）。さらに橋本健二は，1950年代

からの大橋隆憲の階級分析とそれに対する尾高邦雄の批判にさかのぼって検討し，次のように整理する。「大橋と尾高にとって労働者階級とは，資本家階級との対立を明確に自覚し，階級闘争に参加する人々なのである。違うのは，大橋らが現にそのような労働者階級が日本に存在すると考えるのに対して，尾高はそのような労働者階級は日本には存在せず，したがって日本には階級は存在しないと考えることである。つまり階級という概念は，いわば左右両側から政治的に歪曲され，社会科学的に有効なものでないものに変形させられてしまったのである。こうした階級概念は，階級を本来的な利害対立を含んだ政治的および歴史的な主体だとする原純輔・盛山和夫『社会階層――豊かさの中の不平等』（東京大学出版会，1999）のような形で，現代の社会階層研究に継承された」（橋本 2018：11）。筆者は橋本・渡辺の批判に賛同するが，両氏の階級分析は経済のグローバル化が組み込まれていない点で不十分と考える。第 7 章を参照されたい。

11)　コーテンによれば，生産財をめぐる権力関係と階級対立の現実を変えることは極めて難しく，「『成功した』共産主義革命ですら，実際には階級および階級間の対立を完全に除去することはできなかった。共産主義政府は，一つの特権階級を別の特権階級で置き換えたにすぎなかった」（Korten 1990: 8, n. 4＝1995: 24注 2）。したがって，「共産主義革命が暗に前提としながら常に失敗してきた，権力者の駆逐などという大それた目標よりもずっと現実的なのは，権力者が責任を持って弱い人々の利益に配慮するよう仕向けることである。それは，一つには，権力者たちの間にチェック・アンド・バランスが働く構造をつくったり，人々の生活を左右する立場にある者の言動をもっと責任のあるものにする構造をつくることによって，達成される。また，無力だった人々の政治意識を高め，権力者の価値観を変えることによっても，達成される」（Korten 1990: 168＝1995: 214）。そこで，「政治の民主化と対をなして，公正第一の持続可能な開発戦略の基礎をなす……経済の民主化の第一の目標は，生産財の支配に対する幅広い民衆参加と団体交渉力の付与・獲得によって経済力の公正な分配を図ることである」（Korten 1990: 173＝1995: 221）。とはいえ，このような「制度や価値観の変革」を達成すべき「民衆による開発運動」は，「マルクス主義のような階級闘争ではありえない。……運動が目標とするのは暴力のない世界であり，運動が取る手段も非暴力的でなければならない。……さらに力は民衆のものでなければならず，民衆のためと称して支配しようとする前衛的な人間に握られてはならない」（Korten 1990: 83-84＝1995: 103-104）。それゆえ，民衆による開発運動を担うのは，当事者である民衆自身の組織であって，次の三要件，①メンバーの利益への奉仕に正統性の根拠を置く互恵的な集まり，②最終的な権限がリーダーにではなくメンバー自身にある民主的な構造，③存続するうえで部外者のイニシアチブや資金に依存しない自立的な組織，を充たすべきとされ，具体的には「自立的な協同組合，土地なし農民の組合，水利組合，葬儀組合，信用組合（credit clubs），労働組合，商人組織（trade associations），政治的利益団体など」（Korten 1990: 100＝1995: 125）としてイメージされている。さらに，「政府，企業，ボランタリー組織」という 3 つの「第三者組織」を「民衆自身が支配できるように」，「当事者組織である」「民衆組織へと転換していく」ことが重要であり，民衆組織の発展を図ることを，「新しい世代の」ボランタリー組織の中心的課題とした（Korten 1990: 100-102＝1995: 125-127）。このように，第三世界の変革は，前衛党が指導する暴力革命ではなく，救援や開発にかかわる南北のNGOが協力する，民衆の変革運動支援の「市民のボランタリー活動」，いわばNGOが主導する市民社会の運動によって達成されると展望されていた。

12) この点は,「力関係にかかわる問題のほとんどは,価値観の問題と見ることができる。紛争が絶えない今の世にあっては,人々を結集する力を備えた価値観によって,力関係の問題を解決する術を学ばねばならない」(Korten 1990: 214＝1995: 275)と表現されている。

13) コーテンは「民衆中心の開発」の視点から,平等な参加を求める女性運動のパワーに注目しており,「80年代のピープル・パワーの大きな前進の一つに,女性の解放がある」とし,「女性が発展にどれだけ貢献しているかについての認識が深まり,従来制限されてきた政治・経済活動への参加が多くの国で認められるようになってきた。女性ならではの,新鮮で倫理的な視点が社会問題の解決に寄与することも認識されてきている」(Korten 1990: 27-28＝1995: 43)とする。「民衆中心の発展は,優しく包み込む家族とその共同体,継続性,保全,和解,自然への思いやりと敬意,そして生命の連綿とした再生という,より女性的な理想の実現に依拠している。したがって,必要とされる意識変革を実現する鍵は,おそらく女性が早く指導者の地位に上ることにある。それは単に男女平等の観点からではなく,女性特有の価値観や志向性に基づいて多種多様な社会問題に取り組む必要からである」(Korten 1990: 169＝1995: 215)。したがって,「女性を生産者や消費者として効果的に参加させること」を目的とするだけの「女性の役割を重視した開発事業」には,「女性たちがなしうる貢献を看過し,貢献に重大な制限を加えるもの」(Korten 1990: 169＝1995: 215-216)として厳しく批判している。開発論の分野で,女性をこれまでの開発のやり方に合わせて参加させて引き上げるという「上から目線」の発想を逆転させ,開発のやり方そのものを女性の生活リズムに合わせて変えていくことを目指す,いわゆる「開発における女性(WID)」から「ジェンダーと女性(GAD)」への転換(さしあたり田中他編 2002参照)と呼応しつつ,女性のエンパワーメントを追求するエコ・フェミニズムの視点(Mies & Shiva 1993)といえよう。さらに,「家族の変革とその役割」も,「社会変革の行動計画」の一つの柱として重視される。そこでは,「家族は,人間社会の最も基本的な単位」であるが,「しばしば,とりわけ女性と子どもに抑圧と従属を強いるメカニズム」となっており,その場合には,「大きな変革が必要な人間社会の制度の一つ」とされている(Korten 1990: 170＝1995: 216邦訳本の家庭familyを家族としたほか,若干訳文を変更,以下同様)。そのうえで,「善意の事業が女性と子どもを家族から切り離して扱いがち」なことを批判し,「家族関係の変革こそが目標なのであって,女性を家族から切り離すことが目標ではない」(Korten 1990: 170＝1995: 216-217)として,ストリート・チルドレンを対象とする事業が,「バラバラになった家族の絆を強め,元どおりにし,両親が自分自身と子供たちとを扶養する能力を高め,回復することによってストリート・チルドレンの数を減らす方法は,無視されてしまっている」(Korten 1990: 170-171＝1995: 217-218)とし,「問題の原因を正さずに症状を治癒するだけの事業は,問題家族が,子供たち向けのサービスを我先に獲得すべく,ますます多くの子供たちを路上に送り出すように促す」(Korten 1990: 171＝1995: 218)と批判している。ここでは,家父長制支配の問題を踏まえたうえで,家族の変革を提起し,家族の崩壊に抜本的に対処しようとする問題提起が,代替的な新しい家族像と共に明確にされているわけではない。

14) たとえばエコロジー問題を提起する次の文章を見よ。「最も根源的な問題は,私たちのものの考え方,すなわち経済成長を第一の目標とし,それを追求し続けられるという考え方そのものにある。富を消費する北の国々が地球の生態系をギリギリのところまで

負い込んでいるなかで，私たちには三つの取るべき道がある。第一は，南も北も従来の経済成長路線を推し進め，必然的に起こるであろう地球生態系の崩壊を待つ道。第二は，南北の貧困層を永遠に貧困のなかに打ち捨てる道。そして第三は，南北の過剰消費者が環境に与える負荷を減らして，貧困層が人間らしい生活を送れるようにする思い切った手段を取る道だ。……この三つしか選択肢はない」(Korten 1990: x = 1995: 2)。

15)　エコロジー革命は，「会社植民地主義 (Corporate Colonialism)」への処方箋として提起され，次のような人類史的展望の中に位置づけられる。「コペルニクス革命が，自分自身とまわりの世界に対する迷信から私たちを解き放って科学と産業の時代をもたらしたように，エコロジー革命は，精神と物質とのより全体論的な統合を基礎に，これまで人間が考えたこともなかったような社会と精神の発達を促してくれるだろう」(Korten 1995: 268 = 1997: 339一部改訳)。それは同時に，次のようなすぐれて分権的で自給的なローカルな経済単位からなる世界システムとしてイメージされている。「エコロジー革命の諸原則が目指すのは，権力と責任が公平に分配され，民衆の居場所が創り出され，多様な生命が育まれ，一つの集団が自分たちの消費の社会的・環境的コストを外部化して他者に押しつけることができない，そんな地域経済 (local economies) で構成される世界システムである」(Korten 1995 = 1997: 347一部改訳)。

16)　公共圏の系譜論としては，Habermas (1962 = 1994) の整理がすぐれている。ハーバーマスのその著書に触れることなく，セネットも Senett (1977 = 1991) においてほぼ同様な分析を試みているが，文化史的，社会心理学的に興味深い多くの論点を示した展開にもかかわらず，公共圏再建の展望は，明確にされていない。エーレンベルクは，ハーバーマスの「統合と正統性を支配によってではなくコミュニケーションによって実現しようとする」(Ehrenberg 1999: 223 = 2001: 305一部改訳) 方向を高く評価しつつも，「市場の構造的不平等 (the market's structural inequalities) は，権力関係と不平等が一掃され，すべての行為者が平等な条件のもとで動くような公共圏を持続させることができるのか，さらに考察されるべきである。」(同上，一部改訳) とし，次のように，ハーバーマス批判を展開する。「物質的不平等が行き渡った環境のもとで，合理的・批判的討論の場を構成するには，私的諸権利，形式的平等，そして法の支配だけではおそらく不十分であろう。どんなコミュニケーションといえども自然に行われることはありえず，これほど市場に浸透されている市民社会において，より良き討論が行き渡ると期待できる理由はない。ハーバーマスの方向は，フランクフルト学派一般の論調に共通する『文化』的側面の強調と経済的側面の軽視という弱点を持っている。討議倫理学は，政治的紛争，階級闘争，暴力，そして資本主義の構造的不平等によって特徴づけられるような環境のもとでは，民主的な公共生活を構成することはできない。市民社会と公共圏が徹底的に商品化されているとすれば，それらがなんらかの自律的・民主的潜在力を持つのかどうか，さらに考察されねばならない」(Ehrenberg 1999: 223-224 = 2001: 305-306一部改訳)。なるほどハーバーマスの議論は，彼自身も言うように「臆面もなくコミュニケーション的理性」を展開したものであり，人々のコミュニケーション能力への原理的な信頼に立脚している。だがそれは，ここでは引用されていない『コミュニケーション的行為の理論』(Habermas 1981 = 1985-1987) で展開された，アドルノ，ホルクハイマー，マルクーぜらの「フランクフルト学派」的な物象化論，すなわち市場の商品関係に巻き込まれた人間がコミュニケーション能力を喪失するという悲観的議論への原理的な批判から引き出された，ぎりぎりの地点での楽観的展望である。「市民社会と公共圏の徹底

的な商品化」にもかかわらず，人々がコミュニケーション能力を失うことなく，それが「自律的・民主的潜在力」となっていることを理論史的に証明したのが，ハーバーマスの功績であろう。この点で，「フランクフルト学派一般」として一括しきれない重要な前進があると筆者は思う。もとより，ここで提起されたような「市場の構造的不平等」の解明が残されていることは間違いない。この点では，後述のコーテンの「心ある市場論」による市場と資本主義との区別，市場の潜在力を強調する議論は，このような公共圏論の文脈でも注目される。筆者は，賃金労働に依存する階級を含む市場と市民社会が抱えこむ構造的不平等に歪められた公共圏の構造的な弱点を克服する鍵はベーシック・インカムだと考えるが，コーテンはそれを意識していないようだ。田村 (2004)；(2008a) は，この論点を取り上げるが，ベーシック・インカムを応報的正義および配分的正義に基づいてシティズンシップを構成するものと捉えたために，フリーライダー論争に足を取られてしまい，公共圏論として深められずにいるかに見える。

17)　エコロジー革命の展望は，次のような重層的なコミュニティの構築として描かれている。家計 (Household) が基礎単位として中心に置かれ，地域コミュニティ (Community)，より大きな地区 (District)，国 (Nation)，近隣諸国からなる地域 (Region)，地球 (Global) という順番で重層的に重なって，だんだん大きくなる同心円でイメージされる「入れ子状の経済単位 (Nested Economies)」の図 (Korten 1995: 275, Figure 21.3邦訳本では訳出されてない) である。この同心円状のそれぞれの経済単位の「それぞれのレベルが，内在的責任の原則に基づいて，可能な限りにおいて，自給自足的に統合され (integrated self-reliant)，自分たちだけでやっていけるような (self-managing) 政治的・経済的・生態学的コミュニティ (community) として機能することをめざす」(Korten 1995: 273-274 ＝1997: 345-346一部改訳) 重層的なシステム (a multilevel system) である。なお「内在的責任の原則」は，資源配分のコストを外部化せずに内部で負担することであり，「21世紀社会のための基本原則」の一つとされる。ここでは，ネイションはこのような重層的システムの一つのレベルとして完全に相対化されている。こうしてエコロジー革命は，ソ連解体を想起しながら，次のようなアメリカ合衆国解体への展望にまで具体化されている。「人間社会を重層的なシステムに作り変えれば，世界地図も今とは違うものになる。運営が困難なほど巨大で複雑になってしまった国は，いくつかの小さな国に分かれるかもしれない。ソ連は実際に分裂したし，カナダでも検討されている。現在アメリカでローカルな権限と自律性 (local authority and autonomy) を強化しようという政治運動が高まっているのは，アメリカが運営不可能なほど複雑で巨大な国になってしまったためでもある。NAFTA，APEC，GATTといった多国間協定が，巨大化をさらに助長している。商業や貿易の規制を含めて，かつて連邦政府レベル (national level) に委ねられた権限のより多くを各州に移した方がいい。反対に，より小さな規模の多くの国々は，小さすぎて存続が難しいことがわかれば，何らかの形で合併するかもしれない」(Korten 1995: 274-275 ＝ 1997: 347一部改訳)。

18)　巨大会社による世界支配は，一方では，エリートの現状認識に錯誤を招く。「経済のグローバル化は，公益に責任を負うべき政府を弱体化させ，決算時の短期的な好業績のみを追求するような一握りの会社や金融機関に権力を与えてしまった。そのため，ごく少数のエリートのもとに膨大な経済力と政治力が集積するようになった。自然の富はますます減少していく一方だが，そこからの生産物のうち，エリートが手にする絶対的な分け前は着実に増大しつづけている。それゆえ，エリートは，システムがうまく機能し

ていると信じて疑わない」(Korten 1995: 12＝1997: 17-18一部改訳)。他方で，支配され
る民衆の側にも現状認識の錯誤があり，それは支配エリートによるメディアを通じた操
作や宣伝によって創り出されたものとされる。「欠陥システムのつけを回された人々は，
政策決定権を奪われた上，自分の置かれた苦境の原因すらわからずにいる。会社に支配
されたメディア(corporate-dominated media)が浴びせかける情報は，どれも権力者の
立場から現在の危機を分析したものに過ぎない。世界屈指の巨大会社の系列に連なるプ
ロパガンダ機関が，私たちに絶えずこう語りかける。消費こそ幸福への道。生活が苦し
いのは，政府が市場経済を規制しているからだ。経済のグローバル化は歴史の必然であ
るとともに，人類への恵みなのだ，と。ところが実際には，これらの主張はすべて，と
めどない欲望を正当化し，金の力で幻想の世界にぬくぬくと生きる一握りのエリートに
よる意図的で狡猾な介入が，どれほど人間社会を変えてしまったかを覆い隠すための
でっち上げなのである」(Korten 1995: 12＝1997: 17-18)。したがって，社会変革の課題
として，会社の政治活動や選挙運動の商業化のような「植民地化された政治空間
(colonized political spaces)」の問題と並んで，「植民地化された文化的空間(colonized
cultural spaces)」の問題が取り上げられ，メディア産業における独占の禁止，禁止を展
望した商業広告の制限，教育からの広告の追放といった改革が提案されている(Korten
1995: 309-312＝1997: 391-393)。とりわけ広告は，「消費者に必要もないものを買い込ま
せ，健全な社会とは相容れない消費文化を広める」という理由から，「確かな事実に基づ
く情報のみを与えるもの以外は，公益と相容れない。すべての広告を禁止するのが理想
だ」(Korten 1995: 311＝1997: 393)とする。「だが，少なくとも広告費支出を経費として
課税控除するのはやめ，50%以上の税を課すべきだ。この税収の一部は，健康で，満足
のいく，持続可能なライフスタイルに関する消費者教育にまわすべきだ。映画やビデオ
でのタイアップやブランド名使用は禁止する。ラジオやテレビの運営資金は，視聴者の
受信料や寄付からの収入に応じた額で税収入を配分して賄うようにすればよい。製品情
報は，パソコンネットや双方向テレビなどを通じて，消費者自身が，有料のデータベー
スから取り出すようにすればよい」(Korten 1995: 311＝1997: 393一部改訳)。このよう
に，公共空間を利用する商業広告に対する課税によって，メディアの公共的性格を強化
していこうという提案は，たとえばユーウェンのようなアメリカの広告研究者にもみら
れる(Ewen 1996: 412＝2003: 524)。

19) ここでの「利害関係者による所有制」については，「一方で，所有に伴う様々な義務か
ら切り離されているような財産権を廃止し，……他方で，労働手段の所有者であるかな
いかにかかわらず，働く者が，単なる金利生活者(the mere rentier)からコントロール
されたり，利潤分配の要求を受けたりすることなく，自由に自分の仕事に専念できるよ
うな経済組織の諸形態を促進する」(Tawney 1921: 98-99＝1963: 343ただし訳文は若干変
更)ことを狙うトーニーの「投資機能の社会化」論のような20世紀初頭のイギリスのギル
ド社会主義につながる議論から，「地域コミュニティと労働組合が，使用者が投資目的
にまわそうとする利益の分配について，より多くの発言権を獲得すること」(Meidner
1978: 14)を目指す，スウェーデンの「労働者基金(Employee Investment Funds)」をめ
ぐる「投資の社会化」に至る議論を踏まえて整理する必要があろう。さしあたり，エコ
ロジストやフェミニストの福祉国家批判も含めて，社会民主主義思想の展開も十分に視
野に入れたPierson (1991＝1996)の手際よい整理を参照。

20)　アイスラーのベーシック・インカムへの誤解を示す文章は次のとおり。

　　自由主義経済学者のロバート・シーオボルドは，困っている人々を援助するための年
　間所得保障制度を提案した。同様の理由で，……保守派経済学者のミルトン・フリード
　マンは，負の所得税を提唱した。これも，所得のない，あるいは少ない人々に政府
　給付金を支給するというものだった。／だがこのような対策は，農業や製造業，知識
　経済における新技術によって生産的な仕事であると思われるものの多くが次第に消え
　ていくという予測への対応としては適切ではない。このような対策は，単に金のばら
　まきを引き起こし，経済の発展にも個人の発展にもまったく寄与しない。／年間所得
　保障制度も負の所得税も，生産性や創造性を促進することはない。どちらも，受益者
　に有意義な仕事を提供しないので，人々から自分が重要なことをしているという感覚
　を奪うものだ。／また年間所得保障制度も負の所得税も，好ましい行動に報いもしな
　ければ，有害な行動を阻みもしない。どちらも，思いやりのない経済政策や企業慣行
　に対処するものではない。……つまり，これらの対策は，慢性的な経済の不公平や非
　効率の背後にある権力の不均衡に対処していないのである。（Eisler 2007 = 2009: 249）

　　第一に，シーオボルド編『保障所得――経済発展の新段階 (*The Guaranteed Income;
　Next Step in Economic Evolution?*)』（Theobald ed. 1967 = 1968）は，ベーシック・イン
　カムの人間解放的な意義を力説した編者解説を始めとして，精神分析学の立場からエー
　リッヒ・フロム，社会学からマーシャル・マクルーハンなどの論者が同様の論点で寄稿
　しており，ベーシック・インカムが単に「困っている人を援助する」というだけのもの
　ではないことを強調したことで有名な論文集である。これに対しミルトン・フリードマ
　ンは，自由放任政策を取る夜警国家が失業者や事業に失敗した資本家が犯罪者や反乱者
　になるのを防ぐための必要経費として「負の所得税」を提案した（Friedman 1962 =
　2008）。
　　第二に，この引用文の注記を見る限り，アイスラーはシーオボルドとフリードマンの
　原本に当たっていない。シーオボルドについてはSmith (1996)，フリードマンについては
　Allen (2002) の参照が求められている。しかもSmith (1996) は，キング牧師を引きなが
　ら，後半部分でベーシック・インカムが賃金労働者を「賃金奴隷」の地位から解放する
　意義を持つことを明確に指摘している。
　　アイスラーはベーシック・インカムの代替案を次のように提案している。

　　年間所得保障制度や負の所得税の代わりに，連邦議会や州知事は――企業や活動家や
　組合に促されて――私たちが直面している困難を乗り切っていけるような，質の高い
　人的資本の開発に早急に着手しなければならない。……／政府の給付金が支給される
　場合，対象が人間であるにせよ，自然の生命維持システムであるにせよ，また家庭経
　済や地域経済であるにせよ，思いやったり世話をしたりする仕事に報いるためのもの
　であるべきだ。また，質の高いケアの訓練に資金を供給するものであるべきである。
　　　　　　　　　　　　　　　　　　　　　　　　　　　　（Eisler 2007 = 2009: 250）

　　だが，ここで提案されたケアにかかわる仕事や訓練の供給先は，政府に期待するので
　はなく，ベーシック・インカムの供給によって人々の創意に期待するほうが，これまで

の「国家の失敗」の経緯を踏まえるならば，より効率的かつ民主主義的ではないだろうか。Eisler (1987＝1991) は，1980年代半ばまでの考古学の進展を踏まえて，文明とともにジェンダーや階級による支配・被支配の関係 (dominator culture) が現れる以前の協調形態 (partnership) 社会の存在を論証し，パートナーシップ経済の再建を提案するものだった。そこではスミスとマルクスの対比によって資本主義の問題点が論じられているが，賃金労働の不安定性の克服問題は突き詰められていないように思う。すべての個人に生涯継続で一定額の所得を保障するベーシック・インカムは，不安定な境遇の賃金労働者をなくして，ある種のパートナーシップ経済の仕組みを導入することであり，アイスラーの従来の主張とは矛盾しない。

21) 「生命の知恵」の6項目 (Korten 1999: 121＝2000: 180)，「ポスト大企業世界の設計原理」9項目 (Korten 1999: 126＝2000: 189)，「健全な市場の10原則」(Korten 1999: 155＝2000: 234) には，「自己完結的・地域密着型社会」，「境界線の維持」，「人間的な規模の自己組織化」，「エネルギーの自給自足体制」，「閉サイクルでの物質利用」，「地域間の電子コミュニケーション」，「多様性と自立性の追及」などの項目が埋め込まれており，「多様性を賞賛し，民衆と地球のためになるような国際協力を支持すると同時に，ローカルなものの独立性 (integrity of the local) を守ろうとする新しい『建設的ローカリズム (positive localism)』」(Korten 1999: 237＝2000: 358一部改訳) に注目している。「無数のローカルなストーリー (local stories) が融合して，ナショナルな目標の再定義とナショナルな諸制度の変形を目指す全体論的 (holistic) 運動が生まれ，ローカルなストーリーは，新たな意味を持つ」(Korten 1999: 238＝2000: 359一部改訳) ようになり，「生命中心のネイション (Life-centered Nations)」(同上) が生まれることが期待されている。つまり，地球的規模の市民的な全体と，ローカルな基礎的コミュニティとを媒介するレベルとして，ネイションあるいは国民国家のレベルを再定義し組み換えることが目指されている。ローカルなコミュニティでの「心ある市場」論ではそのような国家の強力な介入が要請されている。ネイションは，エコロジー革命の展望の中で，家計や地域コミュニティからグローバルな規模に至る同心円的な重層的コミュニティを構成する「市民的アイデンティティ」創出構想の中で徹底的に相対化され，「生命中心 (Life-centered)」のエコロジカルなものに変形されながらも，アイデンティティの一レベルとして保存され，グローバルで重層的な市民的アイデンティティが，グローバルな会社支配への対抗運動の中で形成されることが展望されているのである。「ガンに飢えを，生命に糧を」「身近なことから始めよ (Start from where you are)」「重層的なレベルで介入せよ (Intervene at multiple level)」(Korten 1999: 262, 263, 266＝2000: 397, 399, 405一部改訳) といった見出しに続き，「個人・家族 (personal and family)」に始まり，「コミュニティ」「ナショナル」「インターナショナル」な4つのレベルで列挙される行動提起は，そのような戦略的展望を持つと見るべきであろう。

22) 先述のように表2-3の1990年の変革課題には「3精神的な発展」で「②生命を重視する女性的認識と文化へ移行，③女性を指導者の地位に」とあるように，ジェンダー平等だけでなく，エコ・フェミニズム的な課題が掲げられていたが，1995年の課題からは消失し，本文で「エコロジー革命」に関連して，エコ・フェミニズム的な論点が若干触れられるのみとなった。1999年の課題でも同様である。しかし本文では社会運動の観点からエコ・フェミニズム的な運動の展開が大きく取り上げられている。そこでは，「ほぼ例外なく男性による創造物で，男性のエネルギーだけを一方的に表現」するような「死

のストーリー」に対して，女性的な「生命のストーリー」が対置され，「死のストーリー」に毒された「貨幣の世界の文化と制度」に対して，「バランスと調和のとれた社会を築き上げるために，女性のエネルギーが前面に出てくる」ような「目覚め」がすでに見出せるとする。すなわち，「環境保護運動と起業家育成という二つの重要な分野で，女性が大切な役割を果たしている」(Korten 1999: 231＝2000: 348)。「新たなストーリーテラー」として，環境保護運動の分野では，インドのチプコ運動やケニアの「グリーン・ベルト運動」などの女性中心の森林保護運動や植林運動，『沈黙の春』から『奪われし未来』出版に至る女性科学者の活動，国連会議へのロビー活動でのWEDOのような女性団体の役割が挙げられ，起業家育成の分野では，アメリカの全中小企業オーナーの40％を占める女性企業家の社会貢献志向が紹介されている (Korten 1999: 231-234＝2000: 348-354)。

　「心ある市場」論を経て，中小企業を大会社の資本主義権力に対抗する変革主体の砦として位置づけるに至ったコーテンは，平等な参加を求める女性パワーに注目しつつ，それをエコ・フェミニズムに転換しようとする姿勢を崩してはいない。

23)　癌の比喩をより全面的に展開するのはMcMurtry (1999＝2001) である。同書は，コーテンへの謝辞も含み，癌の比喩が一般的だったことを示唆する。同書は多くの点で事実上『ポスト大企業……』とほぼ同様の論点を展開する興味深い労作だが，若干不用意な言及が目立つ。たとえば，第四章注31でのハーバーマスの生活世界論への言及 (McMurtry 1999: 279＝2001: 382) は，ハーバーマスの議論を現象学と同一視するものであり，氏の議論にとっても有益なはずのハーバーマスのコミュニケーション的行為論への誤解を示すものと言わざるをえない。Habermas (1981＝1985-1987) における「生活世界」概念は，日々の会話やそこから発展する討論のような「コミュニケーション的行為」を通じて，マクマートリーの言う「生の世界」を回復する鍵として，むしろ彼の「シビル・コモンズ」論を補強する概念として有用であろう。

24)　コーテンは，レーニンが『帝国主義論』で指摘したような金融資本・独占資本支配を現代に見出し，それに対して，万人が小資本家もしくは協同組合出資者になることを提案しているとも言えよう。青年マルクスならば，これをプチ・ブルジョアの世界を永遠化するものと揶揄するかもしれない。しかし，ロシア論以後の晩年マルクスやネップ期以後のレーニンならば，これを民主的資本主義と評価するかもしれない。

　Rosanvallon (1989＝1990) は，アダム・スミスを「市場社会」の建設によって「あらゆる絶対的権威の拒絶に基づく個人の自律という原則」の実現を構想した点で，優れて政治的なユートピア的思想家とし，マルクスの社会主義をもその延長上で捉えようとしている。コーテンの市場観と重なる興味深い論点であるが，そこではコミュニケーション論的な視点は希薄である。コーテンのような市場と資本主義の区別は，「真の自由市場 (real free market)」と「法人システム (corporate system)」との対比という形で，McMurtry (1999): 40＝ (2001): 55にも現れる。このような市場論をどう考えるか。筆者は，ハーバーマスの『コミュニケーション的行為の理論』の問題提起をさらに発展させ，伝統的マルクス主義・初期レーニン的な批判に答える理論的発展が可能だと思う。市場を物象化論的に捉えれば，スミス的な市場と資本主義市場との区別は無意味となる。だが市場をコミュニケーション的行為の場あるいは公共圏と考えれば，資本主義的な市場を排除するコミュニケーション的市場を想定することが可能である。コミュニケーション的市場は，スミス的段階から始まり，資本主義市場の発展を経てコミュニケーションを阻害する要因を作り出しながらもその範囲を拡大し，むしろ資本主義市場を超える人

類規模のコミュニケーション的市場の登場を準備してきた，とみるのである。マクマートリーによるシビル・コモンズの問題提起を受けるならば，さらに，自然生態系へのアクセス，あるいはコミュニケーションとして，エコロジカルなコミュニケーションの契機も含めた理論構成が可能であろう。

25) 有限責任制の廃止を説くコーテンの議論は，有限責任制の成立に関する大塚久雄『株式会社発生史論』の指摘との関連で興味深い。「近代的民主型株式会社」を成立させた世界史的画期となったのは，クロムウェルによる東インド会社の改組において，民主的総会と簿記公開に基づく監査制度が確立されたことである。だがそのとき，有限責任制が規定されなかったのはなぜか。この問いに対し，トーニーやゾンバルトを引きつつ，次のような指摘がある。「ピュウリタン・自営農民的民主制の意識がこの場合かえって有限責任制を阻害したのではあるまいか」（大塚 1969：501）と。なお，「全社員の有限責任制の確立」は，王制復古以後，「東インド会社の重役の地位を自己の腹心の地主によって占めさせてしまった」チャールズ二世による1662年の『破産者に対する布告の条例』および1665年改正の東インド会社・新合本の『設立趣意書』を画期とするとされており，理論的には次のように表現されるという。「東インド会社は原始的蓄積の使命を果たすべき前期的商業資本として，ますますその前期的集中を高度化する必要にいまや迫られていた。しかも集中の重みは一に重役団の肩上に堪えがたくおちかかるに至った。無限責任の廃止すなわち有限責任制の確立がより以上の集中のためにどうしても必要なこととなっていたのである」（大塚 1969：505，補注）。コーテンによる有限責任制廃止の主張は，世界的な集中の極限に達しつつある株式会社の歴史に照らして検討するに値する。なお17世紀の株式会社の設立は政府の特別許可を前提とする特許主義に立っていた。必要条件さえ充たせば自由に設立できる準拠主義に立つ有限責任制の株式会社がイギリスで登場するのは19世紀半ばの法改正を経てからである。その法改正にあたってJ・S・ミルが労働者による株式所有を推進する社会主義的な意図を持って賛成の論陣をはったことについては，Cui Zhiyuan（崔之元）（2003＝2019）：40-41を参照されたい。現代中国の「新左派」の理論家である崔之元は，「小康社会主義」を「小ブルジョア社会主義」と読み替え，中国の全国民が国有企業の株主すなわち小ブルジョアとなり，その株式配当をベーシック・インカムとして機能させるという議論を展開し，その根拠としてJ・S・ミルを引いている。コーテンが提起するような株式会社の社会的責任を歴史的に回顧する日本での研究状況については，2016年の経営学会の統一論題の報告である，勝部（2016）を参照されたい。

26) コーテンは公共圏やコミュニケーション共同体，コミュニケーション的権力などのハーバーマス的な概念を用いてはいないが，「一握りの企業による公共の場の私物化が進み，公共の場は，本当の人間の言論の自由を奪い，企業が言論の自由を行使するための場として独占されつつある」（Korten 1999: 190＝2000: 288）という現状認識を示し，それに対抗してコミュニケーション共同体を創っていこうとする行動提起を鮮明にして次のように書く。「私たちは一生物として，意識的に責任を持って，自らの運命を切り拓き，地球という惑星の進化を推進する役割を負っている。その役割を果たすことは私たちにとって，チャンスであるとともに義務である。……生命を救うために全員が同じ選択をするという保証はどこにもない。……事実，歴史を振り返っても現在の状況を見ても，悲観的な要素があまりに多い。しかし，私たちが目の前の選択肢について公の場で活発に対話を行い，自らの選択によってもたらされる結果を十分承知したうえで選択

を行えば，その選択が建設的な結果を生む可能性は大いに高くなる。こういう対話の推進こそ，本書執筆の目的なのである」(Korten 1999: 18 = 2000: 30-31)。ここで描かれた公共圏での対話・討議を行うグローバルな広がりを持つコミュニティの形成は，国際的なNGO活動への参加によって得られた次のようなイメージによって支えられている。「リオデジャネイロで開催された国連環境開発会議の市民フォーラムに参加した時……，世界のあらゆる地域から一万八千人もの人が集まり，地球の未来に抱く夢を共に分かち合った。人種の点でも，文化，宗教，社会経済の点でも，あれだけの規模の会議にあれほど多様な人々が集まったのは，世界でも前例がなかった。人々が描いている理想的な世界のビジョンがあれほど一致していたことに私は深い感動を覚えた。グローバル市民社会の誕生が目に見える形で初めて現れたのが，あの会議だった。だが，その経験は，それよりもはるかに深遠な何かを示唆していた。人類が経験したことのないような『地球的意識』の誕生である」(Korten 1999: 278-279 = 2000: 425)。

　このような大規模集会での地球規模の共同体意識形成は，旅客機輸送の発展を前提し，そのような意識の継続を可能にするのは，インターネットによる通信手段の発展である。会社支配に対抗するグローバルな公共圏の形成は，次のように，インターネットを利用するコミュニケーション共同体の形成として展望されている。「主流派のメディアではめったに言及されないニュースも，コンピュータ・ネットワーク社会では瞬時に広まるので，世界全体を巻き込んだ運動もスムーズに運ぶ。資本主義が秘密主義，権力の集中，強大な資金力を利用して貨幣の世界の主義主張を擁護しているとしたら，グローバル化する市民社会は，情報公開，自発的献身，どこでもすぐに自己組織化ができる能力を利用して，生命の世界の理想を擁護しているわけである」(Korten 1999: 278-279 = 2000: 426)。このように，コーテンの戦略論は，これまでの多くの反会社戦略論が前衛党やエリートの指導に期待するのに対し，開発の目的や開発にかかわる究極の価値観を議論しあう公共圏の形成に期待するものとなっている。

[第3章]

1）　溺れている子どもを見た時に助けるかどうかをめぐる倫理的な問題は，見た人が助ける能力を持つかなどの要因によって違ってくる。グローバルな飢餓や貧困と援助をめぐる倫理学や哲学の論争は，そのような例を挙げながら展開されている。さしあたり馬渕（2015）参照。

2）　ハーヴェイは，「支配層の政策グループ内部」にあって，「かつては新自由主義に熱中していた」が「今では批判派に転じ，ある種の修正ケインズ主義への回帰やグローバルな諸問題への解決策としてのより『制度的』なアプローチを提唱するまでに至っている」人々の筆頭エコノミストとして，サックスを挙げ，さらに，ジョセフ・スティグリッツ，ポール・クルーグマン，さらにジョージ・ソロスの名前を挙げている（Harvey 2005 = 2007: 260）。サックスのボリビア，ポーランド，ロシア時代の活動については，Klein（2007 = 2011）: 第7-9, 11-12章を参照。そこでクラインは，惨事便乗型資本主義を実現するショック・ドクトリンの実行者としての当時のサックスを，「新しいショック博士」として詳細に描き，その経済学の立場について，後年の援助問題への取り組みとの関連で次のように書いている。

経済学が貧困と戦う力を持つというケインズの考えに同調する一方で，サックスは
レーガンのアメリカの申し子でもあった。1985年当時，アメリカではケインズ的なも
のに対して，フリードマンの考えに影響を受けた反動の嵐が吹き荒れ，……自由市場
の優位性を主張するシカゴ学派の考え方は，急速にハーバードをはじめとするアメリ
カ北東部の名門大学経済学部において疑問の余地のない正統理論となり，サックスも
少なからずその影響下にあった。彼はフリードマンの「市場への信頼，適切な金融管
理の必要性の強調」を称賛し，それは「発展途上世界でよく耳にする曖昧な構造主義
的，あるいは似非ケインズ主義的な議論よりははるかに正確なもの」だとしてい
る。／彼の言う「曖昧な」議論とは，その10年前にラテンアメリカで暴力によって抑
圧された……貧困から抜け出すためには，植民地支配的な所有構造を土地改革や貿易
保護策，補助金，自然資源の国有化，協調的な職場運営などといった介入主義的政策
によって崩すことが必要だという考え方である。サックスはそうした構造的な改革に
はほとんど見向きもしなかった。こうしてボリビア……の長い植民地支配の歴史や先
住民に対する抑圧，そして困難の末に勝ち取られた1952年の革命についても，ほとん
どなんの知識もないにもかかわらず，サックスはこの国がハイパーインフレのみなら
ず，「社会主義的ロマン主義」に陥っていると思い込んでいた……。／サックスがシ
カゴ学派の正統理論と一線を画していたのは，自由主義経済政策には債務救済と多額
の援助が伴わなければならないと考えていた点にある。若きハーバードの経済学者に
とって，「見えざる手」だけでは十分ではなかったのだ。この不一致から，サックス
は最終的により自由放任的な考えを持つ同僚たちとは袂を分かち，援助問題に専心す
るようになる。だがそれは何年も先のことだ。　　　　　（Klein 2007 = 2011: 201-2）

　サックスは，フリードマンらシカゴ学派の強い影響力のもとにあったケインズ信奉者
だったが，土地所有など植民地支配によって形成された社会経済構造の構造的改革には
見向きもしなかったというこの指摘は，後年の『貧困の終焉』をめぐる開発学研究者の
間での援助論争を考えるうえできわめて重要な指摘である。援助論争は，イースタリー
とモヨのサックス批判（Easterly 2006 = 2009, Moyo 2009 = 2010），コリアーとバナジー
およびデュフロによるサックスとイースタリーとに対する両面批判（Collier 2007 = 2008,
Banerjee & Duflo 2011 = 2012）を経て，開発学研究者の間で，まさにこの構造的改革の
問題の重要性を浮かび上がらせた。なおサックスについては，理想主義者としての彼の
言動と現実とのギャップを追ったMunk（2013），さらには，彼は資本の側に立って資本
主義の現実を覆い隠す理想を語るという意味で，ショック博士として登場して援助問題
に取り組む今日まで，一貫して新自由主義者であって，ナオミ・クラインやハーヴェイ
の言うように援助問題に取り組むようになってサックスが変化したとするのは当たらな
いとするWilson（2014): 5のような議論も現れている。援助論争については，岡野内
（2010b）で簡単に触れたことがある。サックスに一言も言及しないが内容的には明らか
にサックス批判として人権と援助の関係に踏み込んだイースタリーの開発専門家批判
（Easterly 2013）も含め，援助論争については，別稿で検討したい。
3）　サックスは，SDGs達成についての詳細な指標の作成とそれに基づく各国別達成状況
　を国連と連携して公表しているSDSN（Sustainable Development Soutions Network）の
　報告書作成チームのリーダーとなっている。Sachs et al.（2020）参照。
4）　「緑の革命」への批判的評価の点で一貫するザックス（Sachs, W. et al. eds. 2007 = 2013:

229-30) やスーザン・ジョージ（George 1976＝1980）に対して，サックスの著作の随所にみられる緑の革命に対する肯定的評価は，生産性向上と階級構造したがって社会問題の密接な結びつきについて曖昧な彼の議論の理論的弱点を考えるうえで，重要な論点である。ただし，『貧困の終焉』の続編ともいうべき『地球全体を幸福にする経済学』では，緑の革命に対する批判のうち，生態系破壊に関する要点を踏まえたうえで，次のように緑の革命の修正を宣言している。それは，「生物多様性を守るための戦略」として，「短期間で大きな結果が出せる六つの方法」の三番目として「農業生産性の向上」を提案するくだりである。まずは，緑の革命が農業のための開墾を不要にしたという見地から，土地の保全＝生物多様性の保全に役立つとする議論が展開される。

> 高生産性農業は生物多様性の保全に対立するものと思われやすく，実際，下手な農法を取り入れれば，生態系を破壊しかねない。しかし，より基本的に考えれば，耕地一ヘクタールあたりの生産量が高ければ高いほど，人口を支える食糧を産するのに必要な土地は少なくてすむのだから，高生産性農業は生物多様性の保全に役立つともいえる。アジアにおける緑の革命は，1ヘクタールあたりの農産物の収穫量を三倍に増やし，広大な土地の保全に一役買った。　　　　　　　　　　　（Sachs, J. 2008＝2009: 208）

そのうえで次のように，緑の革命が環境に悪影響を与えたという批判を全面的に受け入れている。

> その一方で，緑の革命は環境に悪いこともたくさん導入した。たとえば，肥料の過剰使用（善意の助成によることも多かった），地下水の過剰使用（無料の水や多額の寄付によって得た水がほとんどだった），進んだ灌漑技術（細流灌漑など）が活用できなかったこと，難分解性殺虫剤や除草剤の大量投与などである。
> 　　　　　　　　　　　　　　　　　　　　　　　　　（Sachs, J. 2008＝2009: 208）

このようなアジアでの緑の革命の環境面での失敗を自己批判し，農業生産性の上昇という緑の革命の核心を救い出したうえで，次のような緑の革命の修正が，有機農業の導入というべき内容とともに宣言されている。

> 緑の革命の核となる概念は重要で，実際，極度の貧困から抜け出そうとするアフリカにとっては，欠かせないものになるはずだ。とはいえ，二一世紀の緑の革命は，最初から環境に配慮し，生態系への心配りを忘れずにいるものでなければならない。つまり，高収穫農業と持続可能な土地管理を組み合わせた新しい農業生態学の教訓を取り入れるべきである。農業生態学の技術としては，水が節約できる細流灌漑，化学殺虫剤の使用を減らすか，あるいは使わないことをめざした包括的な害虫対策，土壌の代掻きや結果として起こる土壌侵食を低減するための不耕起農業，大量の水を必要としない作物や種苗の開発がある。　　　　　　（Sachs, J. 2008＝2009: 208-9）

主流派マクロ経済学者として出発し，ボーローグのもとで緑の革命の推進側として働いた経験も持つサックスが，このように臨床的な視点から，政策論として，事実上エコロジー的視点を取り込みつつあることは，興味深い。これに関連して一言すれば，ほかの

点では興味深い『貧困の終焉』文庫版（早川書房，2014年）解説には，緑の革命に関して次のようなミスリーディングなくだりがある。

> サックスは，本書の第13章でもとりあげられている援助事業の歴史的成功例に強く動機づけられている。代表的なものとしては「緑の革命」や天然痘撲滅がある。たとえば緑の革命には，1970年代80年代に多くの批判者がいたが，アジア農業を一変させて飢饉を一掃し，その後のアジア経済の高成長を準備した。 （平野 2014：604）

これでは，緑の革命への批判者はすでにいなくなり，成功例として定着しているかのような印象を与えてしまう。なるほど『貧困の終焉』の第13章では，援助事業の成功例としてアジアにおける緑の革命が真っ先に挙げられ，同書のどこにも緑の革命の問題点への言及はない。だが，開発学を含めて緑の革命への批判がなくなったわけではなく，むしろ批判的評価が定着したというべきである。そして先述のように，環境問題を引き起こしたという批判については，サックスもそれを受け入れている。

5）エネルギー・コングロマリットであるコーク・インダストリー（Koch Industry）を所有するコーク（Koch）兄弟と，ケイトー研究所やヘリテージ財団などの保守系シンクタンクを支援する，その活動については，宮田（2011）を参照。

6）この講演はBIG THINKのサイトだけでなく，Youtubeでも見ることができる。"Can Universal Basic Income/Social Democracy Fix America's Inequality? Jeffrey Sachs," (https://www.youtube.com/watch?v=l4W5RXPXsko：2020年8月31日閲覧).

［第4章］

1）本書第4章では，公正な配分をめぐる議論の中で，Fraser & Honneth（2003＝2012）などの参照を求めながら，「階層としての利害でなはなく集団としてのアイデンティティをめぐって展開」する「承認をめぐる闘い」に関する政治哲学の議論が紹介されている。訳書では，「承認（recognition）」に「認知」という訳語があてられているが，これまでの政治哲学の承認論と整合する「承認」という訳語のほうがいいだろう。

2）2002年の邦訳題名は『地球が生き残るための条件』，1998年出版の英語版の原題は*Greening the North: A Post-industrial Blueprint for Ecology and Equity*であり，直訳すれば『北の国々をエコにする——生態系保全と公平性を実現するポスト産業化時代の設計図』，1996年のドイツ語版原題は*Zukunftsfähiges Deutschland: Ein Beitrag zu einer global nachhaltigen Entwicklung*であり，直訳すれば『持続可能なドイツ——地球規模の持続可能な開発への貢献』となる。以下，英語版と日本語版を対照し引用の場合の訳文は若干変更した。

3）ドイツでの当時の政治状況とベーシック・インカムをめぐる論争については，小野一（2008）;（2009）;（2012），緑の党について，西田（2009）を参照。

4）このことは，近年の日本でのベーシック・インカムに関する論争についてもあてはまる。その整理についても別稿で果たしたい。

5）マルクス主義の伝統の中では，小ブルジョア市民とそのイデオロギー的性格が軽蔑的に語られ，逆に賃金労働者階級とそのイデオロギー的性格が賞賛されることが多かった。この点については，ブルジョア民主主義革命の評価をめぐる問題として，諸分野に

またがる大きな論争がある。最近の中国では，プロレタリア革命後の社会にプロレタリア階級が存在するとすればそれは資本主義社会であって社会主義ではなく，全員が小ブルジョア階級の社会となるべきだとする議論が「小ブルジョア（小資産家）階級宣言」という挑発的な題名の論文で展開されている。それは市場社会主義をめざす中国共産党と政府の「小康社会主義」の理論として提起され，論争となっている。Cui（崔之元）（2003＝2019）およびその邦訳への筆者解説を参照。

6) アラスカ恒久基金配当とベーシック・インカムのアラスカ・モデル，さらにそれらが先住民の権利との関連で持つ問題性については，岡野内（2014a）を参照されたい。

7) Barnes（2001）で提案されたスカイトラストについて，念のためザックスらによる優れた説明を引いておこう。

> 現行の排出権取引においてはある国の鉱業会社や石油会社がCO_2を排出し続けるためには自国政府から排出権を購入しなければならず，もし国内企業にそうした需要が少なければ，その国の排出権は他国（あるいは他国の企業）に売られる。「スカイトラスト」はそれらによって得られた政府収入の一部を年に一回，自国の市民に分配する。これによってその国の市民は自国に割り当てられた排出権から直接利益を得ることになる。もっともすべての市民に同額が渡るわけではない。「スカイトラスト」は同時に，再分配メカニズムで動いているからである。CO_2の排出量が多い商品・サービスを利用している市民は，CO_2の最終消費額が高くなるから，配当金による収入よりも支出のほうが多くなる傾向を持つ。正味でいえば彼らは排出量の超過になる。商品やサービスに対して支払う価格の中に，企業が購入する排出権分が含まれているのだ——つまり市民への配当金分がすでにそこに上乗せされている。反対に，CO_2の排出量が少ないライフスタイルを追求する人々は一定の経済的保証を得る。「スカイトラスト」からの配当金があれば以前より暮らし向きはよくなる。

> (Sachs, W. et al. eds. 2007＝2013: 244)

[第5章]

1) 以下，スーザン・ジョージの経歴については，トランスナショナル・インスティテュートのサイトおよびそこに引用されたアメリカの人名辞典的な月刊誌の記事（*Current Biography*, Vol. 68 No. 7, July 2007, pp. 34-40）を参照（https://www.tni.org/en/profile/susan-george：2020年12月18日閲覧）。

2) 彼女は，1967年には後にアメリカ政府の圧力で解散させられた「パリ・アメリカ人反戦委員会（Paris-American Committee to Stop War: P.A.C.S.）」に加わり，1969年には「学生と芸術家のアメリカン・センター（American Centre for Students and Artists）」のスタッフとなり，さらに1971年からはフランスの反戦団体「インドシナ連帯戦線（Front Solidarite Indochine）」に通訳として協力し，1973年にはアメリカの進歩派シンクタンクInstitute for Policy Studiesと協力してオランダのアムステルダムを拠点とする国際的な進歩派のシンクタンクTransnational Instituteの立ち上げに参加し，2020年末現在もその代表（President）となっている。1990～1995年には国際環境NGOグリーンピース（Greenpeace）の環境保護グループの理事，1990年代後半はOECDの相互投資協定（MAI）

反対運動，WTOの同様の試みへの反対運動に尽力し，1999〜2006年には外国為替取引の課税を求める運動団体ATTAC (Association for Taxation of (financial) Transactions to Aid Citizens) Franceの副代表を務め，1999年のWTOシアトル総会への反対運動，多国籍企業と政治家の国際的な政策団体である世界経済フォーラムに対抗する2001年からの世界社会フォーラムの発足などを主導した。前注の資料を参照。

3) 『金持ちが……』の邦訳書名は，『金持ちが確実に世界を支配する方法——1％による1％のための勝利戦略』だが，フランス語版は『今度こそ民主主義をお払い箱に！(Cette fois, en finir avec la démocratie!)』，英語版は『階級戦争をいかに勝利するか (How to Win the Class War)』であり，おそらくそれぞれの言語世界の文化状況を配慮してつけられたものと思われる。1999年に出版された『ルガノ報告』(George 1999＝2000ただし，邦訳名は『グローバル市場経済生き残り戦略——ルガノ秘密報告』)は，20世紀末の世界の政財界トップが，世紀転換期のジュビリー企画として21世紀に向けて資本主義生き残りのための基本戦略を記した架空の秘密報告書であり，スーザン・ジョージの創作である。筆者はかつて本屋の新刊コーナーに山積みされたこの『ルガノ報告』邦訳本を手にしてパラパラとめくり，仰天，呵呵大笑させられ，思わず購入して読了し，勤務先の大学のゼミで教科書として用いたことがある。ところがゼミ生の中には，同書の内容，すなわち，資本主義生き残りのためには南の世界の人口を削減する地球環境保全が必要であり，飢餓，貧困，疫病，戦争を野放しにすることが効果的だという，反ヒューマニズム的なブラック・ユーモアを帯びた架空の議論をそのまま，「教科書に書いてあること」として肯定的に受け取る者がいることを発見した。筆者は，再び仰天し，今度は心底ぞーっとして，青くなった。競争原理の貫徹する日本の受験体制の中で，ヒューマニズム的な反発力とそれに支えられた批判精神を持つことなく育てられてきた学生たちの置かれた状況に青くなったのである。この体験について，安手のヒューマニストにうんざりして冷徹な支配の論理を浴びせる本を出して気合いを入れようとするスーザン・ジョージの意図をはるかに上回る事態が日本で進行しているのではないかと論じたことがある (岡野内 2002)。それでも，当時の筆者には，「外国人を殺せ」といったナチスばりのヘイト・スピーチを公言する「在特会」デモのような社会現象が日本に現れる今日の事態までは，予測できなかった。筆者自身の見通しも甘かったと言わねばならない。

4) 念のために一言すれば，世界人口の増加こそ，グローバル資本主義存続の最大の脅威だとする彼女の認識は，食糧増産が人口増加に追い付かないというマルサス主義的なものではない。人類はすでに，世界人口を養うのに十分な生産力を手にしているというのが，1970年代半ばの『なぜ世界の半分は飢えるのか』以来の彼女の主張である。問題は，その生産力が人類全体の手にはなく，多国籍企業の手に握られ，多国籍企業に利潤を保障できるだけのお金を持っている人々だけに食糧が渡されるという仕組みにあることを疑問の余地なく立証したのが同書であった。また彼女は，人口増加を単純に環境への負荷と結び付けて人口削減を説く環境マルサス主義の立場にたってもいない。人類はすでに地球環境を破壊しない技術を用いて地球生態系と調和して生存していけるエコロジカルな生産力を手にしており，その生産力の普及が多国籍企業の利潤保障のために妨げられていることが問題とされている。だから『誰の危機……』では，市民の圧力でエコロジカルな技術転換を進めるグリーン・ニューディール政策が提唱されている。

5) スーザン・ジョージが参照している論文は，複雑系の研究者らによる共同論文であるVitali et al., (2011)であり，科学および医学に関するインターネット雑誌*PLOS ONE*の

2011年10月26日号に発表されたものだが，その刊行日より少し前の同年10月19日号（インターネットでは10月24日に訂正版）の科学雑誌*New Scientist*に，内容紹介がトップ50社のリストとともにウォール街占拠運動と関連付けられて掲載され，あまりにも緊密になりすぎた経済システムの脆弱性を解決するには，「企業は，このリスクを回避するために，過度の相互結合に対して課税されるべきだ」という専門家の意見などが紹介されている（Coghlan & MacKenzie 2011）。それを受けて，やはり発表前の10月22日に経済誌*Forbes*のスタッフが同誌のサイトで権力の過度の集中の観点から注目して取り上げ（Upbin 2011），2日後には別のスタッフが機関投資や株主の分散ゆえに大衆支配だという意見（Savitz 2011）を述べるなど，若干の議論を呼んだ。また，2013年5月22日に，はアメリカの雑誌*The New American*（後にカナダのGlobal Research Instituteのサイトも転載）に掲載された元世界銀行職員のKaren Hudes氏へのインタビュー記事では，アメリカの中央銀行（連邦準備制度）関係者による不当な利益誘導を可能にする金融構造の一体性を実証したものとしてこの論文が名指しされており，経済実務関係者の間では注目を集めているようだ（Newman 2013）。20世紀初頭のヒルファーディングやレーニン以来，資本の集積・集中，金融寡頭制，あるいは企業の所有と支配に関する研究は，相当の蓄積を持っているが，管見のかぎりでは，そのような観点からの同論文の成果の吸収は今後の課題となっているようだ。筆者自身も，岡野内（1991）; （1992）; （1993）; （1998b）など，中東イスラーム地域研究との関連でそのような研究に取り組んだことがあり，コンピュータ利用による迅速なデータ処理と数学的なネットワーク分析の必要を感じるとともに，グローバルな多国籍企業（金融機関）全体のネットワーク分析との関連で評価する必要を感じながらも力及ばず，しばらく遠ざかっていた。同論文は，そのような分析技術に関する限界を突破し，データベースを利用して一挙に全世界の多国籍企業を対象とする分析を実施した点で，画期的と言える。途上国地域研究の視点からのこのような研究の最近のものとして，星野・末廣編（2006）などがあり，アメリカや先進国については，ユシーム，スコット，ドムホフらの役員兼任分析も含めて，エリート論的な視点からの最近のサーベイとして，高瀬（2010）などがあるが，当然ながら同論文は参照されていない。同論文を踏まえての筆者の分析の全面的な再検討については，他日を期したいが，岡野内（2017）では同論文を歴史的不正義との関連で利用した。グローバル資本主義学派の分析と関連付けた本書第7章も参照されたい。なおこのような視点からのEU分析はApeldoorn et al. eds.（2014）等で展開されている。

6）　緑の革命批判は，小農の土地喪失，アグリビジネスの富裕化によって貧困と格差の原因になったとして次のように展開されている。「『緑の革命』が収量を――少なくともしばらくの間――増大させたのは間違いない。一方で，ハイテク資材――当時は，より多くの実をつけても倒れない茎の短い植物を作るために選ばれたハイブリッド種子――を買う余裕のなかった無数の小農は土地を追われた。新しいハイブリッド種子は全面的に威力を発揮するため肥料，殺虫剤，灌漑に依存していた。それを買い続ける余裕のない農民は，都市のスラムに消え，農地が集中して広大になるにつれ，土地を持たない農業労働者は機械に取って代わられた。／「アジアの奇跡」と謳われたものが実際には，アグリビジネスにとって宝の山でもあったことが，粘り強い研究のおかげで明るみに出てきた。……／当時，社会・人道・環境面から「緑の革命」に反対する声は，生産性向上・高収穫を謳うロビイ活動に圧倒された。ハイブリッド種子のトップ科学者ノーマン・ボーローグが1970年にノーベル平和賞（生理学・医学賞ではない）を受賞さえした。だ

が，1990年代から生産性低下と環境悪化があまりに歴然となり，自慢の研究所は科学的権威も寄付者も失った」（George 2010＝2011: 78-9）。それは，経済成長と食料増産を促して貧困解消に貢献したとするサックスの評価とは真っ向から対立する。

7）ビル・ゲイツが行う慈善事業への批判は，「社会ダーウィニズムを生み出したイギリスの哲学者ハーバート・スペンサーの賞賛者，その使徒」であるカーネギーが，人間が作り出した社会環境を自然環境とすり替えて「適者生存」を唱えて貧富と格差を合理化したとするカーネギー批判への留保から始まる。「実はカーネギーは言われているほど怪物ではない。妻と娘たちにささやかな金を（息子たちにはごくわずか）遺したら，あとは生前に富を手放すべきだと主張し，全米で公立図書館の建設に乗り出した。社会の底辺層に何が欲しいかと尋ねれば一番先に挙がってくるのは図書館ではなかったかもしれないが，カーネギーは底辺層の考えを聞こうなどとは夢にも思わなかった。一番よくわかっているのは自分だ。貧乏人は愚にもつかない気晴らしに金を使ってしまう，金などもらう資格はない，どぶに捨てるようなものだという固定観念を持っていた。……／120年を経て，現代のカーネギーと言えばビル・ゲイツではなかろうか。ゲイツも生きているうちに何十億ドル，何百億ドルも手放すことを選んだ。……莫大な資金の多くは，『アフリカ緑の革命』の推進に充てられている。……この大盤振る舞いで恩恵を受けるのはだれか」（George 2010＝2011: 76-7）。最初のカーネギー批判は，貧困層の自己決定権を無視する「上から目線」の指摘として鋭い。ゲイツの慈善事業批判でもそれは維持され，前注の「緑の革命」批判もその文脈におかれている。「ゲイツは植物をソフトウェアになぞらえており，『アフリカ緑の革命連盟（AGRA）』と名づけたゲイツ財団のプロジェクトは古典的な技術的解決策から成っている。『AGRA』の提携パートナーは，1960年代から70年代にかけての『アジア・メキシコ緑の革命』の創始者ロックフェラー財団だ。農業技術を開発し，バイオテクノロジー研究を行い，化学肥料の使用を増やし，種子をはじめとする資材に対して商業流通網を通したアクセスを促進し，『市場主導・輸出志向の農業に適した政策環境を創り出す』のが狙いだ。／この事業が巨大企業とアフリカの貧困層にとってどんな意味を持つかを把握するには，「緑の革命」を振り返ってみればいい」（George 2010＝2011: 77-8）。この引用文に続いて，前注の「緑の革命」批判の引用文がある。ここではさらに，遺伝子組み換え種子を用いることの生態系への悪影響も強調され，アフリカ全域で盛んな「地元の問題に低コストの地元の解決法を用いるエコ農業運動」をAGRAが無視し，プロジェクト対象国の農民団体との相談がないまま進める姿勢などが批判されている。そして「開発援助の私営化」という論点が提起される。「問題はそれだけではない――開発援助の私営化が進んでいる。ゲイツには資金がある――海外開発援助の提供国，OECD諸国のほとんどをはるかに上回る額だ。したがってカナダのあるNGOが言ったように，『ゲイツの行くところ，政府もついて行く。OECDのあらゆる援助機関の長は全員，この大億万長者と並んで共同事業を宣言する写真におさまりたがっている』／……AGRAがおそらく中長期的にアフリカの飢餓を軽減するのではなく深刻化させるだろうということは残念ながら本当だ。……カーネギー＝ゲイツ路線に沿った億万長者と貧者の相互関係は米国史上，世界史上で稀にしか起こらない現象だが，起こったときには共通項がある。『億万長者は何でも知っている』のだ。イエスマン・ウーマンに取り巻かれている彼らは，自分の思い込みや偏見の再検討を迫られることがない。彼らの『善行』のせいで苦しむ人々がいたとしても，良心と傲慢に一点の曇りもないまま続けられる。結局のところ，篤志家の億万長者層が薄いのは感謝

すべきことかもしれない」(George 2010＝2011: 84)。

　サックスはビル・ゲイツと密接な関係を持ち，アフリカの緑の革命に期待を寄せている。サックスが中心的に進める国連MDGsへの批判もすぐ後で，あふれかえる貧困層に関する研究が実際の役に立ってないとし，富裕層をこそ研究せよという持論を展開するくだりにある。「国連ミレニアム開発目標──業界では単に『MDG』という──は，富裕国組織OECDを中心とした長期のプロセスの末に設定され，その後も無数の会議が開かれ，貧困と格差に対する取り組みには一刻の猶予もないのだという熱烈な約束が繰り返された。2000年，MDG提唱者は高望みせず現実的になるよう，目標を貧困撲滅ではなく，2015年までの半減と表明した。健康，母子保健，教育，飢餓などに関する下位目標も注意深く調整され，全世界の政府が署名した。国連体制の内外で無数の追跡会議が行われた。現在，MDGは一つとして達成されそうにない」。　　(George 2010＝2011: 86)

［第6章］

1)　『帝国』のベーシック・インカム論について，山森（2003）が，ネグリらの議論の背後にあるヨーロッパでの社会運動の中でのベーシック・インカムのとの関連で解説を試みている。なお山森（2009）も参照。

2)　2004年 7 月 6 日にパドヴァで開かれたラジオ・シャーウッド・フェスティヴァルでのネグリの講演では，この①②③を 4 つに拡張した形で，ほぼ同じ内容が掲げられており，それらは，「マルチチュードによるネットワーク状生産」が一般化しつつある今日の「発展の高さに見合った綱領」，「生産の新しい諸条件のもとにあって，無政府主義的でも冒険主義的でもないひとつの綱領」，「新たなコミュニスト宣言」，「ポスト社会主義的綱領」の構築にとって中心的な 4 つのテーマとされている（Negri 2006a＝2007: 195-6）。

3)　ただしネグリは，Parijs（1995＝2009）について，「古典派金融経済学の視点から書かれた基本的文献（the fundamental text from the point of view of classical and monetary economics）」（Hardt & Negri 2004＝2005: 383 note 62: 311注62）と記している。しかし同書の基本的な視点は，ロールズの強い影響を受けた哲学的正義論であり，このコメントは著しく不適切である。

4)　ネグリらは，注記してMoody（1997）を挙げている。Social Movement Unionismは，「社会運動ユニオニズム」とも訳される。鈴木（2005）参照。なお，筆者も参加した2010年12月に大原社会問題研究所主催で行われた労働運動の再活性化に関する国際ワークショップ（Conference on Cross-national Comparison of Labor Movement Revitalization, December 18-19, 2010）では，日本の「派遣村」運動に見られるような，その評価が中心的なテーマであった。韓国，アメリカ，オーストラリア，日本の運動について活発に議論されたが，これら諸国の労働運動の状況を反映して，ベーシック・インカムは報告でも議論でも登場しなかった。アメリカの研究者を含む参加者の幾人かは，将来的にはベーシック・インカムも視野に入れたいと筆者に語った。

5)　ドイツについては，ヒルシュが，新自由主義からのベーシック・インカムの提案にも触れながら，それにもかかわらず，労働者の側での社会サービスへの要求とセットでベーシック・インカムの要求を進めることが重要だとするほぼ同様の議論を展開している（Hirsch 2005＝2007: 250-251）。日本での混乱については，たとえば，『現代思想』2010年 6 月号の「ベーシック・インカム特集」の諸論文，萱野編（2012），佐々木・志賀

編（2019）を参照。本書第9章注16も参照。

6） ネグリたちの場合は，その諸著作のあちこちで明記されているように，スピノザから
マルクス，さらにドルーズに至る哲学的人間論の系譜でこの確信を得ている。
Habermas（1981＝1985-1987）に示されているように，それとは若干異なる系譜で同様
の確信に到達し，豊かなコミュニケーションを求める人間の潜在力を基礎に現代社会論
を展開するのが，ハーバーマスである。ネグリらと，ハーバーマスの議論との関係は，
興味深いテーマであるが，別稿で検討したい。ネグリとハートは，「ハーバーマスがコ
ミュニケーション的行為という概念を展開したとき，その生産的形態とそこから派生す
る存在論的な諸帰結を非常に力強く論証し」たと高く評価しながらも，「依然として彼は
グローバリゼーションの諸効果の外部にある立脚点，すなわち，情報による存在の植民
地化に対抗しうる生活［世界］と真理という立脚点に依拠していた」（Hardt & Negri
2000＝2003: 54）と批判する。あるいは，ハーバーマスは「拳固とコミュニケーションの
解放的機能」を理解していたと評価しつつ，それを「社会の個別で孤立した部分のみに
割り当ててしまう」（同上501）と批判する。興味深い論点ではあるが，ハーバーマスの
著作に匹敵するほどの広範な分野にわたって基本文献を渉猟して論争をしかけるハート
とネグリの研究と「マルチチュード」への呼びかけは，ハーバーマスから見れば「生活世
界の潜勢力」を解放する実践ということになろう。Sprague（2011）は，第7章で検討す
るトランスナショナル資本家階級形成論の立場から，ネグリとハートの帝国論を高く評
価しつつも，それがフーコーの権力論に引きずられて社会分析として曖昧だと批判して
いる。そして，ネグリらの場所を特定できないとされる「帝国権力」に対して，ロビン
ソンらのトランスナショナル資本家階級という社会的勢力とその勢力が用いる具体的な
制度としてのトランナショナル国家概念を，ネグリらの対抗勢力としての「マルチ
チュード」に対して，キャロルらのトランナショナルな対抗的社会運動の概念を，より
有用な分析概念として対置している。

7） 公共圏論とベーシック・インカム論を架橋しようとした日本での先駆的な議論とし
て，田村（2004）を参照。筆者は，岡野内（2006）;（2008-2009）;（2009）で提起した新部
族主義の視点から，岡野内（2010a）で，ベーシック・インカムに支えられた公共圏を基
礎とする民主主義論を提起した。さらに本書第2章で検討したコーテンのような議論の
潮流とも合わせて，直接民主主義の小規模地域コミュニティのネットワークとしてより
具体的に展開することは今後の課題としたい。

8） ネグリらは，2011年のオキュパイ運動やアラブの春などの社会運動の高揚を受けて書
かれ，2017年に出版された『アセンブリー』の末尾で，運動論的な見地から次のように
ベーシック・インカム運動の広がりに注目している。「たとえば，全ての人に無条件に
配分される一定額のお金，すなわちベーシック・インカムの要求は，もはやラディカル
な左翼だけでなく，全世界の各国で主流派の議題となっている。ベーシック・インカム
は社会的生産の結果をより正当に分配する仕組みというだけでなく，最も極端な形態の
貧困や虐待に近い仕事から人々を守ることになる。最低限の富と時間は，政治に参加
し，社会を創造していくために欠かせない。それなしには，いかなる集会結社の自由
（right to assemble）も空洞化する。我々が以前語ったように，ベーシック・インカムは
また，人々が共有する貨幣と，そんな貨幣による，新しい，民主主義的な社会関係のよ
り実質的な制度化の方向を暗に示している」（Hardt & Negri 2017: 294）。

9） 現金移転（Cash Transfer）は，多くは条件付きの形ではあるが，開発論の分野での貧

困対策の新しい手法として注目されている。Hanlon et al.（2010）および，牧野（2010），宇佐美・牧野編（2015），Gentilini et al.（2020），Molina et al.（2020）を参照。それは，貧者が最もお金の使い方を知っているという，筆者がナミビアの村で確認したベーシック・インカム社会実験の成果とも一致する。岡野内他著訳（2016）参照。それは，貧者に関する，ネグリたちの議論とも一致する。

10)　世界価値論（国際価値論）については，国際的な大論争があるが，筆者は，社会的分業の編成原理を捉える道を切り開くという労働価値説の原点を生かす論理構成をとる点で，中川（2014）で提起された世界労働説を支持する。なお『コミュニケーション的行為の理論』でハーバーマスはマルクスの価値論の意義と限界を議論しているが，グローバル化が視野に入っていない議論になっており，世界市場社会把握を目指す点から修正の必要がある。

11)　歴史的不正義と所有権の回復とそれが持つ紛争解決への可能性については，岡野内（2006）;（2008-2009）;（2009）などを参照されたい。

［第 7 章］

1)　2003年 5 月にカリフォルニア大学サンタバーバラ校で行われた「批判的グローバリゼーション研究（critical globalization studies）を目指して」と題した国際会議の報告論文集である Appelbaum & Robinson eds.（2005）には，スーザン・ジョージ，ジョヴァンニ・アリギ，デイヴィッド・ハーヴェイ，ウォーデン・ベッロ，サスキア・サッセン，リチャード・フォークなど，日本でもその著書が多く邦訳されている人々の論文が収録されており，グローバリゼーション研究の刷新に向けて論争を引き起こそうという熱気が伝わってくる。その潮流にあって，トランスナショナル資本家階級の形成の実証とその意味に焦点を置く研究者たちが，後に紹介するイギリスのスクレア，オランダからイギリスに移ったヴァン・デア・ペール，オランダのヴァン・アペルドーン，カナダのキャロル，アメリカのロビンソン，ハリス，スプレイグらである。中でもロビンソンを中心とする研究者たちは，グローバル資本主義学派（global capitalism school）と呼ばれることが多い。しかしマルクス主義を掲げるかあるいはマルクス的な研究の系譜を重視する研究者たちを越えた議論の広がりはない。たとえば，労働経済学の分野からグローバルな不安定就労層であるプレカリアートの形成を描き出している Standing（2011＝2016）は，トランスナショナル資本家階級形成に対応するトランスナショナルな労働者階級形成論というべきだが，そこではロビンソンらの研究はまったく視野に入っていない。ロビンソンたちにとっても，やはりスタンディングの研究は視野に入っていない。この学派の視点から日本のケースを分析する Takase（2014）;（2016）は貴重な成果だが，日本でのこの学派のまとまった紹介はないようだ。

2)　この学派を視野の外に置く原因となった日本の社会学研究における階級論の問題点について，渡辺（2004）参照。とりわけその序章は，高島善哉の労働価値説に関する議論（高島 1975）にヒントを得つつ，階級概念が本質的，全体的，実体的な理論だとして日本の社会学者の大勢によって排斥され，替わって階層概念が用いられるようになった結果，さらに階層概念すらも便宜的，操作的概念にすぎないとして，規範的含意から切り離された結果，日本の社会学研究そのものが社会問題解決に示唆を与える社会分析として魅力を失いつつある過程をみごとに描いている。たとえば長松（2011）は，格差問題

への関心から規範理論と階級論に取り組む意欲的な試みだが，第一に，レーマーやライトらの「現代マルクス主義階級論」における労働価値説の放棄を受け入れ，第二に，盛山 (1992) のレーマーやライト批判——レーマーやライトは労働価値説を放棄したために搾取論も階級論も首尾一貫性を欠くとしつつ，同時に労働価値説は本質的，全体的，実体的ゆえに科学的でないとして階級論そのものを否定する手の込んだもの——を受け入れたために，ハーバーマスによって観察者の視点と当事者の視点とを結びつける「天才的な奇襲攻撃」(Habermas 1981 = 1987: 330) と評された労働価値説に基づくマルクスの価値論の理論戦略の利点まで見失っているかに見える。その点では，渡辺 (2004) の整理は，高島善哉の「マルクス・ウェーバー問題」に代表される1970年代の科学論に依拠しており，後にハーバーマスが『コミュニケーション的行為の理論』などで展開したようなシステム論と行為論の分裂を哲学的基礎にさかのぼって検討する科学論を視野に入れているわけではない。その意味では，日本の社会科学研究は，ハーバーマス以前的な混乱状況にある。さらに言えば，そのハーバーマスにも，たとえば鈴木 (2003) も批判するように，1990年代以後のグローバル化による人類社会全体の変容とそれに伴う社会科学領域全体の研究を視野に入れためざましい理論展開はない。またそれに取り組むトランスナショナル資本家階級形成論を視野に入れてはいない。かくて渡辺 (2007) は，階級論を基礎に日本の市民社会論，福祉国家論，グローバル化論研究を批判し，渡辺 (2009) は階級概念を用いてグローバル化の中の日本社会，とりわけ日本の政治過程を分析する貴重な試みだが，社会学研究者の間に論争を呼び起こすことはできていない。またトランスナショナル資本家階級形成論の視点も，まったく視野に入っていない。この点は精力的に日本社会の階級分析を展開する橋本 (2011); (2013); (2018) も同様である。その結果，フランスのブルデューの階級研究を継承するイギリスの階級研究の翻訳者たちによる最近の日本の学部生向けの簡にして要を得たブルデューの解説である森田・相澤 (2017) も，渡辺や橋本によるこのような階級概念をめぐる日本の理論状況に関する問題提起に触れず，ましてやトランスナショナル資本家階級形成論の論点に触れることもなく，「社会調査の方法」としてのみ紹介している。社会学ではなく，むしろ文学研究の分野で，階級論への関心が高まっていることは興味深い。たとえば魯迅研究の中井 (2012)，現代アメリカ文学研究の栗原 (2018) を参照。

3 ）　さしあたり1968年の『パットマン報告』から1980年の『リビコフ』報告に至るアメリカ議会報告についての松井 (1986) の紹介，ミルズ以降のパワーエリート論の展開についての最新の回顧である Domhoff et. al. (2018) を参照。

4 ）　さしあたりユシームやフェンネマらの1980年代までの研究の紹介として関下編 (1989)，社会学から整理として高瀬 (2010)，最近のグローバル・パワー・エリート分析である Phillips (2018 = 2020) 参照。

5 ）　三極委員会に関する Gill (1992)，アメリカに関する最近の Apeldoorn & Graaf (2016) 参照。

6 ）　非金融部門の企業の事業規模を比較する場合，実際に動かすお金の流れという意味で，売上高を用いることが多い。しかし金融部門の場合の売上高は，実際に動かされたお金の流れを示す貸付や投資の額ではなく，そこから得られる利子や配当収益のみとなる。したがって，売上高で見た場合，非金融部門に比べて金融部門の事業規模が過小評価されてしまう。したがって，金融部門の場合は，貸付や投資の額を含む資産額が，非金融部門の売上高に相当して事業規模を示すことになる。したがって，上位500社とは，

実際には，米ドル表示で，非金融部門の企業の場合は売上高で上位400社，金融部門の場合は資産額で上位100社がリストアップされている（Carroll 2010: 83）。

7） Vitali et. al.（2011）: 33を参照。同論文については，岡野内（2017）も参照されたい。

8） スクレアの最初の理論的著作は，『進歩の社会学（Sociology of Progress）』（Sklair 1970）という理論研究であり，ルソーやカント，ヘーゲル，マルクス，コント，スペンサー，デュルケム，ウェーバーから，パーソンズに至る所説を，行為論的な個々人の選択の自由とシステムによる制約とに留意して跡付けながら，社会システムの分析を踏まえて，個々人にとっての倫理的選択のための回答を提供することが社会学の使命だとする議論を展開している。NICS現象を見据えながら，多国籍企業の国際分業の中での経済発展は，諸個人が自由な社会をもたらすものではないとする所説を，メキシコなどの輸出加工区での調査に基づいて展開した実証研究であるSklair（1989）は，初期のこの著作の理論的見通しをグローバルな開発問題に関して具体化するものと言えよう。スクレアが編集し，イマニュエル・ウォーラースタインやマリア・ミースなども寄稿している，『資本主義と開発』と題する論文集（Sklair ed. 1994）は「資本主義は第三世界を開発できるか」という問題に答えようとするものだが，彼も論文を寄せ，次のような興味深い言明をしている。

　まず，資本主義的「開発（development）」は，歪んだもの（distorted）である理由として，①経済的には，輸出指向工業化戦略の利益が限られたものであって多くの問題を含むばかりか，競争優位をねらうものであるがゆえにすべての第三世界が採用することは原理的にできないものであること，②政治的には，トランスナショナルな資本家階級に支配されるようなシステムは純粋な（genuine）開発とは言えないこと，③文化・イデオロギー的には，消費主義（consumerism）に基づくシステムは環境の制約を考慮しない点で歪んだ開発であること，を挙げる（Sklair 1994: 179-180）。そして，資本主義ではなく，「おそらくなんらかの他の形での工業化が純粋な開発を達成できる」（同上：180）というのが自分の考えであるとする。しかし，ソ連などの20世紀の社会主義の失敗によって，チャーチルの民主主義論をもじって次のように言いきることができるようになったとする。「結局のところ，資本主義は第三世界を開発できるか？という問いに対して，いや，無理だ。しかしほかのあらゆる選択肢は，資本主義よりももっと悪い」（Sklair 1994: 181）。したがって，「基本に立ち戻り，社会主義建設は窮乏ではなく，富裕に基づいてのみ可能だ，というマルクスの洞察をかみしめよう。資本主義が富裕を生み出す唯一のシステムである限り，理論と実践は次のことを示している。資本主義はその富裕を地球規模で公平に分配することはできない。つまり，資本主義は第三世界を開発できない」（同上）とし，次のように結論づける。

　私が引き出す結論は，かなり乱暴な表現になるが，次のようなものだ。消費主義の文化的イデオロギーがローカルな文化やイデオロギーに取って代わり，多国籍企業やトランスナショナルな資本家階級が，第三世界の諸コミュニティの支配的集団が消費財やサービスを得られるようにできるかぎり，資本主義的「開発」こそが開発への唯一の道なのだというなにがしかの現実とそれにまつわる幻想が続くことだろう。／このことのきわめて重要な帰結は，ラディカルな政治改革，とりわけ純粋な「民主化」への要求は，大衆的な支持を得ることができないだろうということだ。私の主張は，社会を「改革する」にあたって，政治的変化を引き起こすのは経済改革ではない，と

いうことだ。そうではなく，消費者の要求を充たす経済改革の失敗こそが，それは，「民主的」改革と資本主義的な自由市場こそがすべての人の生活水準と生活様式の急速な改善をもたらすという幻想に基づく，大衆の運動を引き起こすのだ。この見解では，第三世界における資本主義（そして共産主義）の失敗は，それが政治的な問題を解決できないことにではなく，消費主義の文化イデオロギーに替わる有効な文化イデオロギーを提供できないことにある。 (Sklair 1994: 181)

　「消費主義の文化イデオロギー」が，第三世界を含む人類社会を資本主義のシステムに繋ぎ止める要の地位を与えられているのである。この点は，その後のトランスナショナル資本家階級の実践に関する実証分析 (Sklair 2001) で当事者の意図として確認されたあと，さらに消費主義の文化を世界に広める都市空間のグローバルな構築を実証する「アイコン・プロジェクト」論 (Sklair 2017) に結実する。消費主義の文化イデオロギー批判が社会学の最重要課題として遂行されているわけである。ただし，ハーバーマスが提起した生活世界とシステムが重なる社会的世界の二重性と両者の対抗を分析・綜合する二正面作戦を重視する筆者の視点から見れば，それなりに鋭いスクレアの消費主義批判は，システムの側面のみを分析する点で一面的である。生活世界の側面から，公共圏において消費主義を克服する新しいシステムへの転換を求める論理と行動の生成への見通しが示されないために，グローバル化に対抗する反システム的な運動組織の形成が示されはするものの，外面的な指摘に留まっている。

9 ）同書は著作権上キャロルの単著となっているが，中表紙にはキャロルと並んで "with Colin Carson, Meindert Fennema, Eelke Heemskerk, J. P. Sapinski" とあり，それぞれ重役兼任ネットワーク分析を手掛けてきた研究者たちとの協力が強調されている。中でもフェンネマは，1980年代から銀行と産業企業の国際ネットワーク分析を手掛けてきた古参であり，その紹介として田中 (1989) がある。

10）スクレアは，ロビンソンのトランスナショナル国家形成論を，次のように批判している。

　トランスナショナルな国家という考え方に，私は次の二つの点で賛成できません。第一に，それは，むしろ国家を一枚岩のように見てしまうことに繋がるように思えます。国家が，資本と労働との間，さらに国内の資本とグローバル化した資本との間での，重要な闘争の場となっていることを見落としてしまうように思います。第二に，このような理論的な盲点の結果として，グローバル化を進める政治家や官僚，つまりトランスナショナル資本家階級の国家担当ですが，この人たちの役割の重要性を見落としてしまうことになります。 (Sprague 2009: 505)

　この批判の立脚点は，支配のシステムの中に，矛盾を見出そうとするものであって，先述のロビンソンのスクレア批判と同じものだ。それにもかかわらず，両者の見解が相違してくるのはなぜだろうか。スクレアは，すぐに続けて次のような興味深い発言をしている。

　私は，これは，アメリカの学者たちに特異な問題だと考えています。いつもアメリカ国家の覇権的な権力の批判をしていると，アメリカ国家が，そのあらゆる部局をあ

げて，国内でも国外でも一枚岩として動いている証拠に事欠かないのです。　（同上）

　　つまり，覇権国家アメリカについては，国民国家からトランスナショナルな国家へと転換したと言えるかもしれないが，イギリスやその他の国民国家は，そうではない。国民国家内部のグローバル化推進派と自国利害優先派，すなわちトランスナショナル資本家階級とナショナルな資本家階級，そしてナショナルな労働者階級との間で，国民国家を舞台に三つ巴の階級闘争が行われている，というわけである。とすれば，スクレアにとって，国民国家は，まだトランスナショナル資本家階級によって操られてはいない。トランスナショナル資本家階級の支配を食い止める砦となりうるものということになる。

　　ちなみに，スクレアは，ロンドン・スクール・オブ・エコノミックスで社会学を教えながら，第二次大戦後1960年代に至るまでの激しい脱植民地独立闘争を経て国連に加盟してきた新興独立諸国が要求する新国際経済秩序樹立を目指す多国籍企業規制論の最後の牙城と言える国連機関UNCTADの多国籍企業センターのコンサルタントとして多国籍企業の社会的影響とその規制問題に取り組んできた研究者である。

　　これに対し，ロビンソンは，ジャーナリストとしてニカラグア革命を中心とする取材活動に取り組んだ後，研究者に転じてカリフォルニア大学サンタバーバラ校で社会学やラテンアメリカ研究を教えてきた研究者である。このような経歴からは，多国籍企業に対する抵抗の砦として国民国家の役割に期待するスクレアに対して，ロビンソンが国民国家の枠組みに絶望してトランスナショナルな国家を標的とした闘いを呼びかける，という国民国家イメージの相違が理解できるように思える。

　　とはいえ，スクレアの場合もロビンソンの場合も，その国家論は，ハーバーマスのシステムによる生活世界植民地化論からみれば，いやむしろパーソンズのシステム論の視野と比較してみても，いまだ断片的に留まる。ハーバーマスが言うように，「パーソンズを見過ごしているネオ・マルクス主義」（Habermas 1981 = 1987: 下巻131）と同じ「誤り」を共有していると言えるかもしれない。

11)　ジェリー・ハリスは，シカゴのデヴライ大学（DeVry University）元歴史学教授で，2018年現在は2002年に中米を含む北アメリカ諸国の批判的グローバリゼーション研究の研究者らの交流のために結成された北アメリカ・グローバル研究学会（Global Studies Association of North America）の事務局長となっている（同学会のサイトによる。net4dem.org/mayglobal/index.htm：2018年10月4日閲覧）。

12)　権力論としてマルクスの資本論を再解釈するユニークな試みとして，Nitzan and Bichler（2009）がある。「資本家的権力様式」を提起するその議論には興味深い論点が多いが，その検討は他日を期したい。

13)　なおハリスは，このようなトランスナショナルな資本家階級の「統一したプロジェクトを，統一した階級と誤解してはいけない」とする（Harris 2015: 197）。トランスナショナルな資本家階級の階級としての統一したプロジェクトとは，世界市場で資本主義のゲームを進める点で一致しているだけというわけである。したがって，どのような資本主義をどのように進めるかなど，具体的なビジョンとなると，個々の資本家の間で決して一致してはいない。同じトランスナショナルな資本家階級とはいえ，その内部の個々の資本家は相互に競争しており，具体的な資本主義のビジョンの違いも含めて，あらゆるレベルで紛争を引き起こしているというのである。したがって，そのようなトランスナショナルな個々の資本家階級内部の紛争が，昔ながらの国レベルの相互紛争の形をと

ることもある。しかし、その紛争を引き起こしているのは、トランスナショナルな個々の資本家階級の相互競争であって、あくまでもグローバルな規模の世界市場での資本主義のゲームの存続という統一したプロジェクトの枠内のものにすぎない、というのである。この点が、国家間の世界戦争が資本主義のゲームの存廃にかかわっていた、20世紀の二つの大戦との違いである。

14）　日本では、『資本論』をその最初の部分とするマルクスの経済学批判研究のプランをどう受け継いで世界経済を分析するか、すなわち「資本、土地所有、賃労働、国家、外国貿易、世界市場」というマルクスのメモにおける「国家、外国貿易、世界市場」の諸概念をどう構成するかという「後半体系」の問題として、1960年代に多くの議論が行われた。たとえば、関下（1970）を参照。その後、日本でも世界経済研究者は多国籍企業研究に没頭することになるが、マルクスの視点をどう生かすかという問題意識は、連綿として続いているように思う。たとえば、価値論の視点から多国籍企業論を踏まえて世界市場論を展開する試みである中川（2014）を参照。マルクス的な視点で多国籍企業を論じる場合、多国籍企業を規制できる権力の形成をどう展望できるかが課題となるが、この点ではいまだに模索が続いているようだ。たとえば関下（2017）は多国籍企業論研究の側から国連、OECD、ILO、ISOによる多国籍企業規制の最近の試みについて整理して「その有効性如何を判断」し、「多国籍企業のあるべき姿」（関下　2017：45）を展望しようとする貴重な試みであり、「人類が踏み込んだグローバル社会という現下の状況」、「換言すれば、世界経済のグローバル化と国民経済的な視点からのローカル化（＝ナショナル化）との巧みな結合——これを筆者は『グローカリズム』と呼び、こうした資本の相互浸透、相互交流を『国際直接投資』と規定した——」（同上：44）に関する状況認識は鋭いが、そのもとでの規制権力の形成について、トランスナショナル階級形成論が提起したような、階級分析のトランスナショナル化と、国家中心主義批判に基づく問題設定の仕方そのものの転換の必要性は意識されていない。そのため、「多国籍企業の自覚」（同上：66）の必要や「企業、労働、政府（あるいは国連などの国際機関）の三者の調整による合成力」（同上：45）への期待が表明されるに留まっている。

15）　地理学者のアレックス・デミロヴィッチは、ほぼ同様の「トランスナショナル・ネットワーク国家」の形成を問題提起した。それは、「ローカル、ナショナル、そしてインターナショナルな規模での国家装置の総体、および公式には私的な諸組織からなる装置」（Demirović 2011: 56）であり、「トランスナショナルな要素を組織し、政策を発展させ、グローバルな蓄積過程の再生産をコントロール」（Demirović 2011: 53）して、多国籍企業資本の利益となるようにする特殊な機能を果たすとされている。

16）　ロビンソンは、デサイ（Radhika Desai）、エスコバル（Pepe Escobar）、スービン（Vladimir Subin）、タブ（William K. Tabb）、マーティン（William G. Martin）、アンガー（Mangabeira Unger）、チャンド（Manish Chand）、チェイス＝ダン（Christopher Chase-Dunn）、そして第三世界ネットワーク（Third World Network）といった、反グローバリゼーション運動とかかわりの深い有名な理論家たちが2013年前後に新聞や雑誌などに発表した時評を挙げている。文献については、Robinson（2015）: 1-2を見られたい。

17）　そこでは、とりわけハーヴェイの「ニュー・インペリアリズム」（Harvey 2003＝2005）論が詳細に批判されている。

18）　国際関係論の諸潮流のグローバル・ガヴァナンス論について、さしあたり渡辺・土山編（2001）、また理論アプローチの概観として吉川・野口編（2006）が役立つ。グローバ

ル市民社会論では，イギリスのロンドン大学LSEのグローバル・ガヴァナンス研究セン
ター所長カルドーの議論（Kaldor 2003＝2007; Kaldor 2007＝2011など）が興味深く，ま
た影響力も強い。カルドーは，市民社会を，規範的かつ記述的な概念として，すなわち
「合意が生み出される過程であり，個人が政治的・経済的権威の中枢と交渉したり，戦っ
たり論争したりする場」（Kaldor 2007＝2011: 209）として定義する。そして，「今日，こ
うした中枢にはグローバルな制度や国際組織，企業が含まれる」ため，「グローバル市民
社会という言葉がグローバルな発展を促す足がかりになりうる」（同上）ようにするため
には，グローバル市民社会に関して1990年代以降現れた３つの解釈を包括して，社会運
動，NGO・NPO，宗教・エスニック運動をも含めるべきとする。なお，３つの解釈とし
て，第一に自律的で非暴力的で個人主義的な集団に限定する社会運動活動家的解釈
（ハーバーマス），第二に国家の過剰な介入に替わるものを提供し，市場改革と議会制民
主主義導入を促すメカニズムとしてNGOやNPOをイメージするネオリベラルの解釈
（レスター・サラモン，ヘルムート・アンハイアー，アミタイ・エツィオーニ，ロバー
ト・パトナム），第三に西洋中心主義を排して，暴力的で過激な新しい宗教運動やエス
ニック運動をも含むべきとするポストモダンの解釈（マフムード・マムダーニー，パル
タ・チャタジーなど）が挙げられている。カルドーは，アイリス・マリオン・ヤングに
賛意を表し，「市民社会と国家，そして市場を個別の空間もしくは領域と考える」のでは
なく，「過程」すなわち，「活動を調整する」別々の――コミュニケーション行為による
か，権限を認められた権力によるか，金によるかの――「方法」とする。そのうえで，「国
家は，権限を認められた権力の唯一の形態ではないし，そうであってはならない」
（Kaldor 2007＝2011: 214）とし，国家の活動をチェックする「グローバル・カバナンス
のシステム」の組織化をコミュニケーション行為によって促すのがグローバル市民社会
だとする。
　このようなカルドーのグローバル市民社会論は，普遍的な人間理性に信頼を置くカン
ト的なコスモポリタニズムの視点に立って，規範的含意に無自覚な国家中心主義的なシ
ステム論や戦略論的議論があふれる国際関係論の諸議論と切り結んでいく貴重なもので
あり，目的合理的行為とは区別されるコミュニケーション的行為に注目する点でハー
バーマスに近い。ただし，カルドーがKaldor（2007＝2011）: 302-303注２，および注７
などでしばしばハーバーマスのテクストを孫引きするのは，ハーバーマスの理論展開の
全体を検討することなく経済過程を無視して公共圏での議論を強調する議論だと批判す
る点できわめて問題のあるエーレンベルグの市民社会論Ehrenberg（1999＝2001）から
であり，『コミュニケーション的行為の理論』を始め，生産手段の所有による階級規定を
軸とするマルクス的な史的唯物論をシステム論的進化論に対置しながら展開されたハー
バーマスの議論が検討された形跡はない。したがって，カルドーのグローバル市民社会
論が階級支配システムの視点を踏まえてさらにダイナミックな展開に踏み出すのは，今
後の課題となっている。
　そのようなカルドー的なグローバル市民社会論は，日本では，グローバル・ガヴァナ
ンスを担う新しいアクターとしてのNGO論として展開され，美根編（2011），その中で
も遠藤（2011），さらに毛利（2011）が問題整理の到達点と言えるが，カルドーと同じ課
題を抱えている。たとえば毛利（2011）は，公文（1994）をもとに，国家（国内社会，ヒ
エラルキー原理），企業（経済社会，市場原理），NGO（市民社会，ネットワーク原理）
の三者の関係を「社会システムの３つの原理」として提示しているが，公文（1994）の社

会システム論は，ハーバーマスがルーマン批判で展開してきたようなシステム論的社会把握の問題点があるだけでなく，三者と３つの原理との対応関係は，システム論としての首尾一貫性からいっても，疑問である。Kaldor（2003＝2007）に依拠しつつ，国家と市場の中間にある中間組織が飼いならされた新しい社会運動となり，さらにシステム転換運動につながると展望するのが斎藤（2004）である。星野（2009）やKaldor（2003＝2007）のグローバル市民社会論に依拠しつつ，国家間システム，世界経済，グローバル市民社会の３つの集合の重なりあいの視点から，日本のNPOも視野に入れつつ，アカウンタビリティの面からNGOの課題を整理するのは秦（2011）である。さらにはカルドーには一切触れず，グローバルでもなく，インターナショナルでもないNGOの多様な運動を捉える概念として「トランスナショナル・シビル・ソサエティ」を提案するのは目加田（2003）であるが，いずれも，階級支配システムの明確化が課題となっている。国家や企業によるNGOの取り込み，ボランティア動員，世界システムの手先化，といった新自由主義批判の立場からのグローバル市民社会論批判を整理した稲井（2009），グローバル市民社会における開発NGOの飼いならし問題などを整理した高柳（2010）についても同様だろう。ルーマンのシステム論に依拠して，国境を越えたグローバルな民間の自主規制を通じるグローバル・ガヴァナンスに注目し，グローバル市民社会の歴史的形成を展望する川村（2014）の場合，ハーバーマスの執拗なルーマン批判への応答が課題となるだろう。

19)　Garrod（2017）：288 n. 2は，トランスナショナル国家論への批判者たちの論点として次の６つを挙げて整理している。①トランスナショナルな蓄積あるいはグローバリゼーションは特に新しいものではない。②トランスナショナル資本の登場に機械的に対応させた国家論だ。③ネイションを超越する場（supranational forum）を国家に含めるのは範疇的誤謬だ。④恣意的な時代区分に基づくものだ。⑤「グローバル」を抽象的空間と捉えるものだ。⑥トランスナショナル資本の実態と規模が過大評価されている。⑦複数の国民国家の存在は，必然的で，不変な資本主義の一部分だ。このような論争状況の中でガロッドは，アメリカのトランプ大統領のTPP離脱や，イギリスのEU離脱への動きを踏まえ，絶対主義国家成立期における財産権保障の歴史的観点から，トランスナショナル国家論の問題提起を肯定的に受け止める論点を提起した。一見すると国民国家のリバイバルを思わせるアメリカやイギリスのそのような動きにもかかわらず，グローバリゼーションの中でこれまでに構築されてきた二国間ベースを基本とする自由貿易協定（FTA）によるグローバルな多国籍企業の財産権保障体制がみじんも揺らぎを見せないものである限り，人類社会がトランスナショナル資本家階級とトランスナショナル国家の形成によって進行するグローバル資本主義という新しい歴史段階にあることは否定できないというわけである。財産権への注目は，中世から近代への移行に関するサスキア・サッセンの研究（Sassen 2006）に依拠するものだが，今日の国民国家の空洞化を議論する際に，グローバルな財産権保障を焦点とするのは卓見と言えよう。それは，16世紀以来の資本の本源的蓄積による財産権の侵害を隠蔽するグローバルな財産権保障体制の改革に，今日の人類社会のシステム転換の鍵を見出そうとする筆者にとってとりわけ重要である。

20)　ただし，ロビンソンは，ハーバーマスのモデルについては，グローバル市場の消費主義文化との関係で「生活世界の植民地化」について曖昧に触れているだけであり，ハーバーマスのモデルにそって，システム論的なグローバル資本主義のもとの人類社会の全

体システムにおける経済的サブシステムと行政的サブシステムによる生活世界の植民地化の分析を試みているわけではない。Robinson (2004): 32参照。そこでは，『コミュニケーション的行為の理論』と『公共性の構造転換』の参照が求められている。

［第8章］

1） SDGsに関する先行研究は膨大にある。それに先行するミレニアム開発目標（MDGs）の総括とSDGsへの移行の問題について，ノルウェーに事務局のある貧困比較研究プログラム（Comparative Research Programme on Poverty: CROP）による共同研究であるCimadamore et al. eds. (2016) が批判的かつ多面的な見通しを与えてくれる。SDGsが国連での気候変動や開発のための金融問題の協議の課題までをも含めて，包括的なものとなった経緯について，Desai et al. eds. (2018) が手際よくまとめたうえで，その実現がこれまでのやり方では不可能なことを強調している。Kharas et al. eds. (2019) は，「誰も取り残さない」原則の画期的な性格に注目して，実現への障害を追及している。その最終章に収録されたOXFAMのケニアのDV問題のワーカーの手になるO'Brien (2019) は，SDGs達成を妨げる権力への問いを投げかけている。国連から委託された独立の科学者グループによる最初のSDGsの達成状況に関する公式調査報告は，Independent Group of Scientists appointed by the Secretary-General (2019) であり，このままでは達成できないという厳しい警告を発している。日本での最近の批判的研究として，さしあたり重田他編著 (2019)，その書評論文の松下 (2020b) を参照されたい。

2） ガンジーの非暴力主義は，命と尊厳を守る防衛戦争を遂行するために，現世での闘いを放棄することなく，殺し合いとしての戦争ゲームに参加することを避ける戦略的な考慮から生み出されたものであった。またそれは，ポストコロニアルのインドを軍隊と官僚制なき直接民主主義的な数千の村落国家連邦とする彼の憲法構想にまで及んでいたことについて，ラミス（Lummis）(2009) 参照。

3） 日本政府外務省仮訳では『我々の世界を変革する：持続可能な開発のための2030アジェンダ』となっているが，とりわけ「変革」ということばのいささか生硬でよそよそしく，日常生活からかけ離れた語感を払拭するために，表記のように訳してみた。ちなみに，この文書の英語版の国連のサイトからすぐに見ることができる他の国連公用語では，次のように訳されている。アラビア語：tahwil ʿâlamanâ: khutat-l-tanmiyat-l-mustadâma li ʿâm 2030. 中国語：变革我们的世界：2030年可持续发展议程。フランス語：Transformer notre monde: le Programme de développement durable à l'horizon 2030. ロシア語：Преобразование нашего мира: Повестка дня в области устойчивого развития на период до 2030 года. スペイン語：Transformar nuestro mundo: la Agenda 2030 para el Desarrollo Sostenible. 問題は "transform" の訳語だが，中国語以外では，いずれも熱から動力へのエネルギーの変換，電圧を変えることなども含めて，「形をすっかり変える」という意味で，日常的にもかなり広範囲に用いられる訳語となっている。それらの諸語と比べて中国語の「变革」は，日本語と同じく，社会制度や意識などを変えることに限定して用いられるようだ。それでも「变革管理」「变革先锋」などの経営関連の用法を見れば，日本語の「変革する」よりは広く用いられているように思う。以下，この文書からの引用は外務省仮訳を参照しつつ，適宜改訳した。

4） 日本政府外務省仮訳は，「人間，地球，繁栄，平和，パートナーシップ」となっている。

英語以外の国連公用語では，頭文字はPにならない。念のために，国連のサイトから他の公用語訳を挙げておこう。アラビア語：an-nâs, al-kawkab, al-'izdihâr, as-salâm, ash-shirâka. 中国語：人类，地球，繁荣，和平，伙伴关系。フランス語：L'humanité, La planète, La prospérité, La paix, Les partenariats. ロシア語：Люди, Планета, Процветание, Мир, Партнерство. スペイン語：Las personas, El planeta, La prosperidad, La paz, Las alianzas. もちろんそれぞれの言語への訳が適切かという問題はあるが，さしあたり，用いられた単語がカバーする意味の領域の違いによって，語感が異なることがわかる。

5） 念のため英文を挙げておく。下線は筆者によるもの。This Agenda is a plan of action for people, planet and prosperity. It also seeks to strengthen universal peace in larger freedom. We recognize that eradicating poverty in all its forms and dimensions, including extreme poverty, is the greatest global challenge and an indispensable requirement for sustainable development.

6） ただし，このような呼称はそれほど一般的ではない。若干の使用例を挙げる。環境問題と人権問題の不可分の関係に注目した思想家として，ルイス・マンフォード，ルネ・デュボス，マレイ・ブクチンに注目し，この三人を，「エコロジカル・ヒューマニズムのパイオニア」と位置付けたのはMorris (2017) である。また，フランスの環境思想についてエコロジカル・ヒューマニズムの用語を用いて整理したWhiteside (2002)，それに触発されて，明末・清初の儒学者である王夫之の「天人一気」，「天人一理」などの思想をエコロジカル・ヒューマニズムとして整理したBrasovan (2017) もある。環境問題と人権問題にかかわる諸思想との関連や思想史的な整理は，他日を期したい。

7） 英文は次の通り。We are resolved to free the human race from the tyranny of poverty and want and to heal and secure our planet. We are determined to take the bold and transformative steps which are urgently needed to shift the world on to a sustainable and resilient path. As we embark on this collective journey, we pledge that no one will be left behind.

8） アメリカとはやや距離を置く日本政府のかかわり方について，さしあたり，2009年の会議に関する外務省のサイト（https://www.mofa.go.jp/mofaj/gaiko/r_dcmn/kaigi09_gh.html：2020年5月30日閲覧）を参照。

9） ILOのサイト（https://www.ilo.org/tokyo/about-ilo/decent-work/lang--ja/index.htm：2020年5月27日閲覧）を参照。なおこれに反する一時雇用，日本でいう「非正規」雇用の世界的な増大に関しては，さしあたりStanding (2011＝2016) を参照。

10） 多国籍企業の規制問題の1970年代から21世紀初頭までの転換については，別稿を予定している。さしあたり，グローバル・コンパクトについて，岡野内 (2001)，その後のラギーの指導原則については，Ruggie (2013＝2014) を参照されたい。

11） インターセクショナリティは，アメリカのブラックフェミニズム運動の中から複合的な差別を問題にする概念として，Crenshaw (1989) によって提起され，その後国連文書などでも広く用いられている。さしあたり，徐 (2018) を参照。

12） 人間，家畜，野生動物の健康は，地球生態系の中では相互浸透，相互依存の関係にあり，一体のものとして捉えて保持に努めねばならないというワンヘルス・アプローチの推進は，20世紀末から家畜に対する抗生物質を用いた抗菌剤の使用とともに薬剤耐性（AMR）を持つ新しい微生物が自然界に出現したことによって人類共通の厳重かつ緊急

な対策が必要として2016年のサミットの議題となっていた。動物と人間に共通の感染症が20世紀末以降激増しており、新型コロナウィルス感染症はその一例にすぎないとして、次なるパンデミック出現を警告し、ワンヘルス・アプローチの推進を訴える国連機関と国際畜産研究所の共同報告書UNEP/ILRI (2020) 参照。2009年設立の国際的推進団体ワンヘルス・コミッション（OHC: One Health Commission）のサイト（https://www.onehealthcommission.org/en/news/covid19_and_one_health/：2020年7月19日閲覧）にはワンヘルス・アプローチ推進に関する豊富な資料がある。

13) これについての筆者の考察として岡野内 (2009) を参照されたい。

［第9章］

1) これは、アメリカのブルッキングズ研究所と日本のJICA研究所との共同研究 Kharas et al. eds. (2019) の第1章である。ただし、前年に発表されたブルッキングズ研究所のワーキングペーパー、Kharas et al. (2018) で初めて示された推計を、その後の統計数値で補正したものである。全人類の命と暮らしに焦点を当てる推計を行う研究をSDGs決定よりも若干遅れてではあるがブルッキングズ研究所が始めたこと、さらにその研究潮流にJICA研究所が加わったことは、経済成長に焦点を当ててきたこれまでの開発研究が、SDGsによって大きく方向転換しつつあることを示す。

2) Kharas et al. (2018): 7によれば、図9-1は、次のようなSDGsの目標およびターゲット番号（目標番号-ターゲット番号）と対応している。まず、絶対的な数値目標として、3-1：妊産婦死亡率を10万人中70人以下に。3-2：5歳以下幼児死亡率を1000人中25人に。次いで、相対的な数値目標として、3-4：70歳以下の非感染性疾患による死亡率を3分の1削減。自殺率を3分の1削減。3-6：2020年までに交通事故死を半減。16-1：殺人事件の被害を半減。なお、殺人事件の被害は直接にターゲットとされているわけではないが、代理ターゲット（proxy target）としてこの著者らによって設定されたものだ。

3) SDGsのターゲット番号との対応は、次のようになっている。まず絶対的数値目標として、1-1極度の貧困の消滅。2-1栄養不良の消滅。2-2発育阻害、消耗性疾患、子どもの過体重の消滅。3-7全ての人の家族計画へのアクセス。4-1全ての子どもへの初等教育の保障。4-2全ての子どもへの就学前教育の保障。5-2女性への暴力の消滅。5-5指導的公職におけるジェンダー平等。6-1全ての人に安全な水供給の保障。6-2全ての人に衛生設備（トイレ）の保障。7-1全ての人に電気供給の保障。16-9全ての人への出生登録。相対的数値目標として、3-3 HIV新規感染を90%削減。結核発生率を80%削減。11-6大気汚染環境に居住する人々の数を半減。代理ターゲットや非公式資料の使用などの詳細も含めて、Kharas et al. (2018): 7を参照されたい。

4) 最近の国連人権理事会への報告書であるAlston (2020) は、それらの批判について手際よく紹介している。

5) 日本ではそのままカタカナ書きにして「リプロダクティブ・ヘルス／（＝エンド）ライツ」とするか、「性と生殖の健康／権利」と訳している。1994年の『カイロ人口宣言』で規定されたが、2012年の『リオ＋20』最終文書では、ローマ法王などの中絶反対の影響もあって、ライツの部分が削除された経緯など、さしあたり三成 (2016) を参照。

6) 1946年の国連経済社会理事会決議に基づいて1948年に設立された世界保健機関（WHO）の活動は、1980年の天然痘撲滅、1990年代以後のタバコ多国籍企業と厳しく対

峙したタバコの有害性啓発運動などの輝かしい歴史を持つ。同時に，国連や他の国際機関と同じく，各国政府や巨大企業との利害関係や，組織の官僚的硬直化などによって，財政問題を含む多くの問題を抱え，議論を巻き起こしてきた。放射線被ばくに関して原発推進のIAEAへの配慮を優先した問題，2009-2010年における新型インフルエンザによるパンデミック誤警告，そしてCOVID-19をめぐる諸問題などについて，さしあたり*Wikipedia*の英語版およびそれとは若干異なる日本語版のWHOの項目が適切な情報源の指示も含み，網羅的で便利である。

7）念のため英語版の原文を掲げる。The irony that the current crisis is resulting in lower emissions and cleaner air is not lost on anyone – not least because deforestation, pollution, biodiversity loss are all contributory factors to the spread of the virus (United Nations 2020: 23).

8）まず，コロナ・パンデミック対策のためのロックアウトで経済活動がストップしたことによる自然環境の回復に関するニュースを紹介しよう。インド，パンジャブの町からは三十年ぶりにヒマラヤが見えた。ムンバイに大量のフラミンゴが現れた（https://news.biglobe.ne.jp/international/0425/tec_200425_0922101689.html：2020年7月2日閲覧）。イギリスでは，ウェールズの町をヤギの群れが歩き回り，ロンドンには野生のキツネが現れた（https://www.businessinsider.jp/post-211605：7月2日閲覧）。観光客が消えたために，ハワイのビーチにはウミガメが押し寄せ，ベニスではゴンドラが浮かぶ濁った水路が透明に澄んだ。衛星画像で見る中国上空から日本までを覆う汚染物質はきれいに消えていった（「22世紀を生きる君へ」（https://22nd-century.jp/environment-issues/corona-air-pollution/：2020年6月27日閲覧））。

このような現象を「地球の自浄作用」「自己治癒力」として賛美する議論は，いわゆるスピリチュアル系のブログなどに散見する。ラブロックらに始まるガイア理論やいわゆるディープ・エコロジーの諸理論の系譜に立つこの議論は，次のような論理構成を採る。地球生態系が一つの生命体のようなものだとすれば，生態系のバランスの維持は，地球生態系の存続にとっての至上命令となる。ところが，人類の活動は異常に拡大膨張して地球生態系のバランスを破壊しつつある。そこで人類の活動を押しとどめ，地球生態系のバランスを回復するために，新しい殺人的ウィルスである新型コロナウィルスが生み出された，と。

この議論の長所は，人間を人類として，類的存在として捉えたうえで，地球生態系という客体的自然の中に存在するが，同時にその客体的自然との間での「もののやりとり」である物質代謝を行う主体的自然である類的存在にすぎないという，自己批判的な自然認識につながることである。だが，その物質代謝（もののやりとり）を行う類的存在である主体的自然としての人類が，同時に個体間の意思疎通（思いのやり取り）を通じて，個体レベルの物質代謝だけでなく，人類全体レベルの物質代謝のありようも変えることができるという，個体間の意思疎通を媒介として，自己批判的な個体が類的存在を構成できる可能性がしばしば見落とされてしまう。人類一人一人の思いが，そのやりとりを通じてつながり，地球と人類との関係を変える力を持つこと，その可能性に賭けて動く気が失せてしまう。その結果，超自然的なものへの信仰に安住し，人間どうしのコミュニケーションを続ける努力を放棄することになりやすい。さらに，すべてを地球生態系あるいは神の御業（みわざ）と捉えることで，社会的現実から逃避し，人間性悪説を理由に社会改革に絶望してそれを忌避し，自己の保身のみを追及する利己的かつ保守的な

生活態度になりやすい。利己的な保身については「神は自ら助くるものを助く」が標語となるが，社会改革については「困った時の神頼み」が標語となる。したがって，政治や経済を含む社会の仕組みを意識的に変えていく人々の動きにはならない。その結果，環境問題には関心を示すが，人間存在自体が生態系への負荷であるから人口を減らすべきとする新マルサス主義，さらにその延長で環境問題には熱心だが人権問題には無関心なエコ・ファシズム（エコロジカル・ファシズム）的な議論に傾くことになってしまう。反人権思想の究極の姿は，ナチズム（国家社会主義）だが，そのナチズムが，ジェノサイドの実践を正当化する人種主義と新マルサス主義を結合させる側面を持つとともに，有機農業や自然保護に熱心な環境運動の側面をも持っていたことは，環境運動におけるエコ・ファシズムとエコ・ヒューマニズムを区別するうえで，忘れてはならないことだろう。さしあたり，20世紀前半の有機農業運動の歴史とナチズムのイデオローグたちとの複雑な関連をていねいに跡付けて，ディープ・エコロジー的な論理による人間中心主義批判に警鐘を鳴らす，藤原（2005）参照。なお，今日のテロリズムにおいて一般的な手段となりつつある自爆攻撃は，戦士となる人間を自発的に，あらかじめ設定された作戦のプログラムに沿って動くだけの「物言う道具」すなわち奴隷にしてしまうことによって人間から排除してしまう点で，今日の反人権主義の極致だが，その起源は，大日本帝国の天皇制ファシズム末期に現れた「カミカゼ」特攻隊である。その影響を受けてナチズム期末期のドイツ帝国も「エルベ特攻隊（Sonderkommando Elbe）」なる自爆攻撃部隊を設置した。これについて，さしあたり，生存者へのインタビューを含むルポである，三浦（2009）参照。

9 ）国連報告書は参照文献として "The New Climate Economy, the Global Commission on the Economy and Climate, 2020." と注記しているが，2020年版の報告書は存在しない。2014年から2016年までは，毎年 *Global Report* が刊行されていたが，その後は2018年版の報告書 *Unlocking the Inclusive Growth Story of the 21st Century* が最新のものである。新気候経済プロジェクト報告書のサイト（http://newclimateeconomy.report/：2020年7月31日閲覧）を参照。なお，2018年版の報告書は，エネルギー，都市，食料および土地利用，水，工業という5つの「経済システム」について詳細に破壊的な気候変動を防ぐための経済活動の転換を進めるための政府の政策と企業のビジネス戦略について多くの実例に基づいて分析した興味深いものである。その紹介と検討は，他日を期したい。「経済と気候に関するグローバル委員会」による「新気候経済プロジェクト」は，イギリス，スウェーデン，韓国，ノルウェー，インドネシア，エチオピア，コロンビアの7か国が中心になって，元首相や元財務相などを委員として2013年に発足し，その後30か国以上が参加するようになった，独立の研究プロジェクトだとされている。前掲のサイトのほか，最近のニュースまで含むポータル・サイト（https://newclimateeconomy.net/：2020年7月31日閲覧）に詳細な説明がある。なお，この委員会や報告書には触れていないが，パリ協定以後の経済モデルの転換の状況について，ESG投資や責任投資原則，炭素排出量規制によって化石燃料の埋蔵資源が無価値になる炭素バブル問題や投資引き上げの動きなどについて簡単に解説した，末吉（2017）を参照されたい。

10）United Nations（2020）: 23. 同じ文が，前注報告書サイト2018年版にある。

11）1970年代以後の世界各地では，災害からの復興は，各国政府のそれまでの国民国家と国民経済振興のための規制を逃れ，新しい規制によって新自由主義的改革とグローバル化を進めることで，多国籍企業集団の成長を促進するために利用される場合が多かっ

た。このような新自由主義イデオロギーの浸透と災害との関連を，「惨事便乗型資本主義」として描いたKlein（2007＝2011），さらに「政官財主導」で「弱者切り捨て」を遂行する日本での震災復興を「復興災害」として描いた塩崎（2014）を参照。

12)　最近の概説書であるStanding（2017）: 3＝（2018）: 011の定義である。それは，ベーシック・インカムに関する長い論争史を踏まえて，今日の段階での人権状況の改善運動に資するように，最も広く設定された定義といっていい。たとえば，UNDPのエコノミストたちによるMolina et al.（2020）のコロナ対策として，全世界30億人の貧困層のみを対象とする期限付きベーシック・インカム（TBI）提案は，この定義があったからこそ，ベーシック・インカムと名乗ることができた。そして，ベーシック・インカムを求める運動の中で歴史的な意義を持つことができるだろう。なお，原文は，a modest amount of money paid unconditionally to individuals on a regular basis（for example, monthly）であるが，邦訳本では，「個人に対して，無条件に，定期的に（たとえば毎月など），少額の現金を配る制度」（Standing 2017: 3＝2018: 011）と意訳されている。この訳の問題点は，「支払われるお金」となっている原文の受動態を能動態にして，「現金を配る制度」としたことだ。クリアな印象を与える名訳ではあるが，それによってもっぱら政治的に決定される一般歳出を財源とする政府による給付金というイメージが強まってしまい，一般歳出とは独立に，むしろ経済的な要因によってその額が決定されるような，投資運用される公的資金（ソブリン・ウェルス・ファンド）からの配当（たとえばアラスカ恒久基金配当）に関心をよせる原著者の微妙なニュアンスを弱めてしまうように思う。したがって「個人に対して，無条件に，定期的に（たとえば毎月など）支払われる，少額のお金」と訳したい。

13)　世界各国の社会・経済的なコロナ・パンデミック対策の詳細なデータを含むGentilini et al.（2020）を参照されたい。

14)　Farbotko and Kitara（2020）を参照。ツバルは地球温暖化による海面上昇によって国土そのものの存続が危ぶまれており，環境難民受け入れの方向で動いているオーストラリアとの関係が深い。金額やその他のコロナ対策について，次のような報道がある。「すべてのツバル市民は，月17米ドル強の額を受け取る。海外留学中の学生は，月44〜88米ドルの額の手当，海外在住の公務員は1日53米ドルの手当，警官の危険手当は1日44米ドルとする。……離島の食堂には2,200米ドル，農業経営には3,100米ドルの緊急手当，……財源は，寄付金および政府予算とする」（Radio New Zealand 2020）。

15)　UNDPと世界銀行のエコノミストによるベーシック・インカム論の意義と限界については，別稿で検討したい。世界銀行エコノミストの本については，その第4章で，ベーシック・インカムと既存の福祉政策とが二者択一とされ，ベーシック・インカムの効果が論じられていることに対して，すでにイギリスのベーシック・インカム研究者マルコム・トーリーの批判がある。*BIEN News*, Aug 3, 2020（https://basicincome.org/news/2020/08/a-new-world-bank-report-exploring-universal-basic-income/：2020年8月9日閲覧）参照。ベーシック・インカムと既存の福祉政策については，あれかこれか，ではなく，あれもこれも，を追求すべきだというのが，国際的なベーシック・インカム研究学会というべきBIENの2016年大会以来の合意となっているからだ。Standing（2017＝2018）参照。日本でも，あれかこれかの新自由主義的なベーシック・インカム論に対して，あれかこれかの福祉国家＝社会民主主義的なベーシック・インカム批判論が対立し，あれもこれものベーシック・インカム擁護論が苦戦を強いられている現状がある。たとえば，

萱野編 (2012)，佐々木・志賀編 (2019) など。この状況をあれもこれも論の立場から突破する鍵は，財源確保の展望である。膨大な累積赤字を抱える国家財政のもとで，緊縮財政によってやりくりをしているのだから，財源がないでしょう，というのが多くの市民の常識となっているからだ。この点を突破しようと，いわゆるMMT（現代貨幣理論）や20世紀前半のダグラスの社会信用論を引き合いに出して，国家財政赤字を恐れず，国家権力による通貨発行によってベーシック・インカムの財源を確保しようという議論も現れている。しかし，この方向の議論は，財政危機が通貨危機，金融危機に直結してきた1980年代以来のラテンアメリカ，アジア，ヨーロッパの事例を踏まえて，すでに国民国家の権力を空洞化させるようになって久しい多国籍企業と国際金融市場の権力分析に基づいた対抗策を展開するものではないため，影響力を持ち得ていない。そのような議論は，緊縮財政批判としては，局地的に一定の政治的な有効性は持てるかもしれない。たとえば，連邦政府に対してベーシック・インカム実現を要求し続けることで数十年間にわたって州政府権力を握ったカナダのアルバータ州におけるダグラス主義州政権について，小農民階級が多数を占めるその階級的基礎から解明した政治分析の名著であるMacPherson (1953 = 1990) を参照。だがその方向は，本稿が課題とするようなSDGs達成を通じる地球防衛のためのグローバル資本主義の構造転換を展望する議論としては，望み薄である。第6章のネグリの議論も参照されたい。

16)　日本語のものとしてこれ以外のものでは，たとえば，より社会貢献的な経営に移行するためのガイドブック的なピーター・D・ピーダーセン他 (2019)，さらに，事業構想研究所編 (2019) を始めとするSDGs経営に関するシリーズもある。インターネットには，コンサルタント会社のサイトなどに大量のSDGs関連のガイド，事例などがある。

17)　モニターデロイトについては，同社のサイトのほか，英語版 *Wikipedia* の "Monitor Deloitte" の項目が，リビアのカッザーフィー政権に対するコンサルティング事業のスキャンダルなども含めて，詳細な情報を提供しており，興味深い。

18)　14名の社長を委員として出した企業名を「株式会社」を省いて挙げれば次の通り。オムロン，花王，グローバルモビリティサービス，JFEホールディングス，住友化学，セブン＆アイ・ホールディングス，ソニー，東京海上ホールディングス，日本通運，野村アセットマネジメント，ブラックロック・ジャパン，三菱地所，三菱商事，ユーグレナ。なお野村アセットマネジメントとブラックロック・ジャパンは，社長ではなくCIOとなっている。座長の伊藤氏は2014年に最終報告書（伊藤レポート）を出した経済産業省の「持続的成長への競争力とインセンティブ——企業と投資家の望ましい関係構築」プロジェクトの座長でもあった。日本に投資家との関係におけるコーポレート・ガバナンスを導入するうえで，中心的役割を担っているだけでなく，2016年には，セブン＆アイ・ホールディングスの社外取締役でもあり，内紛状態にあった同社経営陣の中で会長更迭に一役買ったとされている。山田 (2016) 参照。

19)　三井住友DSアセットマネジメント「グローバルSDGs株式ファンド」（販売用資料，2020年4月1日）(https://www.smam-jp.com/documents/www/NEWS/fund/migration/20200401_180609_es1k.pdf：2020年8月6日閲覧) による。なお，同資料によれば，それは，「グローバルSDGsエクイティ・マザーファンドへの投資を通じて，SDGsへの貢献が期待される企業の株式に投資」するというもので，その際「SDGsへの貢献度に加え，企業のESG評価，収益性やバリュエーション等の分析・評価を行い，銘柄選択を行い，……またSDGs各分野への分散等を考慮してポートフォリオを構築」するとされている。

また「実質的な運用は，資産運用の世界的な潮流である『ESG投資』の手法を活用して，ロベコSAMエージーが」行うとされている。

20) ここで宇宙企業集団と呼ぶのは，グローバル戦略に加えて宇宙戦略を持つ多国籍企業が株式持ち合いや役員兼任などで結合する巨大企業集団のことである。したがって，この仮説の実証的検証のためには，宇宙ビジネスに参加するすべての企業について，株式持ち合いや役員兼任，さらに金融機関との融資関係や資本系列などを調べる必要がある。その作業は今後の課題としたい。一般に，宇宙企業といえば，人工衛星を利用するIT関係および軍需産業を指すが，ここではその意味ではない。ただし，その意味での宇宙企業が筆者の意味での宇宙企業集団の中で戦略的に重要な位置にあることは言うまでもない。2000年にアマゾン創業者のジェフ・ベゾスが創設したブルー・オリジン，2002年にPayPal創業者で後に電気自動車のテスラ共同創設者になるイーロン・マスクが創設したスペースXなどの会社は，月や火星の開発や植民構想を発表しつつ，着実にロケット打ち上げや宇宙船の回収などの事業を進めつつある。最近の一般的意味での宇宙開発と宇宙企業の動向については，「宇宙ビジネス」の最新ニュースを含む「宙畑（SORABATAKE）」(https://sorabatake.jp/all/：2020年6月20日閲覧) というサイト，さらに業界レポートである *Compass* Vol-2 (https://spacetide.jp/whatwedo/compass/vol-2：2020年6月24日閲覧) を参照されたい。またレーガン時代のアメリカで打ち上げられた「スターウォーズ」計画を含め，軍事産業と宇宙開発との関係についてさしあたり，Caldicott (2004＝2008) を参照されたい。なおその邦訳は新書版にするために内容が大幅にカットされており，注意されたい。軍産複合体論にも目配りした産業史的な20世紀全体のアメリカの航空宇宙産業史として，西川 (2008) を参照。

21) この講演ビデオは，Youtubeで見ることができる。Blue Origin "Going to Space to Benefit Earth (Full Event Replay)" (https://www.youtube.com/watch?v=GQ98hGUe6FM：2020年6月26日閲覧).

文献目録

Allen, Jodie T., 2002, "Negative Income Tax," Library of Economics and Liberty, Liberty Fund, (2015年8月31日閲覧：www.econlib.org/library/Encl/NegativeIncomeTax.html).

Alston, Philip, 2020, *The parlous state of poverty eradication: Report of the Special Rapporteur on extreme poverty and human rights*, Human Rights Council, Forty-fourth session, 15 June-3 July 2020, Agenda item 3, Promotion and protection of all human rights, civil, political, economic, social and cultural rights, including the right to development (A/HRC/44/40) Advance Unedited Version, Distr.: General, 2 July 2020, (2020年7月17日閲覧：https://chrgj.org/wp-content/uploads/2020/07/Alston-Poverty-Report-FINAL.pdf).

Appelbaum, Richard P. & William I. Robinson eds., 2005, *Critical Globalization Studies*, New York: Routledge.

Apeldoorn, Bastiaan van & Naná de Graaff, 2016, *American Grand Strategy and Corporate Elite Networks: The Open Door Since the End of the Cold War*, New York and London: Routledge.

Apeldoorn, Bastiaan van, Naná De Graaff & Henk Overbeek eds., 2014, *The State-Capital Nexus in the Global Crisis: Rebound of the Capitalist State*, London: Routledge.

Aronowitz, Stanley & Jonathan Cutler eds., 1998, *Post-Work; The Wages of Cybernation*, New York & London: Routledge.

Arrighi, Giovanni (ジョヴァンニ・アリギ), 2003, "Entwicklungslinien des Empire: Transformationen des Weltsystems," in Atzert, Thimas & Jost Müller, Hg. (トマス・アトゥツェルト，ヨスト・ミュラー), *Kritik der Weltordnung: Globalisierung, Imperialismus, Empire*, Berlin: ID Verlag. (島村賢一訳，2005,「帝国の発展路線──世界システムの転換」『新世界秩序批判──帝国とマルチチュードをめぐる対話』以文社.): 4-27.

────, 2007, *Adam Smith in Beijing: Lineages of the 21ˢᵗ Century*, London: Verso. (中山智香子監訳，2011,『北京のアダム・スミス──21世紀の諸系譜』作品社.)

Banerjee, Abhijit V. & Esther Duflo (A・V・バナジ & E・デュフロ), 2011, *Poor Economics: A Radical Rethinking of the Way to Fight Global Poverty*, New York: Public Affairs. (山形浩生訳，2012,『貧乏人の経済学──もういちど貧困問題を根っこから考える』みすず書房.)

Barnes, Peter, 2001, *Who Owns the Sky? Our Common Assets and the Future of Capitalism*, Washington: Island Press.

Basic Income Earth Network, 2016, "The Basic Income Earth Network's Definition of Basic Income since the GA 2016," *BIEN/About Basic Income* (Official Site of Basic Income Earth Network: BIEN), (2020年8月23日閲覧：https://basicincome.org/wp-content/uploads/2020/07/Basic-Income-definition-longer-explanation-1.pdf).

Beck, Ulrich, 1999, *Schöne neue Arbeitswelt: Vision Weltbürgergesellschaft*, Frankfurt/New York: Campus Verlag. (Translated by Patrick Camiller, 2000, *The Brave New World of Work*, Cambridge: Polity.)

Beznin, Mikhail Alekseevich & Tatina Mikhailovna Dimoni (M. A. ベズニン，T. M. ディモーニ), 2002, "Povinnosti rossiiskikh kolkhoznikov v 1930-1960-e gody," *Otechestvennaia isto-riiamo*, 2: 96-111. (松井憲明訳，2007,「ロシアのコルホーズ農民の課役──1930～60年代」『經濟學研究』57

(3), 81-96.)

Bourdieu, P., 1996, *The State Nobility: Elite Schools in the Field of Power*, Cambridge: Polity Press.

Brasovan, Nicholas S., 2017, *Neo-Confucian Ecological Humanism: An Interpretive Engagement With Wang Fuzhi (1619-1692)*, New York: State Univ. of New York Press.

Brickhouse, Thomas C., 2014, "Aristotle on Corrective Justice," *The Journal of Ethics*, 18 (3): 187-205.

Caldicott, Helen（ヘレン・カルディコット）, 2004, *New Nuclear Danger: George W. Bush's Military Industrial Complex*, New York & London: The New Press（First Edition, 2002）. （岡野内正・ミグリアーチ慶子訳, 2008, 『狂気の核武装大国アメリカ』集英社.）

Carroll, William K., 2010, *The Making of a Transnational Capitalist Class: Corporate Power in the Twenty-first Century*, London: Zed Press.

Cimadamore, Alberto, Gabriele Koehler & Thomas Pogge, eds., 2016, *Poverty and the Millennium Development Goals: A Critical Look Forward*, London: Zed Press.

Coghlan, Andy & MacKenzie, Debora, 2011, "Revealed——the capitalist network that runs the world," in *New Scientist*, no.2835, （2015年1月30日取得：http://www.newscientist.com/article/mg21228354.500-revealed--the-capitalist-network-that-runs-the-world.html#.VMnhyYcrit8）.

Collier, Paul（ポール・コリアー）, 2007, *The Bottom Billion: Why the Poorest Countries are Failing and What Can Be Done About it*, Oxford: Oxford University Press. （中谷和男訳, 2008, 『最底辺の10億人——最も貧しい国々のために本当になすべきことは何か？』日経BP社.）

Crenshaw, Kimberlé, 1989, "Demarginalizing the Intersection of Race and Sex: A Black Feminist Critique of Antidiscrimination Doctrine, Feminist Theory and Antiracist Politics," *The University of Chicago Legal Forum*, 140: 139-167.

Cui, Zhiyuan（崔之元）, 2003, "'Xiaokang Socialism': A Petty-Bourgeoisue Manifest," *The Chinese Economy*, 36 (3): 55-70. （岡野内正監訳, 2019, 「リベラル社会主義と中国の未来——小ブルジョア階級宣言」『アジア・アフリカ研究』59 (4), 35-60.）

Cunliffe, John & Guido Erreygers eds., 2004, *The Origins of Universal Grants: An Anthology of Historical Writings on Basic Capital and Basic Income*, London: Palgrave Macmillan.

Davala, Sarath, Renana Jhabvala, Soumya Kapoor Mehta & Guy Standing, 2015, *Basic Income; A Transformative Policy for India*, London & New York: Bloomsbury.

Davala, Sarath（サラット・ダヴァラ）, 2016, "The Emancipatory Power of Basic Income: An Optimisitc Note from Indian Experience," Paper Presented for the 16th BIEN Congress. （岡野内正訳, 2016, 「ベーシック・インカムの人間解放力——インドの経験からの楽観的見解」『アジア・アフリカ研究』56 (4): 29-39.）

Demirović, Alex, 2011, "Materialist State Theory and the Transnationalization of the Capitalist State," *Antipode*, 43 (1): 38-59.

Desai, Raj M., Hiroshi Kato, Homi Kharas & John W. McArthur, 2018, "The Need for Innovations to Implement the Sustainable Development Goals," in Desai, Raj M., Hiroshi Kato, Homi Kharas & John W. McArthur eds., *From Summits to Solutions; Innovations in Implementing the Sustainable Development Goals*, Washington, D.C.: Brookings Institution: 1-22, （2020年4月18日閲覧：https://www.brookings.edu/wp-content/uploads/2018/03/9780815736639_ch1.pdf）.

Desai, Raj M., Hiroshi Kato, Homi Kharas & John W. McArthur eds., 2018, *From Summits to Solutions; Innovations in Implementing the Sustainable Development Goals*, Washington, D.C.: Brookings Institution.

Domhoff, G.William, and Eleven Other Authors, 2018, *Studying the Power Elite: Fifty Years of 'Who Rules America?'*, New York & London: Routledge.

Douglas, Deborah, 2020, "Lessons From MLK for a Better Post-Coronavirus Economy," April 8, 2020,（2020年4月16日閲覧：https://www.yesmagazine.org/economy/2020/04/08/coronavirus-economy-mlk/）．ただしもとは別の表題で以下のサイトに発表されたもの "King's radical economic agenda just right for a nation in pandemic mode," *MLK50: Justice Through Journalism*, Apr.5, 2020,（2020年4月16日閲覧：https://mlk50.com/for-a-nation-in-pandemic-mode-a-radical-economic-agenda-is-just-what-dr-32e5a45ae19e）．

Easterly, William（ウィリアム・イースタリー），2006, *The White Man's Burden: Why the West's Efforts to Aid the Rest Have Done So Much Ill and So Little Good*, New York: Penguin.（小浜裕久他訳, 2009,『傲慢な援助』東洋経済新報社.）

―――, 2013, *The Tyranny of Experts: Economists, Dictators, and the Forgotten Rights of the Poor*, New York: Basic Books.

Ehrenberg, John, 1999, *Civil Society: The Critical History of an Idea*, New York: New York University Press.（吉田傑俊監訳, 2001,『市民社会論――歴史的・批判的考察』青木書店.）

Eisler, Riane（リーアン・アイスラー），1987, *The Chalice and the Blade; Our History, Our Future*, New York: Harper Collins.（野島秀勝訳, 1991,『聖杯と剣――われらの歴史, われらの未来』法政大学出版局.）

―――, 2007, *The Real Wealth of Nations: Creating a Caring Economics*, California: Berrett-Koehler.（中小路佳代子訳, 2009,『ゼロから考える経済学――未来のために考えておきたいこと』英治出版.）

遠藤貢, 2011,「国際関係とNGO――現代国際社会の変容と課題」美根慶樹編『グローバル化・変革主体・NGO――世界におけるNGOの行動と理論』新評論：241-290.

Englard, Izhak, 2009, *Corrective and Distributive Justice: From Aristotle to Modern Times*, Oxford: Oxford University Press.

Escobar, Arturo, 1995, *Encountering Development: The Making and Unmaking of the Third World*, Princeton: Princeton University Press.

Esping-Andersen, Gøsta（G. エスピン-アンデルセン），1990, *The Three Worlds of Welfare Capitalism*, London: Polity Press.（岡沢憲芙・宮本太郎監訳, 2001,『福祉資本主義の三つの世界――比較福祉国家の理論と動態』ミネルヴァ書房.）

Esping-Andersen, Gøsta et al., 2002, *Why We Need a New Welfare State*, Oxford: Oxford University Press.

Ewen, Stuart, 1996, *PR! A Social History of Spin*, New York: Basic Books.（平野秀秋他訳, 2003,『PR！世論操作の社会史』法政大学出版局.）

Fantom, Neil, Tariq Khokahr & Edie Purdie, 2016, "The 2016 edition of World Development Indicators is out: three features you won't want to miss," *World Bank Blogs*, April 15, 2016,（2020年8月22日閲覧：https://blogs.worldbank.org/opendata/2016-edition-world-development-indicators-out-three-features-you-won-t-want-miss）．

Farbotko, Carol & Taukiei Kitara, 2020, "How is Tuvalu securing against COVID-19?" *Devpolicy Blog*（Development Policy Centre, Crawford School of Public Policy, in The Australian National University's College of Asia and the Pacific），April 6, 2020,（2020年6月17日閲覧：https://devpolicy.org/how-is-tuvalu-securing-against-covid-19-20200406/）．

Fell, Andrew, 2020, "Corrective Justice, Coherence, and Kantian Right," *University of Toronto Law*

Journal, 70（1）: 40-63.

Fitzpatrick, Tony（トニー・フィッツパトリック）, 1999, *Freedom and Security; An Introduction to the Basic Income Debate*, London: Palgrave.（武川正吾・菊池英明訳, 2005,『自由と保障——ベーシック・インカム論争』勁草書房.）

Frankman, Myron J., 2004, *World Democratic Federalism: Peace and Justice Indivisible*, New York: Palgrave Macmillan.

Fraser, Nancy & Axel Honneth（ナンシー・フレイザー, アクセル・ホネット）, 2003, *Redistribution or Recognition? A Political-Philosophical Exchange*, London: Verso.（加藤泰史監訳, 2012,『配分か承認か?——政治・哲学論争』法政大学出版局.）

Friedman, Milton（ミルトン・フリードマン）, 1962, *Capitalism and Freedom*, Chicago: University of Chicago Press.（村井章子訳, 2008,『資本主義と自由』日経BP社.）

藤原辰史, 2005,『ナチス・ドイツの有機農業——「自然との共生」が生んだ「民族の絶滅」』柏書房（新装版, 2012）.

Garrod, J.Z.（2017）"A（Reluctant）Defense of the Theory of the Transnational State," *Studies in Political Economy* 98（3）: 279-297.

Gelder, Sarah Van and The staff of YES! Magazine eds., 2011, *This Changes Everything: Occupy Wall Street and the 99% Movement*, San Francisco: Berrett-Koehler Publishers.（山形浩生他訳, 2012,『99%の反乱——ウォール街占拠運動のとらえ方』バジリコ.）

Gentilini, Ugo（WB）, Mohamed Almenfi（WB）, Pamela Dale（UNICEF）, Ana Veronica Lopez（WB）, Ingrid Veronica Mujica（WB）, Rodrigo Quintana（WB）& Usama Zafar（WB）, 2020, "Social Protection and Jobs Responses to COVID-19: A Real-Time Review of Country Measures,"（"Living paper" version 11, June 12, 2020）, socialprotection.org,（2020年6月17日閲覧：https://socialprotection.org/discover/publications/social-protection-and-jobs-responses-covid-19-real-time-review-country）.

Gentilini, Ugo, Margaret Grosh, Jamele Rigolini & Ruslan Yemtsov eds., 2020, *Exploring Universal Basic Income: A Guide to Navigating Concepts, Evidence, and Practices*, Washington, DC: World Bank.

George, Susan（スーザン・ジョージ）, 1976, *How the Other Half Dies: The Real Reasons for World Hunger*, London, etc.: Penguin.（小南祐一郎・谷口真理子訳, 1980,『なぜ世界の半分が飢えるのか——食糧危機の構造』朝日新聞社.）

————, *A Fate Worse Than Debt*, 1988, London, etc.: Penguin.（向壽一訳, 1989,『債務危機の真実——なぜ第三世界は貧しいのか』朝日新聞社.）

————, 1992, *The Debt Boomerang: How Third World Debt Harms Us All*, London: Pluto Press.（佐々木健・毛利良一訳, 1995,『債務ブーメラン——第三世界債務は地球を脅かす』朝日新聞社.）

————（with Fabrizio Sabelli）, 1994, *Faith and Credit: The World Bank's Secular Empire*, Boulder, Colorado: Westview Press.（毛利良一訳, 1996,『世界銀行は地球を救えるか——開発帝国五〇年の功罪』朝日新聞社.）

————, 1999, *The Lugano Report: On Preserving Capitalism in the Twenty-First Century*, London: Pluto Press.（毛利良一・幾島幸子訳, 2000,『グローバル市場経済生き残り戦略——ルガノ秘密報告』朝日新聞社.）

————, 2004, *Another World Is Possible If*, London: Verso Books.（杉村昌昭・真田満訳, 2004,『オルター・グローバリゼーション宣言——もうひとつの世界は可能だ! もし……』作品社.）

————, 2008, *Hijacking America: How the Secular and Religious Right Changed What Americans*

Think, London: Polity. (森田成也・大屋定晴・中村好孝訳, 2008,『アメリカは, キリスト教原理主義・新保守主義に, いかに乗っ取られたのか?』作品社.)

──────, 2010, *Whose Crisis, Whose Future?: Towards a Greener, Fairer, Richer World*, London: Polity. (荒井雅子訳, 2011,『これは誰の危機か, 未来は誰のものか──なぜ1%にも満たない富裕層が世界を支配するのか』岩波書店.)

──────, 2012, *"Cette fois, en finir avec la démocratie."; Le raport Lugano II*, Paris: Seuil. *(How to Win the Class War: The Lugano Report II)*(荒井雅子訳, 2014,『金持ちが確実に世界を支配する方法──1%による1%のための勝利戦略』岩波書店.)

──────, 2015, *Shadow Sovereigns: How Global Corporations are Seizing Power*, London: Polity.

Gill, Stephen, 1992, *American Hegemony and the Trilateral Commission*, Cambridge: Cambridge University Press.

Gorz, André, (translated by Chris Turner), 1999, *Reclaiming Work; Beyond the Wage-Based Society*, Cambridge: Polity.

──────, 2003, *L'immatériel: Connaissance, valeur et capital*, Paris: Galilée.

後藤乾一, 2010,『「沖縄核密約」を背負って──若泉敬の生涯』岩波書店.

Gosseries, Axel & Lukas H. Meyer eds., 2009, *Intergenerational Justice*, Oxford: Oxford University Press.

Habermas, Jürgen(ユルゲン・ハーバーマス), 1962, *Strukturwandel der Öffentlichkeit: Untersuchungen zu einer Kategorie der bürgerlichen Gesellschaft*, Neuwied am Rhein: Luchterhand. (細谷貞雄・山田正行訳, 1994,『公共性の構造転換〔第2版〕』未来社.)

──────, 1963, *Theorie und Praxis: Sozialphilosophische Studien*, Neuwied am Rhein: Luchterhand. (細谷貞雄訳, 1999,『理論と実践──社会哲学論集』〔1・2〕未来社 [初版:1969-1970].)

──────, 1968, *Erkenntnis und Interesse*, Frankfurt am Main: Suhrkamp. (奥山次良・八木橋貢・渡辺祐邦訳, 1981,『認識と関心』未來社.)

──────, 1981, *Theorie des kommunikativen Handelns*, Frankfurt am Mein: Suhrkamp. (丸山高司他訳, 1985-1987,『コミュニケイション的行為の理論』上・中・下, 未來社.)

──────, 1999, *Wahrheit und Rechtfertigung. Philosophische Aufsätze*, Frankfurt am Main: Suhrkamp. (三島憲一他訳, 2016,『真理と正当化──哲学論文集』法政大学出版局.)

Hanlon, Joseph, Armando Barrientos & David Hulme, 2010, *Just Give Money to the Poor: The Development Revolution from the Global South*, Sterling, VA: Kumarian Press.

Hardt, Michael & Antonio Negri(アントニオ・ネグリ, マイケル・ハート), 2000, *Empire*, Cambridge, MA.: Harvard University Press. (水島一憲他訳, 2003,『帝国──グローバル化の世界秩序とマルチチュードの可能性』以文社.).

──────, 2004, *Multitude: War and Democracy in the Age of Empire*, New York, etc.: Penguin Press. (幾島幸子訳・水島一憲・市田良彦監修, 2005,『マルチチュード──〈帝国〉時代の戦争と民主主義』日本放送出版協会.)

──────, 2009, *Commonwealth*, Cambridge, Massachusetts: The Belknap Press of Harvard University Press. (水島一憲監訳, 2012,『コモンウェルス──〈帝国〉を超える革命論』上・下, 日本放送出版協会.)

──────, 2017, *Assembly*, New York: Oxford University Press.

Harris, Jerry, 2015, "Globalization, Technology and the Transnational Capitalist Class," *Foresight* 17 (2): 194-207.

Harvey, David(デヴィッド・ハーヴェイ), 2003, *The New Imperialism*, Oxford: Oxford University

Press. (本橋哲也訳, 2005, 『ニュー・インペリアリズム』青木書店.)

──────, 2005, *A Brief History of Neoliberalism*, Oxford: Oxford University Press. (渡辺治監訳, 2007, 『新自由主義──その歴史的展開と現在』作品社.)

──────, 2009, *Cosmopolitanism and the Geographies of Freedom*, New York: Columbia University Press. (大屋定晴他訳, 2013, 『コスモポリタニズム──自由と変革の地理学』作品社.)

橋本健二, 2011, 『階級都市──格差が街を侵食する』筑摩書房.

──────, 2013, 『増補新版 「格差」の戦後史──階級社会 日本の履歴書』河出書房新社.

──────, 2018, 『新・日本の階級社会』講談社.

秦辰也, 2011, 「グローバル市民社会におけるガバナンス論とNPO/NGOのアカウンタビリティ」『文学・芸術・文化／近畿大学文芸学部論集』23 (1): 248-222.

幡谷則子編, 2019, 『ラテンアメリカの連帯経済──コモン・グッドの再生をめざして』上智大学出版.

Heeskens, René (ルネ・ヘースケンス), 2005a, "Earth Dividend and Global Basic Income: A Promising partnership," (2014年12月4日取得：http://www.globalincome.org/English/Global-Basic-Income.html).

──────, 2005b, "Home," "GBI," "BI Worldwide," "FAQ" in the Official Site of the *Global Basic Income Foundation*, (2020年8月31日閲覧：http://www.globa,lincome.org/English/English.html). (岡野内正訳・解説, 2016, 「グローバル・ベーシック・インカムとは何か？」(1)・(2)『アジア・アフリカ研究』56 (1) 58-67; 56 (2) 60-78.)

桧垣伸次, 2011, 「批判的人種理論 (Critical Race Theory) の現在」『同志社法学』63 (2): 929-982.

──────, 2017, 『ヘイト・スピーチ規制の憲法学的考察──表現の自由のジレンマ』法律文化社.

平野克己, 2014, 「解説 人類のもつ潜在力を信じるサックスの挑戦」ジェフリー・サックス著, 鈴木主悦・野中邦子訳『貧困の終焉──2025年までに世界を変える』早川書房：599-604.

Hirsch, Joachim (ヨアヒム・ヒルシュ), 2005, *Materialistische Staatstheorie: Transformationsprozesse des kapitalistischen Staatensystems*, Hamburg: VSA-Verlag. (表弘一郎・木原滋哉・中村健吾訳, 2007, 『国家・グローバル化・帝国主義』ミネルヴァ書房.)

本田浩邦, 2016, 『アメリカの資本蓄積と社会保障』日本評論社.

──────, 2019, 『長期停滞の資本主義──新しい福祉社会とベーシックインカム』大月書店.

星野智, 2009, 『市民社会の系譜学』晃洋書房.

星野妙子・末廣昭編, 2006, 『ファミリービジネスのトップマネジメント──アジアとラテンアメリカにおける企業経営』岩波書店.

稲井由美, 2009, 「新自由主義時代のNGOと『グローバル市民社会』についての一考察」『慶應義塾大学大学院社会学研究科紀要』(67): 99-111.

Independent Group of Scientists appointed by the Secretary-General, 2019, *Global Sustainable Development Report 2019: The Future is Now - Science for Achieving Sustainable Development*, United Nations, New York, (2020年5月8日取得：https://sustainabledevelopment.un.org/content/documents/24797GSDR_report_2019.pdf). Executive Summaryのみの抄訳：United Nations著, 国際連合広報センター協力, 森秀行他訳, 2019, 『持続可能な開発に関するグローバル・レポート2019「未来は今──持続可能な開発を達成するための科学」(日本語抄訳版)』地球環境戦略研究機関, (2020年5月8日取得：https://www.unic.or.jp/files/GSDR2019.pdf).

池住義憲, 2001, 「NGOの歩みと現在」若井晋・生江明・三好亜矢子・池住義憲編『学び・未来・NGO──NGOに携わるとは何か』新評論：59-79.

伊藤道雄, 1995, 「日本の国際協力市民組織 (NGO) の現状と展望」デビッド・コーテン著, 渡辺龍也訳『NGOとボランティアの21世紀』学陽書房：279-288.

事業構想研究所編, 2018,『SDGsの基礎——なぜ,「新事業の開発」や「企業価値の向上」につながるのか』事業構想大学院大学出版部.

Kagan, Robert, 2003, *Of Paradise and Power: America and Europe in the New World Order*, [Reprint from New York: Vintage, in 2004] (山岡洋一訳, 2003,『ネオコンの論理——アメリカ新保守主義の世界戦略』光文社).

Kaldor, Mary (メアリー・カルドー), 2003, *Global Civil Society: An Answer to War*, Cambridge: Polity Press. (山本武彦他訳, 2007,『グローバル市民社会論——戦争へのひとつの回答』法政大学出版局.)

———, 2007, *Human Security; Reflections on Globalization and Intervention*, Cambridge: Polity Press. (山本武彦他訳, 2011,『「人間の安全保障」論——グローバル化と介入に関する考察』法政大学出版局.)

Kant, Immanuel, 1795, *Zum ewigen Frieden; Ein philosophischer Entwurf*, Konigsberg: F. Nicolovius. (2020年8月6日閲覧：https://archive.org/details/zumewigenfrieden00kant/page/n3/mode/2up) (宇都宮芳明訳, 1985,『永遠平和のために』岩波書店.)

勝部伸夫, 2016,「株式会社の歴史・理論・課題」『経営學論集』86 (0): 14-21.

川村仁子, 2014,「グローバル市民社会における民間による自主規制の「正統性」——システム分析からの検討」『立命館国際研究』26 (3): 531-548.

萱野稔人編, 2012,『ベーシックインカムは究極の社会保障か——「競争」と「平等」のセーフティネット』株式会社堀之内出版.

経済産業省, 2019,『SDGs経営ガイド』経済産業省, (2020年8月6日閲覧：https://www.meti.go.jp/press/2019/05/20190531003/20190531003-1.pdf)

Kharas, Homi, John W. McArthur & Krista Rasmussen, 2018, "How Many People Will the World Leave Behind? Assessing Current Trajectories on the Sustainable Development Goals," *Brookings Global Economy and Development Working Paper* 123, September, (2020年5月8日取得：https://www.brookings.edu/wp-content/uploads/2018/09/HowManyLeftBehind.pdf).

Kharas, Homi, John W. McArthur & Izumi Ohno, 2019, "Getting Specific to Leave No One Behind on Sustainable Development," in Kharas, Homi, John W. McArthur & Krista Rasmussen eds., *Leave No One Behind; Time for Specifics on the Sustainable Development Goals*, Washington, D.C.: Brookings Institution: 1-19.

——— eds., 2019, *Leave No One Behind; Time for Specifics on the Sustainable Development Goals*, Washington, D.C.: Brookings Institution, (2020年4月18日取得：https://www.brookings.edu/book/leave-no-one-behind/).

北野収, 2011,『国際協力の誕生——開発の脱政治化を超えて』創成社.

Klein, Naomi (ナオミ・クライン), 2007, *The Shock Doctrine: The Rise of Disaster Capitalism*, New York: Metropolitan Books. (幾島幸子・村上由見子訳, 2011,『ショック・ドクトリン——惨事便乗型資本主義の正体を暴く』上・下, 岩波書店.)

小島清, 2000,「雁行型経済発展論・再検討」『駿河台経済論集』9 (2): 75-136.

———, 2001,「雁行型産業発展——小島モデル」『駿河台経済論集』10 (2): 101-130.

Kokhar, Tariq & Umar Serajuddin, 2015, "Should we continue to use the term 'developing world'?" *World Bank Blogs*, November 16, 2015, (2020年8月22日閲覧：https://blogs.worldbank.org/opendata/should-we-continue-use-term-developing-world).

Korten, David C., 1990, *Getting to the 21st Century: Voluntary Action and the Global Agenda*, West Hartford, Conn.: Kumarian Press. (渡辺龍也訳, 1995,『NGOとボランティアの21世紀』学陽書房.)

―――, 1995, *When Corporations Rule the World*, London: Earthscan.（西川潤監訳, 1997,『グローバル経済という怪物――人間不在の世界から市民社会の復権へ』シュプリンガー・フェアラーク東京.）

―――, 1999, *The Post-Corporate World, Life after Capitalism*, San Francisco: Berret-Koehler.（西川潤監訳, 2000,『ポスト大企業の世界――貨幣中心の市場経済から人間中心の社会へ』シュプリンガー・フェアラーク東京.）

―――, 2006, *The Great Turning: From Empire to Earth Community*, San Francisco: Berrett-Koehler.（田村勝省訳, 2009,『大転換――帝国から地球共同体へ』一灯舎.）

―――, 2009, *Agenda for a New Economy: From Phantom Wealth to Real Wealth*, San Francisco: Berrett-Koehler.（田村勝省訳, 2009,『ニューエコノミーでアメリカが変わる！――幻の富から真の富へ, オバマ大統領への期待』一灯舎.）

―――, 2020, "Why Coronavirus Is Humanity's Wake-Up Call," *Yes! Magazine*, March 18, 2020,（2020年4月16日取得：https://www.yesmagazine.org/opinion/2020/03/18/coronavirus-wake-up-call/）.

Kress, Ulrike, 1994, "Die negative Einkommensteuer: Arbeitsmarktwirkungen und sozialpolitische Bedeutung. Ein Literaturbericht," *Mitteilungen aus der Arbeitsmarkt- und Berufsforschung (MittAB)*, 3: 246-54.

公文俊平, 1994,『情報文明論』NTT出版.

倉本圭造, 2017,「【UPDATE】ザッカーバーグのハーバード卒業式スピーチが感動的だったので日本語訳した」*HUFFPOPST*, 2017年05月27日14時57分JST｜更新2017年06月15日22時04分JST（2020年8月31日閲覧：https://www.huffingtonpost.jp/keizo-kuramoto/mark-zuckerberg-harvard-speech_b_16818864.html）.

栗原武士, 2018,「アメリカ労働者階級研究のいま――その歴史的経緯と将来的展望」『県立広島大学人間文化学部紀要』13: 51-62.

ラミス（Lummis）, ダグラス・C., 2009,『ガンジーの危険な平和憲法案』集英社.

Lie, John, 1996, "Sociology of Contemporary Japan," *Current Sociology*, 44 (1): 1-95.

London, Scott, 2002, "The Post-Corporate World," *Earth Island Journal*, 17 (3): 42.

馬渕浩二, 2015,『貧困の倫理学』平凡社.

Macpherson, Crawford Brough（C・B・マクファーソン）, 1953, *Democracy in Alberta: Social Credit and the Party System*, Toronto: University of Toronto Press.（竹本徹訳, 1990,『カナダ政治の階級分析――アルバータの民主主義』御茶の水書房.）

―――, 1962, *The Political Theory of Possessive Individualism: Hobbes to Locke*, Oxford: Clarendon Press.（藤野渉他訳, 1980,『所有的個人主義の政治理論』合同出版.）

―――, 1977, *The Life and Times of Liberal Democracy*, Oxford: Oxford University Press.（田口富久治訳, 1978,『自由民主主義は生き残れるか』岩波書店.）

牧野久美子, 2010,「『道具主義』と『運動』のはざまで――現金給付の拡大と『南』のBIの展望」『現代思想』38 (8): 219-229.

Mann, Michael, 1986, *The Sources of Social Power vol. 1: A History of Power from the Beginning to A. D. 1760*, Cambridge: Cambridge University Press.（森本醇・君塚直隆訳, 2002,『ソーシャル・パワー――社会的な〈力〉の世界歴史(1)　先史からヨーロッパ文明の形成へ』NTT出版.）

丸山恵也編著, 2005,『批判経営学――学生・市民と働く人のために』新日本出版社.

Marx, Karl, 1953, *Grundrisse der Kritik der politischen Ökonomie (Rohentwurf) 1857-1858*, Dietz Verlag: Berlin.（高木幸二郎監訳, 1958,『経済学批判要綱（草案）――1857-1858　第1分冊』大月

書店.)

松井和夫, 1986,『現代アメリカ金融資本研究序説――現代資本主義における所有と支配』文真堂.

松本貴文, 2017,「内発的発展論の再検討――鶴見和子と宮本憲一の議論の比較から」『下関市立大学論集』61 (2): 1-12.

松下冽, 2020a,「『連帯経済』と重層的ガヴァナンス――新自由主義のオルタナティブを考える」『立命館国際研究』32 (4): 353-375.

――――, 2020b,「SDGsから見える開発協力と世界を問う――重田康博・真崎克彦・阪本公美子編著『SDGs時代のグローバル開発協力論』から何を学ぶか」『アジア・アフリカ研究』60 (2): 1-37.

McMurtry, John, 1999. *The Cancer Stage of Capitalism*, London: Pluto Press. (吉田成行訳, 2001,『病める資本主義』シュプリンガー・フェアラーク東京.)

Meidner, Rudolf, 1978, *Employee Investment Funds: An Approach to Collective Capital Formation*, London: George Allen & Unwin.

目加田説子, 2003,『国境を超える市民ネットワーク――トランスナショナル・シビルソサエティ』東洋経済新報社.

Mies, Maria & Vandana Shiva, 1993, *Ecofeminism*, London: Zed Press.

Milne, David, 2008, *America's Rasputin: Walt Rostow and the Vietnam War*, New York: Hill and Wang.

美根慶樹編, 2011,『グローバル化・変革主体・NGO――世界におけるNGOの行動と理論』新評論.

見崎史拓, 2018,「批判法学の不確定テーゼとその可能性――法解釈とラディカルな社会変革はいかに結合するか」(1)・(2)・(3・完)『名古屋大学法政論集』(276): 199-224; (278): 153-179; (279): 193-227.

――――, 2019a,「憲法的機能は国家のみに見出せるのか？――シウリ, トイプナーの社会的立憲主義」(1)・(2・完)『名古屋大学法政論集』(281): 105-138, (282): 257-292.

――――, 2019b,「法学における『実験』の行方――民主的実験主義・主体・想像力」(1)・(2・完)『名古屋大学法政論集』(283): 35-65; (284): 23-54.

三成美保, 2016,「リプロダクティブ・ヘルス／ライツ」比較ジェンダー史研究会ホームページ,「基本概念・基本事項」, (2020年8月6日閲覧：https://ch-gender.jp/wp/?page_id=14792).

三浦耕喜, 2009,『ヒトラーの特攻隊――歴史に埋もれたドイツの「カミカゼ」たち』作品社.

宮本憲一, 2010,『転換期における日本社会の可能性――維持可能な内発的発展』公人の友社.

宮田智之, 2011,「コーク (Koch) 兄弟についての考察」『東京財団・政策研究プロジェクト・現代アメリカ研究・レポート』(2011年6月8日), (2014年10月7日閲覧：http://www.tkfd.or.jp/research/project/news.php?id=763#portal-columns).

Molina, George Gray & Eduardo Ortiz-Juarez, 2020, *Temporary Basic Income: Protecting Poor and Vulnerable People in Developing Countries*, New York: United Nations Development Programme.

モニター デロイト編, 2018,『SDGsが問いかける経営の未来』日本経済新聞出版社.

Moody, Kim, 1997, *Workers in a Lean World; Unions in the International Economy*, London: Verso.

森田次朗・相澤真一, 2017,「『文化・階級・卓越化』を読む――社会調査の方法として蘇り, 更新されるブルデュー」『中京大学現代社会学部紀要』11 (1): 103-138.

Morris, Brian, 2017, *Pioneers of Ecological Humanism: Mumford, Dubos and Bookchin*, London: Black Rose Books Ltd.

毛利聡子, 2011,『NGOから見る国際関係――グローバル市民社会への視座』法律文化社.

Moyo, Dambisa (ダンビサ・モヨ), 2009, *Dead Aid: Why Aids is Not Working and How There is*

Another Way For Africa, New York: Penguin.（小浜裕久監訳, 2010,『援助じゃアフリカは発展しない』東洋経済新報社.）

Munck, Ronaldo & Denis O'Hearn, 1999, *Critical Development Theory: Contributions to a New Paradigm*, London, etc.: Zed Books.

Munk, Nina, 2013, *The Idealist: Jeffrey Sachs and the Quest to End Poverty*, New York: Doubleday.

永井彰, 2018,『ハーバーマスの社会理論体系』東信堂.

長松奈美江, 2011,「現代的マルクス主義階級論における正義の原理――E.O.Wright と J.E.Roemer の搾取概念に注目して」『関西学院大学社会学部紀要』112: 79-90.

中川信義（田中祐二・中本悟・杉本良雄編集）, 2014,『世界価値論研究序説』御茶の水書房.

中井政喜, 2012,「魯迅の『進化論から階級論へ』についての覚え書」（上）・（下）『名古屋外国語大学外国語学部紀要』(42): 1-32, (43): 1-24.

Negri, Antonio（アントニオ・ネグリ）, 1998, *Marx oltre Marx*, Roma: Manifestolibri.（清水和巳他訳, 2003,『マルクスを超えるマルクス――「経済学批判要綱」研究』作品社.）

―――, 2006a, *Movimenti nell'Impero: passaggi e paesaggi*, Rafaello Cortina Editore.（上村忠男監訳, 2007,『アントニオ・ネグリ講演集（上）〈帝国〉とその彼方』筑摩書房.）

―――, 2006b, *Goodbye Mr.Socialism*, Milano: Giangiacomo Feltrinelli Editore.（廣瀬純訳, 2008,『未来派左翼――グローバル民主主義の可能性をさぐる』上・下, 日本放送出版協会.）

Newman, Alex, 2013, "World Bank Insider Blows Whistle on Corruption, Federal Reserve," *The New American*, 22 May, 2013,（http://www.thenewamerican.com/economy/economics/item/15473-world-bank-insider-blows-whistle-on-corruption-federal-reserve：2015年1月30日取得）.

西田慎, 2009,『ドイツ・エコロジー政党の誕生――「六八年運動」から緑の党へ』昭和堂.

西川潤編, 2001,『アジアの内発的発展』藤原書店.

―――編, 2007,『連帯経済――グローバリゼーションへの対案』明石書店.

西川順子, 2008,『アメリカ航空宇宙産業――歴史と現在』日本経済評論社.

Nitzan, Jonathan and Shimshon Bichler, 2009, *Capital as Power: A Study of Order and Creorder*, London & New York: Routledge.

Nye, Joseph S. Jr, 2002, *The Paradox of American Power: Why the World's Only Superpower Can't Go It Alone*, New York: Oxford University Press.（山岡洋一訳, 2002,『アメリカへの警告――21世紀国際政治のパワー・ゲーム』日本経済新聞社.）

O'Brien, Paul, 2019, "Left Behind or Pushed Behind? Redistributing Power Over the Sustainable Development Goals," in Kharas, Homi, John W. McArthur & Krista Rasmussen, eds., *Leave No One Behind; Time for Specifics on the Sustainable Development Goals*, Washington, D.C.: Brookings Institution: 295-321.

小田切徳美, 2012,「イギリス農村研究のわが国農村への示唆」安藤光義, フィリップ・ロウ編,『英国農村における新たな知の地平――Centre for Rural Economy の軌跡』農林統計出版: 321-336.

尾高煌之助, 2006,「書評 園部哲史・大塚啓二郎『産業発展のルーツと戦略――日中台の経験に学ぶ』」『経済研究』57 (4): 372-374.

O'Driscoll, Peter, 2002, "Catholic Social Teaching and 'Mindful Markets'," *America*, 186 (1): 12-14.

岡野内正, 1991,「アラブ系金融機関における役員兼任のネットワーク」清水学編『現代中東の構造変動』アジア経済研究所：193-255.

―――, 1992,「サウジアラビア系金融機関における資本グループについての覚書」『社会労働研究』39 (2・3): 246-321.

―――, 1993,「GCC諸国の金融機関の対外展開の構造」伊能武次編『中東諸国における政治経済変

動の諸相』アジア経済研究所：199-249.

───, 1998a,「開発論と市民社会論との交錯──近刊三著にみる開発援助論の視角の転回」『国際開発研究』7 (2): 171-182.

───, 1998b,「イスラム世界の諸企業の人的つながり」*NIRA Research Report*, No.970106: 44-56.

───, 2001,「人権基準による多国籍企業の規制について」大阪外国語大学国際関係講座編『国際社会への多元的アプローチ──巣山靖司教授退官記念号 1』大阪外国語大学国際関係講座：51-79.

───, 2002,「WTOのためのアフガン戦争」『日本の科学者』37 (2): 36-41.

───, 2006,「植民地化不正義審判所の可能性──最近の先住民研究に触発されての一試論」『アジア・アフリカ研究』46 (4): 2-37.

───, 2008-2009,「パレスチナ問題を解く鍵としてのホロコースト（ショア）とナクバに関する正義回復（リドレス）」（上）・（中）・（下）『アジア・アフリカ研究』48 (3): 16-30; 48 (4): 2-13/64; 49 (2): 55-84.

───, 2009,「〈民族〉を超える〈部族〉──『暴力の文化』を克服する公共圏の創出」佐藤成基編著『ナショナリズムとトランスナショナリズム──変容する公共圏』法政大学出版局.

───, 2010a,「地球人手当の理論序説──グローバル・ベーシック・インカム論批判のために」『社会志林』57 (1・2): 15-40.

───, 2010b,「世界の貧困とグローバル・ベーシック・インカム論」田中祐二他編著, 2010,『地域共同体とグローバリゼーション』晃洋書房：253-266.

───, 2012,「地球人手当（グローバル・ベーシック・インカム）実現の道筋について──飢餓と貧困の根絶から始める非暴力世界革命の展望」『アジア・アフリカ研究』52 (3): 1-15.

───, 2014a,「先住民族の権利とベーシック・インカムのアラスカ・モデル」『アジア・アフリカ研究』54 (3): 1-27.

───, 2014b,「人類史の流れを変える──グローバル・ベーシック・インカムと歴史的不正義」田中優子・法政大学社会学部「社会を変えるための実践論」講座編『そろそろ「社会運動」の話をしよう──他人ゴトから自分ゴトへ。社会を変えるための実践論』明石書店.

───, 2016a,「中東と世界の未来のために──歴史的正義回復に向けた市民運動を」長沢栄治・栗田禎子編, 2016,『中東と日本の針路──「安保法制」がもたらすもの』大月書店：第19章.

───, 2016b,「グローバル企業の過半数株式を人類遺産相続基金へ！──グローバル・ベーシック・インカム財源論の最前線」『季刊アジェンダ』(54): 37-46.

───, 2016c,「すべてのグローバル企業株式を人類共同遺産に！──中東・日本発の反グローバリゼーション・歴史的正義回復運動の可能性」『日本の科学者』51 (11): 592-597.

───, 2016d,「生存権をめぐる底辺からの運動──自立と権利」松下冽・藤田憲編『グローバル・サウスとは何か』ミネルヴァ書房：169-186.

───, 2017,「21世紀の多国籍企業資本の植民地的起源──グローバル正義論と植民地責任論の深化のために」『アジア・アフリカ研究』57 (4): 2-24.

───, 2019,「グローバル資本主義の正統化危機と多国籍企業犯罪」（上）・（下）『アジア・アフリカ研究』59 (3): 39-59; 59 (4): 1-34.

───, 2020,「地域住民から支持者を創り出す──ベーシックインカム運動の京畿道モデル」『アジア・アフリカ研究』60 (1): 43-52.

Okanouchi Tadashi, 2018, "Universal, Unconditional, Lifelong, and Enough-to-Survive-Level Cash Transfer System as a Crucial Aspect of Sustainable Food System: Lessons from the Basic Income Pilot Projects in Namibian, Brazilian and Indian Villages," Paper for Asian Rural Studies Association (ARSA) 2018 Conference in Makassar, Indonesia.

岡野内正他著訳, 2016, 『グローバル・ベーシック・インカム入門——世界を変える「ひとりだち」と「ささえあい」の仕組み』明石書店.

奥村宏, 1991, 『[改訂版] 法人資本主義——「会社本位」の体系』朝日新聞社. (初版：1984『法人資本主義』御茶の水書房.)

————, 2000, 「『ポスト大企業の世界』——米エスタブリッシュメントによる大企業体制への異議申し立て」『週間東洋経済』(5654): 84.

大林稔・西川潤・阪本公美子編, 2014, 『新生アフリカの内発的発展——住民自立と支援』昭和堂.

小野一, 2008, 「現代ベーシック・インカム論の系譜とドイツ政治」『レヴァイアサン』(43): 113-128.

————, 2009, 『ドイツにおける「赤と緑」の実験』御茶の水書房.

————, 2012, 『現代ドイツ政党政治の変容——社会民主党, 緑の党, 左翼党の挑戦』吉田書店.

大塚久雄, 1969, 『大塚久雄著作集　第一巻　株式会社発生史論』岩波書店.

大塚啓二郎, [2014] 2020, 『なぜ貧しい国はなくならないのか——正しい開発戦略を考える [第2版]』日本経済新聞出版社.

小沢修司, 2002, 『福祉社会と社会保障改革——ベーシック・インカム構想の新地平』高菅出版.

Paehlke, Robert & Douglas Torgerson eds., 1990, *Managing Leviathan: Environmental Politics and the Administrative State*, London: Belhaven (A division of Pinter Publishers).

Panitch, Leo & Sam Gindin, 2013, *The Making of Global Capitalism: The Political Economy of American Empire*, New York: Verso.

Parijs, Philippe van (P・ヴァン・パリース), 1995, *Real Freedom for All: What (If Anything) Can Justify Capitalism?*, Oxford: Oxford University Press. (後藤玲子・斉藤拓訳, 2009, 『ベーシック・インカムの哲学——すべての人にリアルな自由を』勁草書房.)

Parijs, Philippe van & Yannick Vanderborght, 2017, *Basic Income: A Radical Proposal for a Free Society and a Sane Economy*, Cambridge, MA: Harvard University Press.

ピーダーセン, ピーター・D, 竹林征雄編著, 2019, 『SDGsビジネス戦略——企業と社会が共発展を遂げるための指南書』日刊工業新聞社.

Phillips, Peter (ピーター・フィリップス), 2018, *Giants: The Global Power Elite*, New York: Seven Stories Press. (田中恵理香訳, 2020, 『巨大企業17社とグローバル・パワー・エリート——資本主義最強の389人のリスト』パンローリング株式会社.)

Pierson, Christopher, 1991, *Beyond the Welfare State?*, London: Polity Press. (田中浩・神谷直樹訳, 1996, 『曲がり角にきた福祉国家——福祉の新政治経済学』未来社.)

Pogge, Thomas (トマス・ポッゲ), 2008, *World Poverty and Human Rights (2nd Edition)*, London: Polity Press. (立岩真也監訳, 2010, 『なぜ遠くの貧しい人への義務があるのか——世界的貧困と人権』生活書院.)

Radio New Zealand, 2020, "Tuvalu govt announces Covid-19 relief," *RNZ*, 1: 11 pm on 30 April 2020, (2020年6月17日閲覧：https://www.rnz.co.nz/international/pacific-news/415493/tuvalu-govt-announces-covid-19-relief).

Robinson, William I., 1996, *Promoting Polyarchy: Globalization, US Intervention, and Hegemony*, Cambridge: Cambridge University Press.

————, 2004, *A Theory of Global Capitalism: Production, Class, and the State in a Transnational World*, Baltimore, Maryland: The Johns Hopkins University Press.

————, 2014, *Global Capitalism and the Crisis of Humanity*, Cambridge: Cambridge University Press.

————, 2015, "The Transnational State and the BRICS: A Global Capitalism Perspective," *Third*

World Quarterly, 36 (1): 1-21.

Rosanvallon, Pierre, 1989, *Le libéralisme économique: Histoire de l'idée de marché*, Paris: Éditions du Seuil. (長谷俊雄訳, 1990,『ユートピア的資本主義――市場思想から見た近代』国文社.)

Rostow, Walt Whitman, 1960, *The Stages of Economic Growth: A Non-Communist Manifesto*, Cambridge: Cambridge University Press. (木村健康・久保まち子・村上泰亮訳, 1961,『経済成長の諸段階――一つの非共産主義宣言』ダイヤモンド社.)

Ruggie, John Gerard (ジョン・ジェラルド・ラギー), 2013, *Just Business: Multinational Corporations and Human Rights*, New York & London: W.W. Norton & Company. (東澤靖訳, 2014,『正しいビジネス――世界が取り組む「多国籍企業と人権」の課題』岩波書店.)

Sachs, Jeffrey D. (ジェフリー・サックス), 2005, *The End of Poverty: How We Can Make it Happen in Our Lifetime*, New York: Penguin. (鈴木主悦・野中邦子訳, 2006,『貧困の終焉――2025年までに世界を変える』早川書房.)

――――, 2008, *Common Wealth: Economics for a Crowded Planet*, New York: Penguin. (野中邦子訳, 2009,『地球全体を幸福にする経済学――過密化する世界とグローバル・ゴール』早川書房.)

――――, 2011, *The Price of Civilization: Reawakening American Virtue and Prosperity*, New York: Random House. (野中邦子・高橋早苗訳, 2012,『世界を救う処方箋――「共感の経済学」が未来を創る』早川書房.)

――――, 2013, *To Move the World: JFK's Quest for Peace*, New York: Random House. (櫻井祐子訳, 2014,『世界を動かす――ケネディが求めた平和への道』早川書房.)

――――, 2015, *The Age of Sustainable Development*, New York: Columbia University Press.

――――, 2017, *Building the New American Economy: Smart, Fair, & Sustainable*, New York: Columbia University Press.

――――, 2018, *A New Foreign Policy: Beyond American Exceptionalism*, New York: Columbia University Press.

――――, 2020, *The Ages of Globalization: Geography, Technology, and Institutions*, New York: Columbia University Press.

Sachs, J., G. Schmidt-Traub, C. Kroll, G. Lafortune, G. Fuller & F. Woelm, 2020, *The Sustainable Development Goals and COVID-19. Sustainable Development Report 2020*, Cambridge: Cambridge University Press.

Sachs, Wolfgang, 1984, *Die Liebe zum Automobil. Ein Rückblick in die Geschichte unserer Wünsche*, Reinbek: Rowohlt Verlag GmbH. (土合文夫・福本義憲訳, 1995,『自動車への愛――二十世紀の願望の歴史』藤原書店.)

――――, eds., 1992, *The Development Dictionary: A Guide to Knowledge as Power*, London: Zed Press. (三浦清隆他訳, 1996,『脱「開発」の時代――現代社会を解読するキイワード辞典』晶文社.)

――――, 1999, *Planet Dialectics: Explorations in Environment and Development*, London: Zed Press. (川村久美子・村井章子訳, 2003,『地球文明の未来学――脱開発へのシナリオと私たちの実践』新評論.)

Sachs, Wolfgang, Reinhard Loske & Manfred Linz (Bund/Miseror), Hrsg. (ヴッパタール研究所編, ウォルフガング・ザックス, ラインハルト・ロスケ, マンフレート・リンツ (地球の友ドイツ, 第三世界開発カトリック組織)), 1996, *Zukunftsfähiges Deutschland: Ein Beitrag zu einer global nachhaltigen Entwicklung: Studie des Wuppertal Instituts für Klima, Umwelt, Energie*, Basel: Birkhäuser Verlag. (Sachs, Wolfgang, Reinhard Loske & Manfred Linz, 1998, *Greening the North: A Post-industrial Blueprint for Ecology and Equity*, London: Zed Press.) (佐々木健他訳,

2002,『地球が生き残るための条件』家の光協会.)

Sachs, Wolfgang & Tilman Santairus eds. (W. ザックス／T. ザンタリウス編), 2007, *Fair Future: Resource Conflicts, Security, and Global Justice: a report of the Wuppertal Institute for Climate, Environment and Energy*, London: Zed Press. (川村久美子訳, 2013,『フェアな未来へ——誰もが予想しながら誰も自分に責任があるとは考えない問題に私たちはどう向きあっていくべきか』新評論.)

斉藤日出治, 2004,「グローバル市民社会と中間組織」『社会・経済システム』25: 54-58.

坂本治也編, 2017,『市民社会論——理論と実証の最前線』法律文化社.

雀部幸隆, 1980,『レーニンのロシア革命像——マルクス, ウェーバーとの思想的交錯において』未来社.

佐々木保幸, 2017,「フランスにおける社会的連帯経済の発展と小売商業」『関西大学経済論集』67 (3): 365-378.

佐々木隆治・志賀信夫編, 2019,『ベーシックインカムを問いなおす——その現実と可能性』法律文化社.

笹岡雄一, 2019,「貧困削減戦略 (Poverty Reduction Strategy) の今日的意味」『「日本の開発協力の歴史」バックグラウンドペーパー』No.7., (2020年8月30日閲覧：https://www.jica.go.jp/jica-ri/ja/publication/other/l75nbg00000wgho9-att/background_paper_No.7.pdf).

Sassen, Sassen, 2006, *Territory, Authority, Rights: From Medieval to Global Assemblages*, Princeton: Princeton University Press. (伊藤茂訳, 2011,『領土・権威・諸権利——グローバリゼーション・スタディーズの現在』明石書店.)

Savitz, Eric, 2011, "Retort: The 147 Companies That Run The World? They're You," Forbes, 24. Oct. 2011, (2015年1月30日閲覧：http://www.forbes.com/sites/ericsavitz/2011/10/24/retort-the-147-companies-that-run-the-world-theyre-you/).

Scott, J., ed., 1990, *The Sociology of Elites*, Aldershot: Edward Elgar.

盛山和夫, 1992,「階級への探求の構造と搾取理論」『現代社会学研究』(5): 1-37.

関下稔, 1970,「ブルジョワ社会の国家形態での総括と後半体系」『経済論叢』(京都大学) 106 (5): 38-57.

————, 2017,「多国籍企業の未来像——企業倫理, 社会的貢献, グローバル民主主義との調和」『立教経済学研究』71 (2): 43-66.

————編著, 1989,『現代金融資本の諸理論——多国籍企業と多国籍銀行の多重的ネットワーク』同文館出版.

Sennett, Richard, 1977, *The Fall of Public Man*, New York: Alfred A. Knopf. (北山克彦・高階悟訳, 1991,『公共性の喪失』晶文社.)

重政公一, 2006,「批判的国際理論」吉川直人・野口和彦編『国際関係理論』勁草書房：299-332.

重田康博・真崎克彦・阪本公美子編著, 2019,『SDGs時代のグローバル開発協力論——開発援助・パートナーシップの再考』明石書店.

塩崎賢明, 2014,『復興〈災害〉——阪神・淡路大震災と東日本大震災』岩波書店.

Sklair, Leslie, 1970, *The Sociology of Progress*, London: Routledge & Kegan Paul.

————, 1989, *Assembling for Development: The Maquila Industry in Mexico and the United States*, Boston: Unwin Hyman.

————, 1991, *Sociology of the Global System*, Baltimore, Maryland: Johns Hopkins University Press. (野沢慎司訳, 1995,『グローバル・システムの社会学』玉川大学出版部.)

———— ed., 1994, *Capitalism and Development*, London & New York: Routledge.

—————, 1994, "Capitalism and Development in Global Perspective," in Sklair, Leslie ed., *Capitalism and Development*, London & New York: Routledge: 165-185.

—————, 2001, *The Transnational Capitalist Class*, Oxford: Basil Blackwell.

—————, 2017, *The Icon Project: Architecture, Cities, and Capitalist Globalization*, Oxford: Oxford University Press.

Spence, Thomas, William Ogilvie & Thomas Paine, with an Introduction by M. Beer, 1920, *The Pioneers of Land Reform*, London: G. Bell and Sons. (四野宮三郎訳, 1982, 『近代土地改革思想の源流』御茶の水書房.)

Sprague, Jeb, 2009, "Transnational Capitalist Class in the Global Financial Crisis: A Discussion with Leslie Sklair," *Globalization*, 6 (4): 499-507.

—————, 2011, "Empire, Global Capitalism, and Theory: Reconsidering Hardt and Negri," *Current Perspectives in Social Theory*, 29: 187-207.

—————, ed., 2016, *Globalization and Transnational Capitalism in Asia and Oceania*, London & New York: Routledge.

Smith, Jim, 1996, "Separating survival from work: The quest for a guaranteed income," L A Labor News, (2015年8月31日閲覧：http://web.archive.org/web/20060216201813/http://www.lalabor. org/GAI.html).

徐阿貴, 2018, 「Intersectionality（交差性）の概念をひもとく」『国際人権ひろば』137,（2020年8月6日閲覧：https://www.hurights.or.jp/archives/newsletter/section4/2018/01/intersectionality. html).

園部哲史・大塚啓二郎, 2004, 『産業発展のルーツと戦略――日中台の経験に学ぶ』知泉書館.

Standing, Guy, 2011, *The Precariat: The New Dangerous Class*, London: Bloomsbury Academic.（岡野内正監訳, 2016, 『プレカリアート――不平等社会が生み出す危険な階級』法律文化社.）

—————, 2017, *Basic Income: A Guide for the Open-Minded*, New Haven and London: Yale University Press.（イギリスでは以下の書名で発行. *Basic Income: How We Can Make It Happen*, London: Pelican/Penguin.）（池村千秋訳, 2018, 『ベーシックインカムへの道――正義・自由・安全の社会インフラを実現させるには』プレジデント社.）

—————, 2019, *Plunder of the Commons: A Manifesto for Sharing Public Wealth*, London: Pelican.

末吉竹二郎, 2017, 「パリ協定が拓く脱炭素経済の時代」『日本LCA学会誌』13 (1): 16-23.

Suplicy, Edouardo Matarazzo, 2002, *Renda de cidadania: A Saída E Pela Porta*, São Paulo: Cortez Editora.

鈴木宗徳, 2003, 「グローバル化時代における批判理論の課題――『事実性と妥当性』以降のハーバーマス」永井彰・日暮雅夫編著『批判的社会理論の現在』晃洋書房：133-151.

鈴木玲, 2005, 「社会運動的労働運動とは何か――先行研究に基づいた概念と形成条件の検討」『大原社会問題研究所雑誌』(562・563): 1-16.

高橋一行, 2013, 「交換的正義論」『政経論叢』81 (5・6): 785-812.

高瀬久直, 2010, 「欧米における最近の『エリート』研究」『一橋社会科学』1・2: 39-46.

Takase, Hisanao, 2014, "The Transnational Capitalist Class, The Trilateral Commission and the Case of Japan: Rhetorics and Realities," *Socialist Studies/Études socialistes*, 10 (1): 86-110.

—————, Hisanao, 2016, "Japanese Transnational Capitalists and Asia-Pacific Free Trade," in Sprague, Jeb ed., *Globalization and Transnational Capitalism in Asia and Oceania*, London & New York : Routledge: 40-55.

高島善哉, 1975, 『マルクスとヴェーバー――人間, 社会および認識の方法』紀伊国屋書店.

高柳彰夫, 2010,「グローバル市民社会の中の開発NGO」『国際交流研究』(12): 1-27.

武川正吾編, 2008,『シティズンシップとベーシック・インカムの可能性』法律文化社.

田村哲樹, 2004,「熟議民主主義とベーシック・インカム――福祉国家『以後』における『公共性』という観点から」『早稲田政治経済学雑誌』(357): 38-62.

――――, 2008a,「シティズンシップとベーシック・インカム」武川編『シティズンシップとベーシック・インカムの可能性』法律文化社：85-111.

――――, 2008b,『熟議の理由――民主主義の政治理論』勁草書房.

田中裕二, 1989,「金融資本の国際的展開と帝国主義の諸理論――M・フェンネマによる役員兼任分析の批判的検討」関下稔編著『現代金融資本の諸理論――多国籍企業の多国籍銀行の多重的ネットワーク』同文館出版: 125-158.

田中由美子他編著, 2002,『開発とジェンダー――エンパワーメントの国際協力』国際協力出版会.

Tawney, R. H., 1921, *The Acquisitive Society*, London: G.Bell.（山下重一（抄）訳, 1963,「獲得社会」関嘉彦編, 1963,『世界思想教養全集17 イギリスの社会主義思想』河出書房新社：292-394.）

Tencer, Daniel, 2017,「『『人工知能に人間の職は奪われる』テスラのイーロン・マスク氏, ベーシックインカムが必須と語る』*HUFFPOST News*, 2017年02月14日18時01分JST,（2020年8月31日閲覧：https://www.huffingtonpost.jp/2017/02/14/elon-musk_n_14737472.html）.

Theobald, Robert ed.（ロバート・セオボルド編）, 1967, *The Guaranteed Income; Next Step in Economic Evolution?*, New York: Doubleday & Company Inc.（浜崎敬治訳, 1968,『保障所得――経済発展の新段階』法政大学出版局.）

Torry, Malcolm, ed., 2019, *The Palgrave International Handbook of Basic Income*, London: Palgrave.

鶴見和子・川勝平太, 2008,『「内発的発展」とは何か――新しい学問に向けて』藤原書店.

植村邦彦, 2010,『市民社会とは何か――基本概念の系譜』平凡社.

UNEP/ILRI (United Nations Environment Programme & International Livestock Research Institute), 2020, *Preventing the Next Pandemic: Zoonotic Diseases and How to Break the Chain of Transmission*, Nairobi, Kenya: UNEP,（2020年7月19日閲覧：https://wedocs.unep.org/bitstream/handle/20.500.11822/32316/ZP.pdf?sequence=1&isAllowed=y）.

United Nations, 2020, *Shared Responsibility, Global Solidarity: Responding to the Socio-Economic Impacts of COVID-19, March 2020*, NewYork: UnitedNations,（2020年5月8日閲覧：https://www.un.org/sites/un2.un.org/files/sg_report_socio-economic_impact_of_covid19.pdf）.

United Nations, General Assembly, 2015, *Transforming our world: the 2030 Agenda for Sustainable Development*（A/RES/70/1）,（2020年5月8日閲覧：https://www.un.org/ga/search/view_doc.asp?symbol=A/RES/70/1&Lang=E）(日本政府外務省仮訳, 2015,「我々の世界を変革する――持続可能な開発のための2030アジェンダ」(2020年5月8日閲覧：https://www.mofa.go.jp/mofaj/files/ 000101402.pdf)).

Upbin, Bruce, 2011, "The 147 Companies That Control Everything," *Forbes*, 22 Oct. 2011,（2015年1月30日閲覧：http://www.forbes.com/sites/bruceupin/2011/10/22/the-147-companies-that-control-everything/）.

宇佐美耕一・牧野久美子編, 2015,『新興諸国の現金給付政策――アイディア・言説の視点から』日本貿易振興機構アジア経済研究所.

Veltmeyer, Henry & Paul Bowles eds., 2018, *The Essential Guide to Critical Development Studies*, London, etc.: Routledge.

Venter, Dawid, 2001, "Moving beyond welfare? Development programmes in selected Methodist congregations in Cape Town," *Society in Transition*, 32 (2): 228-245.

Venter, Dawid & Ignatius Swart, 2002, "Anti-Globalisation Organisation as a Fourth Generation People's Movement," *Society in Transition*, 33 (1): 50-79.

Vitali, Stefania, James B.Glattfelder & Stefano Battiston, 2011, "The Network of Global Corporate Control," *PLoS ONE* 6 (10), (2015年1月30日閲覧：http://journals.plos.org/plosone/article?id=10.1371/journal.pone.0025995).

若井晋・生江明・三好亜矢子・池住義憲編, 2001,『学び，未来，NGO——NGOに携わるとは何か』新評論.

Walter, Tony, 1989, *Basic Income: Freedom from Poverty, Freedom to Work*, Marion London: Boyar.

渡辺昭夫・土山實男編, 2001,『グローバル・ガヴァナンス——政府なき秩序の模索』東京大学出版会.

渡辺雅男, 2004,『階級！——社会認識の概念装置』彩流社.

————, 2007,『市民社会と福祉国家——現代を読み解く社会科学の方法』昭和堂.

————, 2009,『階級政治！——日本の政治的危機はいかにして生まれたか』昭和堂.

Weber, Max, 1919, *Politik als Beruf. In: Geistige Arbeit als Beruf. Vier Vorträge vor dem Freistudentischen Bund. Zweiter Vortrag*, München: Duncker & Humblot. (2020年7月8日閲覧：http://www.deutschestextarchiv.de/book/show/weber_politik_1919) (脇圭平訳, 1980,『職業としての政治』岩波書店.)

Whiteside, Kerry H., 2002, *Divided Natures: French Contributions to Political Ecology*, New York: The MIT Press.

WHO (World Health Organization), 2018, *Air Pollution and Child Health: Prescribing Clean Air*, (WHO/CED/PHE/18.01), WHO, (2020年8月6日閲覧：https://www.who.int/ceh/publications/Advance-copy-Oct24_18150_Air-Pollution-and-Child-Health-merged-compressed.pdf?ua=1).

Widerquist, Karl, Jose A.Noguera, Yannick Vanderborght & Jurgen De Wispelaere eds., 2013, *Basic Income: An Anthology of Contemporary Research*, Chichester, West Sussex: John Wiley & Sons, Ltd.

Wilson, Japhy, 2014, *Jeffrey Sachs: The Strange Case of Dr. Shock and Mr. Aid*, London: Verso.

山田修, 2016,「セブン＆アイ鈴木前会長を放逐した伊藤邦雄とは何者？社外取締役が大企業に激震呼ぶ時代に」*Business Journal*, 2016.06.03 00: 13, (2020年8月6日閲覧：https://biz-journal.jp/2016/06/post_15339.html).

山森亮, 2003,「基本所得——多なる者（マルチチュード）の第二の要求によせて」『現代思想』31 (2): 130-147.

————, 2009,『ベーシック・インカム入門——無条件給付の基本所得を考える』光文社.

吉川直人・野口和彦編, 2006,『国際関係理論』勁草書房.

あとがき

　本書は，2016年に出版されるはずだった。実に5年遅れで，ようやくここま
できた。なぜこんなにも遅くなったのか。

　2015年末にはすでに本書の原稿もできていた。だから，出版予定の広告まで
出してもらった。2016年には，同じ法律文化社からガイ・スタンディング著
『プレカリアート──不平等社会が生み出す危険な階級』の翻訳を出すことに
なっていた。不安定雇用の広がりによるグローバルな階級構造の変化の先に，
ベーシック・インカム社会到来のチャンスを見るその本とは，徹底的に向き
合ってみたかったし，これからのベーシック・インカム論の必読文献になるべ
きだと確信したからであった。また別の出版社から，ベーシック・インカムの
ナミビア村落での支給実験報告書の翻訳とゼミ学生とともに世界を巡った私の
ベーシック・インカム旅行記とを合わせて『グローバル・ベーシック・インカ
ム入門』(明石書店) を出すことになっていた。この二冊の作業と並行して，本
書の原稿を整理しつつ，自分の原稿を見つめながら，筆者は，奇怪なうなり声
をあげていた。

　なんとも画竜点睛を欠く。先が見えていない。……主な原因は，多国籍企
業，あるいはよりパワフルな巨大多国籍企業だけを指す呼び名にしたがえばグ
ローバル企業の，強大な権力である。全世界の政治家たちを懐柔し，国民国家
の権力を手玉に取り，多国籍企業規制のための国連多国籍企業センターを廃止
させ，21世紀に入るにあたってついにはグローバル企業権力の牙城である世界
経済フォーラムに国連事務総長を呼びつけて，任意加盟で自己評価をするだけ
の「人権・環境・労働基準優等生企業クラブ」と言うべき「国連グローバル・
コンパクト」の発足を発表させる。世界各国を財政赤字で悩ませながら，タッ
クス・ヘイブンを活用し，空前の収益をあげて急成長する。共通の利益のため
には固く団結して動くが，相互に激しい競争関係にあって，隙あらば株式の買
収によって他社を乗っ取り，M&A (吸収・合併) によって，会社そのものを呑
み込んでしまう。……そんなグローバル企業のパワー・ゲームに密着して，そ

の仕組みと弱点を暴き，パワーを飼いならし，活用していく道はないものか。強大なパワーの脅威を前にして，小さな箱庭のような国民国家・国民経済を整備する案，それを少し広げただけのグローバルな箱庭を作る案をいくら出してみても，それは，砂の中に頭を突っ込んで逃げたつもりになるというダチョウと同じではないか。

そんな風に考えて，筆者は，この5年間，多国籍企業権力の研究にのめり込んでいった。本書の原稿に入れるつもりで，次々に論文を書いた。その作業の中で思いついたのが，本書「はじめに」に記したような人類遺産持株会社に基づくグローバル・ベーシック・インカム構想である。

2019年夏，筆者は，ベーシック・インカム研究の国際学会と言うべきBIEN（Basic Income Earth Network）のインド大会で，財源問題に関する共通論題セッションのパネリストとして，この構想を語った。フロアからは質問もコメントもなかった。がっかりしてトイレで小便しつつ，プレゼン方法を反省していると，横から，声がかかった。「ベーシック・インカムが匡正的正義（corrective justice）だっていうあなたの話，賛成だよ」。見れば，前のセッションでパネリストになっていた特徴的な顔立ちのスチュアート・ホワイト氏。オックスフォード大学ジーザス・カレッジで政治学を教えていて，ベーシック・インカムに関する正義論を含めておもしろい本を書いている人だ。「もっとも，ぼくは配分的正義も入ってると思うけどね。でも，アメリカの若い人たちは，匡正的正義の発想ないから，ぜひ書いてほしいな。その話」と。その後もインドの人，カナダの人などが声をかけてくる。

ハイデラバードであったBIEN大会の後で，ゴアに行った。鉄鉱石露天掘り反対運動の活動家たちの前でグローバル・ベーシック・インカム構想を語った。ゴアのその人々は，持続可能な鉱業（sustainable mining）を掲げ，土地はみんなのものだから，子孫に素敵な土地を残せる範囲で採掘を進め，しかも採掘による収益はベーシック・インカムとして州民に還元されるべきだ，という論理で運動を進めていた。2018年にはインド最高裁の判決で採掘が一時停止され，運動は一息ついたところだった。ここでは，コメント，質問とも花盛りで，時には聴衆どうしで激論を始める，というおもしろさ。「人類史全体の植民地主義の不正義を正すために，というあなたのアイデアは，おもしろい。早く，

マニフェストにまとめて，世界中に回してくれ。私たちは，最初に自分の名前を書くよ！」と筆者に詰め寄る人も。

　その中に，本書第4章に登場するザックスといっしょに1970年代の『脱開発辞典』を執筆した人もいた。そのことを言えば，「昔の話だなあ，国際的な活動をやってると，欧米中心主義のやり方にムカついてね。もうずっとインドでローカルにやってるのさ。でも，君の構想はおもしろいから，なんだか，国際的にやりたくなってくるね」と。

　それからすでに1年半が過ぎた。今ここで，ようやく日本語の本の第一弾を世に出せる。しかし，匡正的正義の論文も，グローバル・ベーシック・インカム構想のマニフェスト執筆の約束も果たせていない。日本語読者のためにも，まだ書きたいことがたくさんある。

　5年間の遅れでほんとうにたくさんの人に迷惑をかけた。お詫びとともに，そんな私を受け入れてくれた人々の心の大きさに大感謝。とりわけ校正を手伝っていただいた礒邉由紀氏，そして数か月ごとに締め切りを伸ばせというとんでもない筆者にていねいに対応してくれてきた法律文化社編集部の小西さんに深謝します。

　2021年1月

岡野内　正

初出一覧
（ただしかなり変更されています）

【第1章】は書下ろし。

岡野内正, 2005,「代替開発戦略覚書——D. コーテンにおける階級, ジェンダー, ネイション, エコロ
　　ジー, 公共圏」上, 下『アジア・アフリカ研究』45(2): 2-28; 45(3): 15-26.【第2章】

————, 2015,「飢餓と貧困を放置する人類史の流れをどう変えるか？——ジェフリー・サックス,
　　ヴォルフガング・ザックス, スーザン・ジョージの近著をめぐって」上, 下『アジア・アフリカ
　　研究』55 (1): 57-93; 55 (2): 35-67.【第3, 4, 5章】

————, 2011,「花には太陽を, 人間にはお金を！——〈帝国〉から, 地球人手当（グローバル・ベー
　　シック・インカム）のある世界市場社会へ」『アジア・アフリカ研究』51(2): 49-73.【第6章】

————, 2018-2019,「トランスナショナル資本家階級形成による国民国家の空洞化」上, 下『アジ
　　ア・アフリカ研究』58 (4): 1-16; 59 (1): 22-50.【第7章】

————, 2020,「コロナ・パンデミック後の地球防衛戦争——SDGsか, 宇宙開発か？」上, 下『アジ
　　ア・アフリカ研究』60 (3): 1-26; 60 (4): 1-24.【第8, 9章】

人名索引

事項索引

▪ 著者紹介

岡野内 正（おかのうち　ただし）

　1958年生。1981年大阪外国語大学アラビア語科卒業。1986年同志社大学大学院経済学研究科
博士後期課程単位取得退学。同年より法政大学社会学部助手，講師，助教授，その間，イギリス・
シェフィールド大学，ポルトガル・ポルトカレンス大学，ニュージーランド・オークランド大学
客員研究員を経て，
現在，法政大学社会学部教授。
　主な著作に，『グローバル・ベーシック・インカム入門——世界を変える「ひとりだち」と「さ
さえあい」のしくみ』（著訳）明石書店，2016年。『中東の新たな秩序』（共編著）ミネルヴァ書房，
2016年。『日本の国際協力　中東・アフリカ編』（共編著）ミネルヴァ書房，2021年。また監訳
書に，ガイ・スタンディング著『プレカリアート——不平等社会が生み出す危険な階級』法律
文化社，2016年。

Horitsu Bunka Sha

グローバル・ベーシック・インカム構想の射程
——批判開発学／SDGsとの対話

2021年6月15日　初版第1刷発行

著　者　　**岡野内　正**

発行者　　**畑　　光**

発行所　　株式会社 **法律文化社**

〒603-8053
京都市北区上賀茂岩ヶ垣内町71
電話 075（791）7131　FAX 075（721）8400
https://www.hou-bun.com/

印刷：共同印刷工業㈱／製本：新生製本㈱
装幀：谷本天志

ISBN 978-4-589-04157-9

佐々木隆治・志賀信夫編著

ベーシックインカムを問いなおす
―その現実と可能性―

A5判・224頁・2970円

ベーシックインカムは「癒し」の制度にあらず。今野晴貴・藤田孝典・井手英策ら社会運動や政策提言の最前線に立つ論者と研究者が，その意義と限界をさまざまな角度から検討する。ベーシックインカム論の決定版。

ガイ・スタンディング著／岡野内正監訳

プレカリアート
―不平等社会が生み出す危険な階級―

A5判・310頁・3300円

不安定で危険な階級「プレカリアート」。底辺に追いやられ，生きづらさを抱えている彼／彼女らの実態を考察し，不平等社会の根源的問題を考える。不安定化する社会の変革の方法と将来展望を提起する。

羽場久美子編

21世紀，大転換期の国際社会
―いま何が起こっているのか？―

A5判・184頁・2640円

英国のEU離脱，米国のトランプ政権誕生から，移民・難民，ポピュリズム，中国・北朝鮮関係，AIIB，日本経済，武器輸出，ロシア正教，中東危機，アフリカにおけるテロまで，いま最も知りたい論点を第一線の研究者たちがわかりやすく説明。

平井 朗・横山正樹・小山英之編

平 和 学 の い ま
―地球・自分・未来をつなぐ見取図―

A5判・194頁・2420円

グローバル化社会のもとで複雑化する今日的課題へ平和学からアプローチし，様々な問題の根源に迫る。平和創造の学問である平和学の理論的展開を踏まえ，その役割とアイデンティティを探究し，私たちが平和創造にどのようにかかわるかも明示する。

妹尾裕彦・田中綾一・田島陽一編

地 球 経 済 入 門
―人新世時代の世界をとらえる―

A5判・230頁・2640円

地球と人類の持続可能性が問われる人新世時代。地球上の経済活動を人類史的および根源的観点から捉えた世界経済論のテキスト。経済事象の羅列や説明だけではなく，事象の根底に通底する論理や構造，長期的趨勢の考察によって〈世界〉を捉える思考力を養う。

稲垣文昭・玉井良尚・宮脇 昇編

資 源 地 政 学
―グローバル・エネルギー競争と戦略的パートナーシップ―

A5判・190頁・2970円

地政学的観点から資源をめぐる国際政治動向を学ぶ。「接続性」概念から地政学的経路や障壁を俯瞰し，資源貿易が政治体制や民族問題の構図にどのような影響を与えているのかを考察。世界で起こっている資源をめぐる争いのダイナミズムを捉える視座を提供する。

―法律文化社―

表示価格は消費税10%を含んだ価格です